反転
闇社会の守護神と呼ばれて

元特捜検事・弁護士
田中森一

幻冬舎

反転

闇社会の守護神と呼ばれて

反転　闇社会の守護神と呼ばれて／目次

カバーデザイン　鈴木成一デザイン室
カバー写真　田村昌裕（freaks）
編集協力　森功

序章　判決

「主文、被告人許永中、被告人田中森一の原審一審判決を破棄する」

池田修裁判長の口から出た言葉は、これだった。原審の判決を破棄するということは、懲役四年の実刑判決を見直す、という意味だ。傍聴席がざわめき始めた。二〇〇六年一月三一日、東京高等裁判所で私は裁かれた。

石橋産業手形詐欺事件。これが、私の裁かれる刑事事件の通称である。石油卸の名門商社「石橋産業」を舞台にした一九九六年の出来事だ。東京地検特捜部が描いたのは、一七九億円という途方もない金額の手形詐欺である。

東京地検の狙いは明らかだった。許永中と私を検挙するまたとない機会――。そうとらえていたに違いない。そこで、私が許やその側近たちと共謀し、石橋産業から約束手形を騙し取ったという構図を描いていた。稀代の事件師と元特捜検事が組んだ巨額詐欺事件。ときの建設大臣だった中尾栄一まで逮捕され、ますます世間の関心が高まった。

もちろん私自身は、そんな覚えなど毛頭ない。そもそもこの事件について、詳しいことは知らなかった。が、逮捕から起訴、そして公判と、事態は否応なく進んだ。

二〇〇二年六月、すでに一審の東京地裁で懲役四年の実刑判決を受けていた。東京高裁へ控訴してから、はや三年半の時を経過している。審判は東京高裁にその場を移していた。すでに二〇〇五年九月に結審され、法廷における事実審理は、終結していた。日本では地裁、高裁、最高裁という三審制の裁判制度を敷いているが、最高裁はもっぱら憲法判断の審理に限られる。控訴審判決が事実上の最終判断となるのが通例だ。いよいよ、その控訴審の判決を迎えたのである。

どんな結果になろうと、判決は甘んじて受けよう。みっともない真似だけはするまい。判決公判に臨むにあたり、自分自身にそう言い聞かせてきたつもりだった。だが、その場に臨むと、これまでにない緊張感を覚えた。

テレビドラマに見られるように、法廷の後ろに傍聴席がある。ドラマとは違い、普段の刑事事件公判は、傍聴人がほとんどいない。だが、このときは違った。なかをのぞくと、開廷前から狭い椅子にお互いの肩が触れ合いそうな状態で、大勢の人が腰かけている。

さすがに気持ちが高ぶっていた。そんな気持ちを落ち着かせようと、トイレに立った。

廊下に出てみると、七二五号法廷の外にも、傍聴希望者が並んでいる。どうやら、入りきれずに廊下で成り行きを見ているらしい。そのなかには顔見知りもいる。眼が合うと、やけに心配そうな顔をしているので、手をあげて挨拶し、つとめて明るくふるまったつもりだった。

午前一〇時、予定時刻どおりに開廷。テレビカメラのビデオ撮りのあと、裁判長がわれわれに証言台の後ろに並ぶよう声をかけた。裁判長の前に進みでて言葉を待つ。傍聴席の視線を背中で感じた。

「被告人四人は、証言台の後ろに並んで立つように」

左から許永中、私、田中久則、尾崎稔の順。右隣りの田中と尾崎は、許の側近であり、ともに石橋産業事件の共犯として逮捕、起訴されている。同じく被告人として、判決公判に臨んでいた。左隣の許は、淡いグレーのスーツに白いワイシャツ姿だったが、やはり身体は大きい。横に並ぶと、見上げるほどだ。だが、久方ぶりに見る彼は、やけに老けてみえた。長い拘置所暮らしのせいだろうか。「闇の帝王」と呼ばれ、政財官界や裏社会をエネルギッシュに渡り歩いてきたころからすれば、見違えるようだ。

「田中先生ですね。お会いしたいと思っていました」

そう声をかけられた大阪の高級クラブでの出会いが、昨日のことのように思い起こされる。まだイトマン事件の発覚する前だ。私より四歳年下の彼は、四〇歳になったばかりだったように思う。だが、妙に落ち着いて見えた。関西のフィクサーと呼ばれた野村周史に可愛がられていたころだ。野村は当時の岸昌知事の後ろ盾になり、大阪府政を牛耳っていた。そんな大物フィクサーに可愛がられている大男。そんな印象だった。大阪の検事時代、府知事の汚職捜査をつづけていた関係で、許永中こと野村永中と名乗る在日韓国人の名前だけは知っていた。岸や野村が妙に可愛がっている不思議な男という印象だったが、のちに法廷で隣同士になるほど親しくなろうとは、思いもしなかった。

そんなことを考えていると、検事時代のことまで頭に浮かんできた。

評価

〈東京地検を告発する！　特捜検事はなぜ辞めたか〉（文藝春秋八八年一月号）

私が検事を辞めたのは、この月刊誌が発売されたころだった。あのころ所属していた東京地検特捜部は、検察庁舎の五階にあり、文藝春秋には、こう記されている。

〈この五階から、自ら辞表を出して、一人の敏腕検事が去っていった。田中森一、四十四歳がその人物である。

田中は（昭和）六十一年に大阪地検特捜部から東京地検特捜部に移り、撚糸《ねんし》工連汚職、旧平和相銀不正融資事件、三菱CB事件、福岡県苅田町《かんだまち》公金横領事件と、伊藤検察になってから起こった大きな事件に、ほとんどかかわった辣腕検事であった。前任地の大阪では、阪大ワープロ汚職、福島医大汚職を手がけ、その手腕を買われて、伊藤が始めた大阪・東京交流人事の二期生として東京地検特捜部に赴任したという、いわば選りぬきの凄腕検事である。その敏腕検事が、なぜ突然に検察を去ることになったのか。

田中は（前年の）六月に辞表を提出したが慰留され、八月十五日に大阪地検へ戻ったが、あくまで辞意は固く、十二月二十一日付で母親の病気を理由に退職することが決まったとされている〉

正確にいえば、雑誌の発売日は十二月十日だったので、この時点ではまだ大阪地検に在籍していた。だが、世間ではすでに辞めることが決定している、と見られていたに違いない。

いったい、なぜ検事を辞めたのか。それは、私自身にもいまもってわからない。たしかにあのころ母親が脳梗塞で倒れ、看病の必要があったのは事実だが、それだけでもない。

〈母親の病気は表向きの理由にすぎず、実は東京地検特捜部の捜査方針と、その硬直した官僚組織に絶望して自ら辞任する道を選んだのだと、彼をよく知る人々は指摘する〉

ずいぶん、持ち上げてくれたものである。こうも書かれていた。

〈田中検事が大阪から東京地検特捜部へ移ってすぐに手がけたのが、折から政財界を揺るがせていた撚糸工連事件だった。

叩き上げでこの道一筋に歩んだ撚糸工連の理事長小田清孝はしたたかで、何人もの検事が入れ替わり立ち替わり取り調べたが、なかなか落ちない。その小田を大阪から着任したばかりの田中が、たちまち落としてみせたのである〉

誤解を恐れずにいえば、あのころは、検事という仕事が楽しくて仕方がなかった。大阪地検時代から、おもしろいように被疑者を自白させ、大きな事件を立件してきた。ここに書かれている撚糸工連事件もその一つだが、当時は検事という職業にほれ込んでいたといっても、言い過ぎではない。

しかし、当時、世間を騒がせていた出来事のなかには、立件できずに終わった事件も少なくない。実際、私が手がけた苅田町の公金横領事件や三菱重工のCB発行事件などの捜査に横槍が入った感は否めないし、検察上層部に対する不満もあった。

文藝春秋では、あたかも当時の伊藤栄樹・検事総長体制への不満から検察庁を去ったかのように書かれている。

〈ある検察OBによれば、華々しく登場した〝検察のエース〟のもと、実はそのイメージを支える実働部隊は、いまや急速に形骸化しつつあるのだという。

「伊藤検事総長になってから、大きな事件はなにもやってないんですよ。着手はするけれども、全部途中で挫折している。撚糸工連事件は、着手したのは前の江幡修三総長のときだし、伊藤はそれを引き継いだだけです。しかもちょっと指でつつけばころびそうな代議士を逮捕しただけ。それでもまましだった。平和相銀事件は政治家に行く前に終結宣言をしてしまったし、苅田町の公金横領事件も代議士に触らずにやめてしまった。谷川元国税局長は金をもらっているのに起訴留保、共産党の盗聴事件も、検察と警察のボス交で誰も起訴しなかった。三菱のCB（転換社債の乱発）事件も、強制捜査すらできずに終わった。これでは一線の検事たちに何もするなといっているのと同じですよ」〉

こう続いている。

〈田中検事は、「政治家の圧力で潰れた」（検察関係者）とされる尾形代議士の苅田町住民税横領事件と、「OBの圧力でやめた」（同）とされる三菱CB事件を機に辞表を提出した〉

〈田中森一検事が最終的に辞意を固める引き金になったのは、福岡県京都郡苅田町で起こった「住民税横領事件」の捜査であった〉

検事を辞めた理由について、次のように分析している。

〈いつ強制捜査に入るか現場で検討されているさ中の六月十日、突然、捜査の中止命令が出された。この事件を担当している（東京地検特捜部特殊直告）第一班の副部長馬場俊行に対して、上層部から指示がでたのだ。しかし、どういうわけか一線の検事たちには十八日まで伝えられなかった。

十八日になって、副部長の馬場が一班の検事を全員集め、苅田町事件は福岡に移送することを上層部が決定した、と伝えた。一瞬、凍りついたような空気が部屋を覆った。十日に聞いておきながら、そのまま捜査を続行させた馬場に対する怒り以上に、これで事件は潰れたという思いが検事たちの胸を塞いでいたのである。

田中検事は親しい友人に、

「上にやる気がないんだからどうしようもない。移送するということは事件を潰すつもりなんだ。どうせ移送するんだから、俺はもう何もやらん」

と嘆いた〉

雑誌の取材を受けて話したわけではないが、事実はおおむね合っている。苅田町事件では、政界からの圧力に屈したと囁かれていた。また、この事件の直前に手がけた三菱重工CB事件では、明らかに検察OBの横やりが入り、断念せざるを得なくなった。

さらに文藝春秋は、次のようにも書いている。

〈馬場副部長が福岡移送を全員に通達したとき、ややあって田中は、

「こんなことではやってられん、俺は検事を辞める」

といってのけた。その場の検事たちはみな田中を支持し、馬場と激論になった。検事たちは口々に福岡移送の不当性をいいたて、これでは全員辞職するしかないと息まいた。

平和相互事件のXデーが中止になった日のことを、全員が思い出していた。あのときは当時の特捜部長山口悠介に担当検事全員が建白書を突きつける事態になった。同じような一触即発の空気の中で、馬場は検事たちの吊るし上げに立ち往生してしまった〉

撚糸工連事件の直後に捜査したのが平和相互銀行の事件であり、私はこれが中止されたときの現場にも立ち会った。たしかにあのころは、検察上層部に対する憤懣で、やるせない日々を送ったことを覚えている。一八年前の私は若く、使命感に燃えていた。

だが、それらも、いまとなっては懐かしい思い出ばかりであり、恨みにも思っていない。検察庁を

去ったのは、単に検察庁への不満という理由だけではないと思う。

なにより、いまも検察に絶望しているわけではない。私にとって、検事という仕事は天職だとずっと思ってきたし、それはいまも変わらない。だから検事を辞めた理由について、明言することはできないが、先輩検事から、言われたことがある。

「検事を辞めようと思うことは、誰しも何度かあるもんだよ。弁護士になって金を荒稼ぎしている人を見ると、検察という窮屈な組織ではなく、法律家としてもっと自由にやりたい、と、つい考える。できる検事ならなおさらそうだよ。それで辞めるかどうかは、言ってみたら偶然やタイミングだけの問題ではないだろうか」

特捜部といっても、大阪地検ならもっと自由に捜査ができていたし、辞めてなかったかもしれない。折しも母親が脳梗塞で倒れ、経済的な面も含め、ゆとりがほしかった時期だった。それも、たしかだが、決定的な理由ではないと思う。検事をやめたのは、やはり、ただ何となく独立してやってみたかった、というのが正解ではないだろうか。

そうして、私は検察庁を去り、弁護士になった。だからといって、弁護士に転身したことを後悔していたわけではない。

闇社会の守護神と呼ばれて

大阪で弁護士になり、それまで見たこともないような大金を手にしてきた。大阪で法律事務所を開業したとたん、顧問を頼んでくる企業が押し寄せてきた。おかげで、さしたる苦労もせず、みるみるうちに収入が増えた。企業の顧問料だけでも、あっという間に月に一〇〇〇万円を超え、贅沢な暮らしもしてきた。弁護士会のなかでは、常に長者番付のトップになっていたほど、収入が多かった。

それだけ、法律や事件に関する相談件数が多く、働いてきたという自負もある。そんな私に相談をしてくる相手は、暴力団やバブル紳士といったアウトローも少なくない。というより、むしろそちらのほうが主流だった。

実際、山口組若頭だった宅見勝組長をはじめ、世間でいうところのアウトローたちと親しかったのも、間違いない。イトマン事件の被告人だった伊藤寿永光と顧問契約をしていた時期もあったし、仕手筋の小谷光浩や加藤暠、地上げ屋の末野謙一などの顧問弁護士を引き受けたこともある。顧問弁護士になったことはないが、許永中は最も親しい人物の一人だ。弁護士に転身したのが、バブル景気の走りという事情もあり、そうした怪人物たちの相談によく乗ってきた。

彼らの弁護を引き受けてきたのだから、ある意味、検事時代とは正反対のことをしてきた、といえなくもない。

すると、一転して世間の風当たりが強くなった。〝闇社会の守護神〟〝山口組の番人〟などと揶揄され、ことあるごとに〝ヤメ検の悪徳弁護士〟というレッテルを貼られてきた。

弁護士である以上、犯罪者の弁護をするのが当たり前でもある。だからそれらに対し、いちいち反論したことはないし、またするつもりもなかった。

決して法律家として、道を踏み外してはいない、という信念は持ち続けてきた。それは強がりではない。確信でもあった。だからこそ、石橋産業事件で逮捕されてからも、公判で無罪を主張してきたのである。

しかし半面、そうした派手な弁護士活動が、古巣の癇に障った。弁護士活動が、検察庁から白い目で見られる要因になったのは、たしかだろう。そのせいで、古巣から疎んじられるようになっていった。そして、石橋産業の手形事件で、その影響が露骨に現れた。そう思えてならない。

近ごろ、検察の捜査に対して「国策捜査」という呼び方をよく耳にする。しかし、それは今に始まったことではない。そもそも検察の捜査の本質が、権力体制と企業社会を守護するためのものだ。つまりすべて国策捜査である。石橋産業事件も、典型的な国策捜査といえる。

裏経済界の黒幕、フィクサーと異名をとった許永中と、闇社会の守護神と揶揄されてきた元特捜検事の田中森一の共謀――。その取り合わせは、検察にとっても世間にとっても、バブル経済を象徴する二大悪役と映ったに違いない。当事者ではなく、元検事として客観的に事件を見ると、かっこうのターゲットだ。

しかし、控訴審判決を目前にひかえたとき、法律家としての私の自信が、ぐらぐらと揺らぎ、音を立てて崩れそうになるのを感じていた。それに必死で耐えなければならなかった。

こうして、運命の一月三一日を迎えた。この日、一睡もできないまま、自宅を出た。温暖化が叫ばれていても、〇六年の冬は寒かった。地下鉄で霞が関に向かい、東京高等裁判所がある合同庁舎の正面玄関前に出た。裁判所の裏には、見慣れた検察庁の建物がある。空を見上げると、いまにもひと雨きそうなどんよりとした厚い雲が広がっている。

東京地検特捜部を去って弁護士になってから、すでに一八年の年月を経ている。検事を辞めていなかったら、いまごろどうしていたかな、ふとそんな愚にもつかない疑問が浮かんだ。

敗北

一審の実刑判決を経て臨んだ控訴審判決は、これまでとは様相が違っていた。実は司法関係者のあいだでも、執行猶予あるいは逆転無罪という予測も流れていたほどだ。実際、私自身もそう思ってきたし、拘置所にいる許は、親しい関係者に対し、

「判決には大いに期待している。あとは弁護士に任せた」

と漏らし、自信をのぞかせていた。

裁判の焦点は、九六年四月一八日に取り付けられた石橋産業の手形の裏書きである。手形の裏書き

とは、連帯保証人として、文字どおり、手形の裏に署名することである。裏書人は、手形が不渡りになればその責任を負い、額面金額の負債を肩代わりしなければならない。事件では、われわれが石橋産業側を騙し、その裏書きをさせようとしたとされてきた。

九六年四月一八日のこの日、許が大阪にある私の事務所から石橋産業の社長にかけた一本の電話が、その詐欺の実行行為とされている。電話一本で石橋産業の社長に手形の裏書きをさせるべく騙したというのだ。さらに検察側は、私がこの前日に許と東京で会い、石橋産業を騙す謀議をした、と主張してきたのである。

かたや、われわれの主張は、くだんの電話が三分五九秒というわずかな通話時間しかなかったため、これでは騙せない、と抗弁してきた。また、謀議をしたとされる日、私は許と会ったという記憶すらない。また謀議の事実を検察側が立証してもいない。そう主張してきた。

双方どちらに分があるか、というのが判決の分かれ目だった。

そして、その審判をくだす裁判長が目の前にいる。間もなく、正面の池田裁判長が口を開いた。

「被告人許に対しては、原審の懲役七年を破棄し、懲役六年とする」

私は思わず目を閉じた。傍聴席のざわめきがいっそう高まり、さらに裁判長が続けた。

「被告人田中に対しては、原審の懲役四年を破棄し、懲役三年とする」

わずか数秒の出来事だった。一審の懲役四年を破棄し、下されたのは三年の判決。無罪どころか、執行猶予すらつかない。判決は予想以上に厳しいものだった。

「これで、生涯詐欺師のレッテルがつきまとうのか。俺は無実なんだ」

その言葉を必死で呑み込んだ。瞬間、膝が折れ、倒れそうになる。それを辛うじてこらえた。

横から、ふーっ、と大きなため息が聞こえてきた。思わず、隣にいる許の顔を見上げた。その横顔がみるみる蒼白になっていく。このまま倒れてしまうのではないか、そう思っていたら、再び裁判長の口が開いた。

「これから判決理由を述べます。少し長くなるので、被告人は席に戻って聞くように」

その言葉でわれに返った。

「本件は、被告人らが共謀し、周到に計画されたまことに巧妙な犯行といわざるをえない。当時、被害者である石橋産業は、会社倒産の危機に見舞われていた。そこに乗じて行われた悪質な犯行である。被告人許は、詐欺事件を構想し、全体を統括した首謀者であり、『イトマン事件』で保釈中にこの事件を起こしており、法軽視の態度が著しい。本件では、多額の資金を捻出し、自己の用途にあてるなど刑事責任は共犯者に比べ格段に重い」

一方的にこう断罪する。私に関しても、同様だった。

「被告人、田中は、弁護士の立場を悪用して石橋産業側を騙した。この行為は悪質であり、刑事責任は重大である」

私にとって、懲役四年から一年減り、懲役三年になったといっても、意味はない。あくまで無罪だと信じてきただけに、やはりショックは大きかった。ましてや許は、前年一〇月のイトマン事件最高裁判決で、懲役七年六月、罰金五億円の刑が確定しており、わずか数カ月のうちに、立て続けに計一四年以上の実刑判決を下されたわけだ。

自信をのぞかせていただけに、よけいにショックが大きかったに違いない。

顔面蒼白のまま、刑務官に連れられ、もとの席に戻った許は、急にそわそわし始めた。明らかに身体に変調をきたしていた。裁判長が判決理由を述べ始めても、ろくに聞こうとしない。両脇を刑務官に固められ、弁護団の前の長椅子に腰かけているが、姿勢が定まらないのがわかる。妙にそわそわしていた。そうして、後ろ席の弁護団に話しかけたり、刑務官に水を要求して何度もお代わりしている。

そして、ちょうど私に関する判決理由に差し掛かったころだった。後ろの傍聴席が妙にざわついている。ふと、左斜め前に座っている許のほうへ目を向けると、顎を上にあげた姿勢で、天井を見上げている。といっても、目は閉じたままだ。脇の刑務官がそれに気づき、顔を近づけた。

「おい、大丈夫か。わかるか」

だが、まったく反応がなく、ピクリともしない。傍聴席にいる許の親族から、すすり泣きが聞こえてきた。法廷内が騒然とし始める。胡麻塩頭の体格のいい男が、立ち上がって叫んだ。

「おい、顔面が真っ白やないか。はよ、救急車呼ばんかい」

許は座ったまま、卒倒していたのである。

「静かにしてください。立ち上がらないで」

法廷内の数人の刑務官が、傍聴席の騒ぎを鎮めようとする。

「至急、医務官を呼んでください」

裁判長が指示する。刑務官が水を片手に、あわてて許の口の中にニトログリセリンを放り込んだ。

そうして、裁判長が言った。

「休廷にします。傍聴人はすみやかに法廷から退出するように」

「そんなことより、はよ、救急車を呼ばんかい」

先ほどの男が叫びながら退出していった。

「これが日本の裁判所のやり方や。マスコミはおらんか、よう見とけ」

休廷――。公判が始まってから、わずか二〇分足らずの出来事だった。

許永中には、狭心症の持病がある。そのため、強いショックを受けると、ときに倒れるという。石橋産業事件では、四年半前の一審判決の際にも同じような場面があった。それだけ、こたえたということだろう。

ちなみに、実際には一七九億円の手形の被害は出ていない。許永中たちは、京都のノンバンク「キョートファイナンス」へこの手形を差し入れていたため、ノンバンクから石橋側に代金請求の民事訴訟が起こされていた。下手をすれば、石橋産業側が一七九億円もの手形の額面金額を払わなければならなくなる恐れがあったのは事実だが、その民事訴訟は、二〇〇三年四月の最高裁で、ノンバンクの請求が棄却された。手形そのものを石橋産業側に返還することが決定している。つまり、手形はそのまま石橋産業側に戻ることになり、実害は出ないのだ。実害のない詐欺事件なのである。

だが、結果は検察側の勝利に終わった。判決で一審の刑がわずかに減らされているのは、被害の出ていない詐欺事件という点について配慮したからだ。それ以外、裁判所はわれわれの言い分をまったく寄せ付けず、一方的に退けたわけだ。

これこそ、俺がやってきた国策捜査だ――。

騒然とする法廷とは裏腹に、自分自身が冷静になっていくのがわかる。

「やはり、世間にとって、俺は悪徳弁護士なのだろうな」

ふと、そんなことを思う。苦笑するしかなかった。

司法試験に合格して以来、法の世界に携わってから、すでに三八年にもなる。検事から弁護士に転身し、その両方の場でそれなりに働いてきたという自負もあった。しかし、その自信が完全に崩れ去っていった。石橋産業事件の控訴審判決は、私を司法の世界から完全に追放した。

いったい、私の半生は何だったのか。きらびやかな世界も、暗く絶望的な社会も人一倍見てきた。誰も知らないような経験もした。終戦間際、九州の片田舎に生まれた私は、戦後の日本の成長とともに生き、バブルという時代を経て、そのひずみや矛盾を目のあたりにしてきた。日本が抱え続けてきた宿痾《しゅくあ》ともいえる。それを書き残そうと思う。

第一章　凱旋

迷彩色の施された自衛隊のヘリコプターが、目的地を目指していた。秋晴れの真っ青な空を切り裂く。思ったほど、機体は揺れない。ヘリは、長崎半島を見下ろしながら、広い空をすべるように進んだ。

「検事、間もなくですが、少し揺れるかもしれませんので、気をつけてください」

ヘリコプターの操縦士が、そう気を使ってくれた。

「ありがとう。大丈夫やろ」

言葉を返しながら、窓から見下ろすと、平戸の海岸線が見えてきた。福岡県と佐賀県の境にある鳥《と》栖《す》市の自衛隊基地をヘリが飛び立ったのはわずか三〇分前。長崎半島を横断し、その西端にある平戸島に向かっていた。そのわずかな時間を私はよく覚えている。

ヘリが平戸の上空を旋回しはじめた。上空三〇〇メートルほどの高さだろうか。複雑に入り組んだ島の海岸線がくっきりと見える。海辺を白い波が打ち付けていた。ヘリはそこから降下し、地上に近づいていった。

長崎県北松浦郡船越。昭和三十年代に平戸市に改変されるまで、そう呼ばれていた。私の生まれ故郷、平戸島である。

「オヤジ、今度そっちへ帰るけん。びっくりするんやなかよ。ヘリで行くけんね。時間になったら外へ出て、空ばちゃんと見とかんといけんばい」

父親へ事前にそう電話し、平戸の上空に到着する日時を伝えておいた。司法試験に合格し、佐賀地検に配属になった昭和四十七年（一九七二年）のことだ。

佐賀地検は、検事として任官した二番目の赴任地だった。そこでは、新米検事にもかかわらず、驚くほど歓待された。

「検事は九州のご出身ですやろ。一度、故郷を見てこられたらどげんですか」

鳥栖の自衛隊幹部からこう声をかけられて実現したのが、ヘリコプターを使った里帰りである。赴任早々、地元の視察を兼ねた研修と称して、わざわざヘリで平戸の上空まで飛んでいく、という計らいである。

「ほんに、ヘリで帰って来るとか。どげんしてか」

電話口で目を丸くしている父の顔が浮かんだ。

「まあ、そういうてん、家の上ば飛ぶだけやけどね。見逃さんよう、しっかり見ときない」

平戸の実家には、生前の父親と母親が住んでいた。貧乏暮らしをしながら、私を大学まで卒業させてくれ、検事にさせてくれた年老いた両親である。ほかの息子や娘もすでに家を出て、二人暮らしだった。

上空のヘリから、長年見慣れた懐かしいあばら家が目に入った。驚いたことに、家の軒先には大勢の人だかりが見える。両親にはおおよそのヘリの到着時刻を予め知らせておいたから、出迎えは予想がついたが、そこには部落中の人たちがいた。みながいっせいに歓声をあげ、手を振ってくれるのが見える。それほど大層には考えていなかったつもりだが、やはり涙が滲んでくる。どこに両親がいたのかもわからないほど、一瞬の出来事だったが、その瞬間、喉の奥のほうから熱い固まりが込みあげてきて、まぶたの裏に伝わってきた。それが思わず目からこぼれるのを抑えきれない。わずか一時間足らずの航行。しかし、それは私にとって、文字どおりの凱旋だった。

昭和十八年（一九四三年）の六月八日、私はこの平戸島で生まれた。終戦を迎える二年前のことだ。日本国中に食べるものがなく、国民がみな飢えていた時代である。時代がそうだったせいか、それともあまり過去を気にしない性格からか、とりたてて苦労した覚えはない。だが、いま改めて振り返れば、私の幼い頃は、あの時代にあってなお、とりわけ貧しい部類の暮らし向きだった。

私は、八人きょうだいのなかで最初に生まれた男子だった。父親は栄太郎、母親はミドリという。父は八六年に亡くなった。母は長いあいだ床に臥せっていたが、昨年他界した。私は、三人の姉が生まれたあとにできた田中家の長男として育てられた。長女が七歳上の昭和十一年（一九三六年）生まれ。十三年、十六年、十八年の私、そのあとに二十年と二十二年生まれの二人の妹、二十四年生まれの弟と立て続けにきょうだいができた。そのあと八人目のいちばん下の弟は、出生後間もなく亡くなっている。兄弟姉妹は、どこの家でも五人はいて、多いところでは一一人なんて家もあったから、それほど特別だとは感じなかった。

たしかに日本国中が食うや食わずの生活を送っている時代だった。平戸も例外ではなかったが、特殊な地域事情もあった。

東シナ海に面した平戸は、数々の歴史的な闘いの舞台になっている。壇ノ浦の源平合戦における獅子奮迅の活躍で知られ、南北朝の争乱で暴れまわった海洋武士団、松浦党の本拠地でもあった。また、韓国や中国をはじめ、遠く東南アジアまで出かけて荒しまわった海賊、倭寇《わこう》の根城だったことは、あまり知られていない。その一方、キリスト教の布教地として、江戸時代オランダ貿易で栄えたのは有名だろう。島の一部には、そんな歴史の風情がいまも色濃く残っており、観光に訪れる人も多い。

だが、私が育った平戸は、そんな長閑《のどか》な風情を楽しむどころではなかった。江戸初期、天草四郎の島原の乱で知られる隠れキリシタンが多く住んでいたところだが、小中学校時代にはその子孫が山奥に住んでいた。いまどき信じられないかもしれないが、彼らは山奥の小屋から学校へ通い、ほかの子供たちとはいっさい付き合わない。そんな家庭もあった。私の家庭はそこまでではなかったが、それでもかなり貧しかった。

終戦後、日本は瞬く間に立ち直り、近代化を成し遂げていった。が、ここだけは完全に時代にとり残されていた。今でこそ、観光地として多少名前が通っているが、長らく、産業らしい産業も育たなかった。一部の豊かな土地持ち以外の島民は、一様に食べるだけで精いっぱい。子供のころは、そんな暮らし向きが、いつまでたっても永遠に続くようにさえ思えた。

海で漁をし、家畜を飼って暮らす。どこの家も、そんなかつかつの生活をしていた。大人同様、ここでは子供たちも貴重な労働力であり、朝から晩まで働かなければならない。いきおい学校の勉強どころではなく、男の子は中学校を卒業すると家業の漁師を継ぐ、というのが島の定まりごとだった。しかし反面、いくら家の仕事を手伝うとはいえ、子だくさんゆえに子供の食い扶持が家計を圧迫する。

「あん子がいちばん親孝行したのかもしれんな。貧乏な親のことを考えて逝ってくれたんかもしれんばい」

末の弟が亡くなったとき、父親が寂しそうに涙を流している姿が、瞼に焼き付いている。それほど貧乏だった。

田中家はちょっと変わった女系家族でもある。もとはといえば、田中家の女系の歴史は、曾祖父の時代にさかのぼる。曾祖父に跡取り息子がいなかったため、曾祖父の実兄の娘を養子にし、そこに婿養子として迎えられたのが祖父だった。しかし、祖父母には子供がなく、私の両親がともに祖父の養子として家に入った。かなり複雑な家系だが、つまり田中家の男は、祖父の時代から代々婿養子だけ、という典型的な女系家族だと聞かされていた。

そんな家系にあって、三人の娘が続いた後、私が生まれたのである。田中家で、初めて血のつながりのある跡取り息子が生まれたことになるわけだ。田舎はとくに跡取りにこだわるから、両親はもちろん祖父母も小躍りして喜んだらしい。

　したがって、むろん父親は何が何でも私を跡取りの漁師にしようとした。あの時代はそれが当然でもあり、どこの家でも長男が家業を継ぐのが当たり前だったが、とくに田中家にとっての私は、私が四人目にして生まれた念願の跡取り息子なのだから、なおさらだった。おかげで、漁師になるため、父親からずいぶんしごかれた記憶がある。物心ついた頃から、父親と一緒に漁に駆り出され、小学校に入る前には、もう伝馬船の艪《ろ》を漕げるようになっていた。それくらいしごかれた。また、家庭としても私が一日でも早く仕事を覚えなければ、生活が成り立たなかったためでもある。

　そんな私の生まれ育った部落は、南北に細長い平戸島のなかでも南端に近い。島のなかでも一番くびれている船越という小さな集落だった。家の東側は東シナ海につながる外海、西側は島と長崎半島との間の内海が見える。ちょうど外海と内海に挟まれた、東西二〇〇～三〇〇メートルの細長い陸地だった。船越という地名は、その狭い地形に由来している。台風で海が時化《しけ》ると、外海に停泊している船が流されないようにしなければならない。そこで、船を陸にあげ、丸太を並べてそのままゴロゴロと転がして内海に持っていく。陸の上を船が越す、ということから船越という地名になった、と地元では伝えられている。

　そんな特異な地形だから、年中海から強風が吹きぬけ、またそれをさえぎるものが何もない。吹きさらしのわずかな土地に建てられた五〇軒ほどのあばら家が、寄り添うようにして小さな集落をつくっていた。部落の家はすべて平屋。強い風に吹き飛ばされないよう、地面にへばりついていた。

　私の家も粗末な木造平屋建てだった。一応、六畳ふた間に一〇畳くらいの広めの部屋があって、合計で三部屋あったが、なにしろ一一人家族である。両親と祖父母、七人の兄弟が暮らすだけで精いっぱいだった。一一人家族が三つの部屋で寝起きしていたのだから、決して広いとは言えない。というより狭苦しい。たしか祖父母が六畳間のひとつを占領していたから、残る二間を子供たちと両親で使っていたような気がする。

部落の家はどこもそんな感じで、そこから、それぞれの家の男が海に出ていた。夏はイカ釣り。そのほかには沿海に網を張って仕掛けをつくり、夕方から朝方にかけて魚がかかるのを待つ。それを引き上げるのが、私たち子供の仕事だった。真夜中の午前三時に起き、伝馬船の艪を漕いで網を外し、それを陸に引き上げる。真冬でもそれは変わらない。当然、手がかじかんであかぎれだらけになる。海水を浴びた手足は、寒風に吹きさらされ、いまにも千切れそうな痛みが走る。本当に千切れてしまうのではないか、と思ったことも数え切れない。

「いつまで、こげんことせないかんとやろか」

伝馬船のうえで鼻水と涙を流しながら、声を殺してつぶやいていた。

だが、さぼると父親に殴られる。だから、嫌でも応でも、朝早く海に出なければならない。そうして網にかかってバタバタしている魚を獲って、トロ箱に詰める。すると、いつしか日が昇り、小学校に行く時刻になる。その間、母親が弁当を詰めてくれ、家に戻ってそれを父親ゆずりの布カバンに押し込んで送り出された。

弁当は麦飯。白米を食べるのは盆と正月くらいだから、それが普通だと思っていた。おかずは漬物だけだったが、みな似たようなものだったので恥ずかしくもなかった。通っていた志々伎《しじき》小学校は、ひとクラスに五〇人ぐらいの児童がいたけど、ランドセルを背負って通っていたのは五人くらい。その他は風呂敷かズダ袋のようなものに荷物を詰めていた。私は、父親が兵隊時代に使っていた布カバンに弁当を入れて学校に行っていたから、ましなほうだったかもしれない。

そうして学校に行っているあいだ、父親と母親が網の修理をしていた。学校から戻ってくると、待っていたように父親が言う。

「ほれ、はよう支度ばせんか」

こうして父親に連れられ、夕方から伝馬船で網の仕掛けを張るために海に出る。毎日がその繰り返しだった。

今でこそ長崎県の平戸や壱岐、対馬などの島は、高級魚の豊富な漁場として知られる。イカやオコゼが博多の料亭に出荷され、ときには築地あたりで見かけることもある。だが、あのころは魚がそんなに高く売れるものだとは思ってもみなかった。当時は、流通システムが皆無だったので、魚を島から売りに行くこともできない。海でとれる魚は、家で食べるためのものでしかなかった。よくて、生活必需品との物々交換のためのものだった。

家計における唯一の現金収入は、牛を売ったときの金だけである。五〇軒ある部落のそれぞれの家が牛を飼っていて、子供を産ませてそれを売る。一年に一度、売れればいいほうで、売値はせいぜい二、三万円。それが現金として家計に入る収入のすべてだった。

その牛の世話をするのも、子供の役目で、もっぱら餌を与え、放牧させる。うちの場合、農業もやっていたので牛は耕耘機代わりにもなった。

すべての家がそうではなかったけど、私の父親はすこぶる働き者だった。婿養子だったせいもあり、後ろ指をさされまいとして人の何倍も働いていたに違いない。少しでも家計を楽にしようと必死に働いている姿が、子供心にも痛々しかった。漁のない昼間は、もっぱら農作業に励んだ。四反ほどのわずかな田んぼと八反の畑を耕し、そこで米や野菜をつくっていた。一反は三〇〇坪だから田んぼは一二〇〇坪そこそこ。その小さな田畑でさえ借り物だった。

すでに戦後の農地解放で地主制度はなくなっていたが、父親は稀に見る頑固者で、昔ながらの小作農をやっていた。

「なんぼお上が農地をくれるいうても、人さまの土地を勝手に自分のもんにできるわけなかやろうが」

　それが口癖で、相変わらず地主から農地を借り、まるで小作人のような生活をしていた。米の収穫は年に一五俵ほど。そのなかから地主に地代として年貢を納めた。年貢米は、収穫分の半分ぐらいだったから、普段家で白米が口に入らないわけだ。

　年に一度、その年貢米を地主に納めるのである。父親が大八車を引き、私が後ろからそれを押して地主の家に向かった道をよく覚えている。

「おかげさまで今年も米がとれました。ありがとうございます」

　父親は決まってそう言い、地主にひざまずいて年貢米を差し出していた。その光景がいまも目に焼きついている。

　夜は、イカ釣りに出かけ、昼間は田んぼや畑を耕す。畑でとれるサツマイモや麦は食べるためにつくっていた。漁から帰って来ると、野山を開墾しなければならなかった。少しでも田んぼを増やそうと、石ころを掘り起こすためである。そうして田んぼが二反ぐらい増えたように記憶している。両親はともに、まさしく寝る間もなく働いていた。

　私たち子供たちはといえば、家業の手伝いのほか、暇を見つけて田んぼの草を手でむしり取り、焚き木用の枝を山に拾いに行かなければならない。今でいう国有林の山が近くにあり、そこを二、三時間ほど歩いて枯れ木を拾い集める。あるいは、海辺の流木を拾う。それを二宮尊徳さんのように背負って持ち帰った。焚き木は五右衛門風呂を沸かすのに使っていた。

　そこまでやっても、米を食べられるのは盆と正月だけである。

「俺たちは、いったい何のためにこげん働かないかんとやろうか」

　子供心にそう思い続けていた。

　私にとって、父は昔かたぎの人間だったから、亡くなるまで怖かった。終戦を成田の日本軍基地で迎え、私が二歳のときに家に帰ってきた。だから赤ん坊の頃はしばらく「兵隊さん、兵隊さん」と呼んでいたそうだが、怖い記憶しかない。小学校にあがり、喧嘩に負けて泣きながら家に帰って来ると、もの凄い形相で怒る。

「泣くぐらいやったら、もう一回やって来んか」

そう言って、包丁を手渡されたことまであったほどだ。

いま思えば、まるで江戸時代に逆戻りしたような暮らしだった。たとえば、平戸では人が死んでも火葬する習慣がない。土葬が当たり前だった。嘘のような話だが、小学校に入るまで島には電気が通ってなかった。もちろんテレビなんてない。家には高校を卒業するまでテレビがなく、小さなラジオがひとつあるだけだった。大学に入るまで机もない。とても勉強するような環境ではなかった。

しかし、はじめはそれが普通だと思わざるをえなかったし、そこから逃げられない運命のようなものに感じていた。それでも、岡山大学に進学でき、検事や弁護士になれた。

「こんな生活から抜け出してみせる」

そう考えるようになったのは、母親のおかげだった。

母のすすめ

母が脳梗塞に見舞われたのは、私が東京地検に着任した昭和六十一年（一九八六年）のことだった。二〇年以上も前だ。それから、母はずっと身体の自由がきかず、寝たきりの状態がつづいた。神戸の病院に入院し、私は週に一度、彼女を見舞うことにしてた。代わる代わるきょうだいたちも、見舞ってくれていたが、ここ数年というもの、意識はほとんどなかった。その母、ミドリが昨年七月亡くなった。大正六年（一九一七年）生まれだから、享年八九になる。

考えてみると、長男であるにもかかわらず、私が家業の漁を継がず、家を飛び出して検事になったのは、この母の影響が大きかったのだと思う。母は、家があれほど貧しかったにもかかわらず、陰で私の勉強を支えてくれた。

「森一、男なら、一生涯ずっとここにおるようではいけんよ。そんためには、勉強ばせんといけんたい」

よくそう諭されたのを思い出す。実は、母自身、ろくに学校にも行けなかった自らの半生を悔やんでいたのではないだろうか。

「どうせ、漁師になるとやけん、はよ一人前になれ」

そう言って漁や農作業にうるさかった父に比べ、母は小さいころから学校の勉強に対する理解があった。その理由は、おさな友だちの影響だったに違いない。

平戸は、東京地裁の裁判長までになった浦辺衛さんの出身地でもある。浦辺家はちょうど私の家のとなり村にあり、由緒ある代々の造り酒屋でもあった。島では珍しい裕福な家庭だったおかげで、浦辺さんもあそこまでになれたのかもしれない。島でいちばん出世した人だ。

その浦辺さんには妹がいて、母とはとても仲がよかったという。それで、母が小学校時代によく遊びに行っていたそうだが、そこは勉強の環境が整っていた。友だちであるその妹といっしょに、よく兄の浦辺さんから勉強を教えてもらったそうだ。おかげで、母も学校の成績はよかったらしいが、なにぶん家が貧乏だったので、それ以上高望みできるわけもなかった。だからこそ、私に勉強をさせたかったのではないかと思う。

「森一、夕方の漁に行きとうなかったら、学校に居残っとけ。さすがに父ちゃんも、学校までは怒鳴り込んで行かんけん。学校で勉強すればよか」

そんな知恵をつけてくれた。家に帰ってきたら漁の仕事が待っている。勉強どころではなくなるので、そう言ったのだろう。

父は昔かたぎのタイプだったから、子供たちが家で勉強することすら嫌がった。

「なんで漁師になるもんが、勉強せんといけんか」

いつもそう言っていたので、父には学校の勉強をする姿すら見せられなかった。もっとも、あのあたりではむしろそれが普通だったのだが、だから家では、教科書を開くのにも一苦労した。

中学二年生のとき、文英堂の参考書を持っているのが父にばれてしまったことがある。たしか数学と国語の参考書だった。

「そげなもんを開く暇があったら、もっと漁に身ば入れんか。こんバカが」

父はそう怒鳴って、便所に二冊の本をドサッと放り込んだ。汲み取り式の便所だったので、参考書はもう使い物にならない。悲しかったが、そんな父だったから、家では父の目を盗んで勉強しなければならなかった。

小学校四年生のとき、私はそろばんに夢中になった。ちょうど算数の教科書にそろばんの演習問題が出てきたときだ。学校のそろばんを使ってパチパチやるのがすごくおもしろい。それで、担任の教師に言った。

「先生、これ貸してもらえんやろうか。家でやって練習してみようかて思うんやけど」

あまりにも夢中になっていたので、不憫に思ったのかもしれない。

「これ、使わんか」

その先生は、私に新しいそろばんを買い与えてくれたのである。そうして、毎日のようにそろばんの練習をした。もちろん、まったくの無手勝流。しかし、不思議と上達した。それを陰で応援してくれたのが、ほかでもない、母親だったのである。

島に電気が通ったのは、そんな小学校時代だった。といっても、家にあるのは四〇ワットの裸電球ひとつきり。その電球はいつも一定の場所につるされているわけではない。一〇メートル以上はあろうかという長いコードの先に電球がつながれ、自由に動かせるようになっていた。なぜ、そんな状態にしていたかというと、家の三つの部屋を移動させるためだ。家族は、日が落ちると、灯りが必要になると、電球とコードを部屋に持ち込み、部屋を照らす。

そんな家に唯一の灯りを最もよく使っていたのは、母親だった。祖父母や父が寝静まったあと、ひとり卓袱台《ちゃぶだい》で夜なべの針仕事をしていた背中が印象に残っている。小さな背の向こうで、裸電球の薄暗い灯りが母の手元を照らしていた。私がそれをじっと見ていると、こう言ってくれた。

「こっちで、いっしょにそろばんの練習ばせんね」

夜なべ仕事をしている卓袱台に誘ってくれ、そこでそろばんの練習をするのである。父は朝早くから漁に出なければならないので、夜は早くにやすむ。そのため、夜中はそろばんの練習をするのにも好都合だった。父が寝静まっているあいだ、こっそりそろばんの練習をしていた。そうやって、母とふたり並んでそろばんの練習をした成果は、たしかにあった。やがて、その腕前が部落で話題になった。

ある日、農協の経理担当職員からこう言われた私は、言葉どおり三桁の暗算をすらすらと解いた。

「モリちゃん（注＝森一の愛称）、あんたそろばんばやっちょるげな。うまからしかね。ひとつ、これ暗算してみらんね」

しぜんと暗算の能力がついていたのだろう。それがさらに部落で評判になった。

小学校の学芸会では、そろばんと暗算の対決という風変わりな演題を披露した。もちろん暗算するのは私だった。大勢の父兄が集まった講堂の壇上に立って、そろばんを持った子と計算の速さと正確さを競うのである。七桁から八桁の数字の書かれた大きな模造紙が壇上の後方に貼られ、それを片っ端から計算していく。講堂はシーンと静まり返り、父兄の目がいっせいにこっちに集まっていた。

勝ったのは私。すると、

「あの子は天才やなかやろか」

そんな囁き声が聞こえる。まるで英雄扱いだった。妙に嬉しかった。そんな他愛もない出来事をよく覚えている。だが、このそろばんの技術は後々まで役に立った。

昭和三十一年（一九五六年）、平戸の南部中学校に入学した私は、日本商工会議所で行われていたそろばん検定試験の一級に合格。二年生になるころには、弟や妹の友だちを集め、そろばん塾までやり始めた。高校のころは、そろばんのおかげで、ずいぶん学資を稼がせてもらった。あのころ、ゆくゆくはそろばんの先生になって暮らしていこうとまで考えたものだ。

だが、相変わらず、生活は貧しかった。そのために修学旅行にも行けなかった。もっとも、修学旅行に行けなかったのは私だけではない。きょうだい七人全員がそうだったたし、クラスの五分の一の生徒も学校で留守番をしていた。だが、やはりうらやましかった。

たしか修学旅行の行き先は、福岡県だったと記憶している。いまならどうという旅行ではないが、当時は島を出るということが大変な時代でもある。まして福岡といえば、どんな都会か、想像もつかない。そうして帰ってきた連中が、嬉々として自慢げに話した。

「ここらの道は、どれも跨げるくらいの細うて汚なか泥道やけど、福岡は全然違うばい。コンクリートみたいなアスファルトていう道で、コンクリートみたいに固いと」

「おまえ、汽車に乗ってことあるや。びっくりするくらいでかいとぜ」

「アイスクリームていう食べもの見たことあるや。それ食ったとぜ」

そんな調子で騒ぐ。悲壮感はなかったが、ますます島を出たくなっていった。

雨の日は、四キロ離れた学校に行くにも傘がない。蓑を着て、下駄を履いて歩いていかなければならなかった。さすがにそれだけ歩くと雨が染みてくる。学校に着くころには、びしょぬれになってしまう。そんなときは、用務員室に駆け込んだ。

「おじさん、また頼むばい」

手を合わせて、頼んだ。雨が降った日は、まず用務員室で火をたいてもらい、着ていた服を乾かした。二、三時間ほどかかっただろうか。しょっちゅうやってくるものだから、用務員室のおじさんとはすっかり仲がよくなった。同級生のなかには私のように傘も持っていない生徒も珍しくはなかったが、私は要領がよかったのかもしれない。なぜか、大人に可愛がられた。

中学校では、田口という数学の先生のこともよく覚えている。田口先生が当直のときは宿直室に友だちといっしょに押しかけ、よくそのまま学校に泊まった。

「おい、田中、鍋物をするけん、あそこの畑から白菜ば拝借しちこい。ついでに鶏もあればよかな」

そう命じられ、近くの畑から作物を拝借したことも珍しくなかった。あとでバレても、先生の命令だから、何ともない。そうやっていっしょに鍋をつついた。

先生は六キロほど離れた家から学校まで自転車で通っていた。それを同級生が盗んで隣の部落まで乗っていき、隠していたことがある。私も、その自転車で遊んだ。おかげで、自転車に乗れるようになったのだが、先生は困ったようだった。

「田中、ワシの自転車がのうなったんやけど、知らんか。見つけたら数学5やるぞ」

そう言うので、適当に答えた。

「いや知らんばい。なら捜してみるけん」

そんな牧歌的な時代だったから、楽しくはあった。が、それでも私は島のこんな生活から抜け出したかった。

一〇年の猶予期間

「父ちゃん、高校ば行かせてもらえんやろうか。定時制でいいけん」

父親にそう話したのは、中学三年生になってからのことだった。

「なして高校なんか行く必要があるとか。お前は漁を継ぐとやけん、いらんめえも」

むろん父は大反対した。というより、それまで父は、私が中学校を卒業したらすぐに家を継いで漁師になると思い込んでいた。それが平戸の部落では普通であり、そうでなければ笑いものになるとさえ言った。実際、田舎ではそういう風習というか、慣習がまだ根強かった。

家では、私が中学二年生のとき初めて四馬力の漁船を買った。それまでの手漕ぎの伝馬船から、エンジンつきの船に変わり、漁の網を巻き上げるのもずいぶん楽になっていた。わずかな現金収入のなかから、なんとか月賦で買った大切な船だ。父としても、これで漁も効率があがると考えていたに違いない。そんな折、まさか一家の長男が高校に行くと言い出すとは思いもしなかったのだろう。

しかし、進学しなければ、一生涯この島でこれまでのような暮らしをつづけなければならない。私はどうしても、高校に行きたかった。

「父ちゃん、一〇年だけでいいけん。そのあいだだけ勉強ばやらしてほしか」

思い切って父親にそう切り出した。

「ほう、そんでどもならんかったら、どげんするつもりか」

「それで一人前にならんかったら、漁師ば継ぐけん。頼むばい」

必死に頼んだ。

「そこまで言うとなら、やってみるたい。ばってん、一〇年だけやぞ」

昭和三十四年（一九五九年）四月、私が入学したのは、長崎県立猶興館《ゆうこうかん》高校の津吉分校というところである。平戸の四校ほどの中学校が高校の学区となっていたが、むろん昼間の進学校ではない。志々伎小学校に併設された小さな校舎を使っているのが、津吉分校だった。小学校は私の母校でもある。家から一〇キロほど離れた定時制の高校だ。

高校といっても、施設は小中学校よりひどい。グラウンドも小学校と共用だったので、子供たちに交じって使わなければならなかった。四年制で、生徒は一学年五〇人足らず。授業は月、水、金と一日おきだったので、その他の日は家の仕事を手伝うようにした。一日おきの授業は、高校生といえども、時間があれば農業や漁業を手伝わなければならない平戸ならではの制度でもあった。

そんな環境だったから、高校に通っていても、両親に学費を出してくれとまではとても言えない。そこで役に立ったのが、小学校のころから得意だったそろばんだ。高校の近くにあった寺のひと部屋を借り、そこで四〇人から五〇人の子供たちを集め、本格的にそろばん塾を始めた。一人当たり、月謝を一五〇円から二〇〇円をもらっていたから、月に数千円から一万円近くの実入りになる。これがずいぶん助かった。

このころ、私は政治家になる夢を見ていた。理由は、東南アジアにそろばんを広めようと思いついたからだ。大した発想ではなかったのだけれど、真剣にそう考えていた。実際、そのために長崎大学と大阪外国語大学の受験準備を始めた。

高校四年生の秋のこと。昭和三十七年(一九六二年)の一〇月だったと思う。平戸島の大半の家庭がそうだったように、もちろん我が家にはまだテレビもなかった。高校時代を通じて家にあった電化製品は、小さなラジオだけ。テレビを買うことができたのは、私が高校を卒業してからだった。

高校時代は力道山の全盛期で、楽しみは金曜日の八時から始まるプロレス中継と、NHKのお笑い番組。外国人の悪役レスラー相手に繰り出す力道山の空手チョップに沸き、お笑い三人組が大笑いさせてくれた。日本国中で同じような光景が見られた時代だと思うが、平戸はさらに後れていたので、めったにテレビのある家がない。私たちは四キロ先にある郵便局の家にテレビがあるのを知り、みなでそこによく通った。まだブラウン管に青いフィルムが貼ってある古い白黒の真空管テレビだ。郵便局の人が気を利かせて、外から見やすいようにと縁側にテレビを置いてくれ、歓声をあげながら楽しんだ。

平戸では、私の家が特別貧しかったとは思っていない。たいていそんな暮らし向きだった。だから、どこの家の子供も大学進学どころではない。それでも、大学に行きたかった。

「森一、男なら勉強せんばいけん。そうでなけりゃあ、ここで一生暮らさんといけんばい」

かつてそう言った母親の言葉が、私の背中を押していた。

しかし、むろん大学受験用の高い参考書類なんて買えるわけがない。中学生のころ、父親が便所に捨てた学習参考書も、買ったものではなかった。学校の教員になりすまして、ただで送ってもらったものだ。教科書の奥付にある発行元の出版社に対し、

「中学校の数学を教えている田中森一という者ですが、私のクラスの授業に御社の問題集を採用したいので、参考のために送付してもらえませんか」

と、嘘を書いた手紙を三社の出版社に出した。すると、出版社側はてっきり学校の授業に使ってもらえると思い込む。案の定、すぐに送ってくれた。ただし、参考書が家に送られてきたら、そのあとが面倒だし、父親に見つかるから、送り先はバスの停留所止めにしておいた。交通の便が発達していない当時の郵便事情では、そうすることも珍しくなかったからだが、そうしておいて学校帰りに取りに行っていた。

もちろん誉められた話ではないけど、そんな悪知恵はよく働いたものだ。そうして、まんまと参考書を受け取って使っていた。結局、参考書の存在が父にバレて、汲み取り便所に放り込まれてしまったのは、自業自得かもしれない。それでも、大学に入るためには独学では無理がある。そこで、一計を案じた。

大学受験をひかえた高校四年の秋、受験生向けの雑誌「蛍雪時代」の対談記事をたまたま読んだことがある。そこで、赤尾の豆単で有名な旺文社の赤尾好夫さんと、和歌山英数学館の校長だった笹岡

治男先生が対談していた。そのなかでとくに笹岡先生の言葉が目にとまった。

「最近は、苦学してまで大学に行く学生がいなくなった」

対談でそう話していた。そこで、駄目元で笹岡先生に手紙を書いた。

「僕は国立大学に行きたいのですが、いまはその学力がありません。といって私学に行こうにも金がありません。来年の春に国立大学を受験しますが、おそらく落ちるでしょう。そうなったら面倒を見てもらえないでしょうか」

和歌山英数学館は、昭和三十六年（一九六一年）に設立された比較的新しい進学予備校だったので、熱が入っていたのかもしれない。驚いたことに、こう返事がきたのである。

「とりあえず頑張って受験勉強しなさい。万が一大学に落ちたら、私を訪ねてきなさい」

この年の受験は、案の定、長崎大学も大阪外大も不合格だった。私は、笹岡先生からの手紙を握りしめ、夜行急行列車「西海」に飛び乗った。昭和三十八年（一九六三年）の春、ちょうど二十歳《はたち》になる年だ。故郷をあとにすることに何のためらいもなかった。

それ以降、いまにいたるまで平戸に住んだことはない。

空飛ぶ弁護士

平戸を離れて二七年後、私は平戸の地に降り立った。バブルのさなかの一九九〇年一〇月のこと。検事を経て、弁護士になってから二年目のことである。目的はふたつあった。

そのひとつはかつての母校の要請でおこなった講演だ。あの志々伎小学校のグラウンドへ、真っ白いヘリコプターが着地したときのことは、今でも鮮明に覚えている。かつて新米検事として佐賀地検に赴任し、自衛隊のヘリコプターで平戸の上空を飛んだが、あのときよりも数倍も興奮した。

弁護士に転身したばかりの私は、分不相応な大きな自家用ヘリコプターを購入した。このときわざわざそれに乗って母校へ向かったのである。私の通った小学校と高校は、同じ敷地内に建てられ、グラウンドを共用していたので、どちらも母校である。そのうち、猶興館高校がこの年、創立四〇周年を迎え、記念講演を行うことになった。そこで、買ったばかりのヘリで乗りつけたのである。

検事をやめ、大阪で弁護士事務所を開業した私には、おもしろいように顧問先が集まり、それに応じて、収入がうなぎのぼりに増えた。バブルという奇妙な時代のせいもあったが、信じられないほどの金が転がり込んだ。そうして、節税のために七億円のヘリコプターを買った。高校の四〇周年記念を口実にして、わざわざヘリに乗って生まれ故郷の平戸へ帰ったのである。

なぜそんな大仰なことをして、故郷に帰ったのか、今になってみると、顔から火が出るほど恥ずかしい。でも、あのころは有頂天になっていた。とにかく気分がよかった。

ヘリコプターの管理会社の担当者によると、なんでも買ったヘリは西武鉄道グループの総帥、堤義明氏のものと同じタイプで、日本に二機しかない代物だと聞かされた。バブル時代には、オーナー社長がヘリコプターをこぞって買い求めていたが、たいてい二、三人乗りで、人が四人乗ればすし詰め状態。そんなヘリにも何度か乗ったが、ほとんどシートベルトをつけたまま飛んでいた。だが、私のは八人乗り。ずいぶん広かった。機内には、電話や冷蔵庫、応接セットまでついていて、冷蔵庫の飲み物を飲みながら、のんびり飛行できるというのが売りでもある。堤さんと同じタイプのヘリというのも、なんとなくうなずける優雅な乗り物だった。

実際、この日、母校へ講演のために飛行したときは、快適そのものだった。大阪から瀬戸内海の海岸沿いをノンストップで低空飛行していく。平戸まで、わずか一時間四〇分の空の旅だった。その日もまた自衛隊のヘリで里帰りしたときのように天候に恵まれ、青い海と瀬戸内海の波打ち際がきれいに見える。それを眺めながら、応接セットのソファーに背を持たせかけ、ビールを飲んだ。あのころ親しくしていたアナウンサーの川崎敬三にも講演を頼んでいっしょに連れていった。機内では、彼とビールで乾杯し、それが喉に伝わってきた冷たい感触がいまも残っている。そのそばでは母が微笑んでいた。

そうして、ヘリは平戸の上空から母校のグラウンドに近づいた。グラウンドに着陸しようとすると、もの凄い砂埃が舞い上がり、どうなることかと思った。グラウンドの周囲を取り囲んでいる校舎の窓からは、生徒が身を乗り出し、歓声をあげながら手を振っているのが見える。まるでタレントにでもなったような気分だった。

砂埃をあげたまま、ヘリが舞い降りる。母を腕に抱きかかえ、グラウンドに降り立つと、よりいっそう歓声が高まった。

よく考えてみると、生徒たちの歓声は、私に向けられたものではなく、川崎敬三へ送られたものだったに違いない。彼はＴＶドラマ「サザエさん」のマスオさん役で江利チエミと共演して以来、人気が沸騰した。ワイドショーのスターキャスターとして長年活躍し、そのころの話が漫才のネタになったほどの人気だった。そんな大スターが、平戸くんだりの田舎にヘリでやってきたのだから、子供たちが興奮するのは無理もなかったわけだ。

だが、やはり私自身も、鼻が高かった。小学校も高校も変わっていない。母校の講堂は、一〇〇〇人近い聴衆であふれ返っている。そのなかには大人も交じっていた。生徒の顔は知らないが、父兄の中には懐かしい顔もある。講演内容は、川崎敬三が芸能界の裏話、私は「根性とは何か」という題目にした。「努力すればどんなことでも実現できる。努力に勝る勝利の法則はない」というような話をした。至極単純で、なんとも照れくさい講演内容ではあるが、生徒や父兄には、なかなか好評だったように思う。

しかし、わざわざ平戸にヘリを使って帰還した本当の目的は、母校での講演のためではない。この年、私は子供のころに住んでいた実家のあばら屋を取り壊し、そこに家を新築した。鉄筋コンクリートづくりの二階建ての真っ白い家だ。建物の建築費だけで五〇〇〇万円もかけた。むろんそんな家はこのあたりにはない。それどころか、二階建ての家すらなかった。その家を母親にひと目見せてやりたかったのである。

父の反対を押し切って高校に進学し、平戸をあとにしてから二七年目。新米検事のころ、自衛隊のヘリで故郷に凱旋してから数えても、一八年が経っていた。すでに父は八六年の一月に亡くなっている。それからほどなくして、母は脳梗塞で倒れた。母は半身不随になり、私が大阪に引き取って以来、平戸の家には住む者がいなくなっていた。六人もいた兄弟姉妹たちは、とうの昔に奉公に出たり、結婚したりして家をあとにし、廃屋同然になっていた。そのあばら家を建て替えても肝心の住む者がいないのはわかっている。しかし、私はそんなところに五〇〇〇万円もかけて家を建てた。

母を背負い、真新しいその家を見せたとき、母は涙を流しながら喜んだ。

「父ちゃんが生きとったら、どげん喜んだやろうかね。いっぺんでいいけん、見せたかったなあ」

跡継ぎ息子が勝手に家を飛び出し、肩身の狭い思いをさせた両親に対する償い。家を建て、ヘリで故郷に帰った理由について、これまで自分自身にそう説明してきた。跡取り息子を送り出してくれた父親に対する申し訳なさや、それを後押ししてきた母親に対する感謝。あるいは平戸という貧しい島から世に出て、これだけの贅沢ができるんだ、という見栄もあった。

このときの里帰りは、のちに週刊誌などで取り上げられ、私は大阪と東京をヘリで行き来する「空飛ぶ弁護士」などと皮肉られた。だが、実は自家用ヘリコプターに乗ったのは、あとにもさきにもこの一度きりである。あとは管理会社に任せてヘリコプターをリースし、賃貸料で管理費用を賄ってきた。もともとヘリコプターをもつ意味なんてなかったのかもしれない。

私は検事時代、弁護士時代を通じて、裏社会の住人やバブル紳士と呼ばれる怪人物たちと向き合ってきた。検事から弁護士に転身したのは、まさにそんなバブルの時代でもあった。ヘリで帰郷したのは、貧しかったころの反動に違いない。だが、それは文字どおり、あぶくのような幻の出来事に過ぎなかったのかもしれない。

と同時に、この時代は、戦後の日本が長年抱え続けてきた病巣をはからずも露呈させた。それが顕著に現れた時代だったような気がしてならない。

第二章　法の番人へ

「ちょっと、重うて荷物になるかもしれまへんけど、気持ちですさかい」

いつものように、こう言われるまま紙袋を受け取ると、なかには「御祝い」と熨斗《のし》紙《がみ》が貼られた包みが入っている。丁寧に和紙で包まれていた。


大阪で弁護士を開業したころ、顧問先の社長や事件の依頼者から、キタ新地へよく飲みに誘われた。高級クラブを何軒もハシゴし、帰りには相手が必ず見送ってくれる。タクシーに乗り込むと、そこで手土産の手提げの紙袋を渡される。それが常だった。


だが、このときは少し様子が違った。事務所開きの祝いと称して、キタ新地に飲みに誘われ、帰り際に手渡された手土産がずっしりと重い。どうも菓子箱ではないようだった。それに妙に固い。

「なんで、こんなに重いんやろうか。何が入っとるんかな」

そう首をかしげながら、包みを開いてみると、それこそびっくり仰天した。重いはずだ。そこには帯封のされた一万円の札束がぎっしり詰まっていた。一〇〇万円分の束だ。それが一〇個、きれいに並べられて和紙に包んであったのである。

「先生、これつまらんもんでっけど、お口汚しにどうぞ」

飲んだ帰りにそう言われて、手土産を渡される。中身は羊羹や饅頭などのありきたりの手土産だが、そこには、たいてい「御車代」と上書きされた封筒が入っている。むろん現金なのだが、バブル最盛期のあのころはそれが半端な金額ではなかった。五万円や一〇万円程度ではない。酔っ払ってそのまま眠り、翌朝、封筒を開いてみると、一〇〇万円の束が入っている。それが当たり前だった。

そうして受け取っていた「御車代」や「御祝い」の手土産が、ときに法外なこともあったのである。三〇〇万円や五〇〇万円、そして一〇〇〇万円というケースもあった。はじめは驚いていたが、次第にそれにも慣れてくる。

最初に一〇〇〇万円の手土産をくれたのは、ヤクザ者だった。検事時代の私の評判を聞き、知人を介して紹介されたのである。ある事件の弁護を依頼されたのだが、あまりに法外な金に、はじめはさすがに戸惑った。検事時代には見たこともないような現金だったからだ。が、それもはじめのうちだけだった。所詮あぶく銭である。それらはいとも簡単に飲み代や遊興費に消えていった。覚えているだけで、飲んだ帰りにポンと一〇〇〇万円の「御車代」や「お祝い」を渡されたことは、三度もあった。

検事時代、金の使い道がわからないととぼける被疑者に数多く出くわした。使途不明金の多くは、数十万円から一〇〇万円程度である。彼らに対して、こう問い詰めてきた。

「お前、常識で考えてみい。一〇〇万円も使うとって、その行方がわからんで済むか。はよ思いださんかい」

だが、弁護士になってからは、彼らの気持ちがわかるようになった。本当に何に使ったのか、自分自身でまったく覚えていないのである。しかし、それは一般の常識からはかけ離れた金銭感覚だったのは間違いない。大学に入るため、必死だったころの自分からすると、考えられない金銭感覚である。

一〇〇〇円の仕送り

「和歌山へは、どげんして行けばいいとでしょうか」

長崎大学と大阪外大の受験に立て続けに失敗した私は、生まれ故郷の平戸をあとにした。長崎県内の佐世保駅へ出て、急行「西海」に飛び乗った。夜汽車に揺られ、大阪駅までの一三時間の旅だ。そこから和歌山へ向かった。目指すは、予備校の和歌山英数学館。高校四年の秋、手紙を書き、「大学受験に失敗したら訪ねてきなさい」と返事をもらった英数学館校長の笹岡先生を頼ろうとしたのである。

しかし、大阪駅からどうやって和歌山に行けばいいものかわからない。それほど田舎者だった。南海電車の難波駅から向かえばいいのだが、難波駅までの行き方すらわからない。そこで通りすがりの人に尋ねてみたのだが、

「はあ、どげんして？　どこの言葉やろか？」

そう九州弁をからかわれる始末だった。昭和三十八年（一九六三年）春のことである。

修学旅行にも行けずに平戸のなかだけで育った私が、初めて見た都会がこのときの大阪だった。平戸では見たこともないビルディングが建ち並び、船越部落の泥道とは似ても似つかないアスファルト舗装。その街路を、きらびやかな服装の男女が足早に行き交っている。平戸とは別世界のその様を、呆けたように眺め続けていた。

折しも、私が郷里を飛び出した昭和三十八年といえば、高度経済成長時代の初期にあたる。日本人が「豊かさ」を求めて疾走を始めたころだ。しかし、当時の高度成長は、まだ大都会だけに見られる現象でしかなかった。地方は時代から捨て置かれている。それをまざまざと実感させられた。

この年、吉展《よしのぶ》ちゃん誘拐殺人事件や狭山事件、力道山刺殺事件が世間を騒がせていた。この世のものとも思えない別世界に見えた大阪で、後年、検事や弁護士になるのだが、それもなにかの因縁かもしれない。

四年制の定時制高校を卒業し、最初の受験に失敗していたから、和歌山での生活は実質上、二浪目だった。歳も二十歳前。そうして生まれて初めて島から離れた浪人生活が始まった。

「うちの予備校は、昼と夜の二部制になっているから、夜間の授業をただで受けさせてあげよう。その代わり、昼間は校舎の清掃をするように」

和歌山英数学館の学長である笹岡先生からそうおっしゃっていただき、予備校生活がスタートした。校舎の二階の片隅に宿舎があり、そこをただで借りることができた。四畳半の二人部屋だ。でも、それで十分だった。苦しいとか、悲しいとか、苦痛を感じたことはない。

そのころ、平戸のきょうだいたちは、みな家を出て暮らしていた。部落では、たいてい中卒で働き始める。私の家でも、私以外はみな中学を卒業してすぐに働いた。七歳上の長姉は、中卒で福岡県内に女中奉公をし、その下の姉は、県内の大村というところにある洋服屋で働いていた。洋服屋は祖母の親戚にあたる。妹も、知り合いの歯医者さんのところで面倒を見てもらっていたし、いちばん下の弟は中学を出て左官の修業を始めた。姉妹たちは、奉公先で食べさせてもらい、月に三〇〇〇円とか五〇〇〇円の手当てをもらう。そうして働きに出るのが普通であって、私のように大学受験のために浪人するなんて、考えられなかった。

「お前が出世してくれることが、私たちきょうだい全員の夢です。だから、なんとしても大学に合格してください。頑張って」

そう書かれた姉の手紙が予備校の宿舎に届いたのは、和歌山へ着いたばかりのころだ。そこには、千円札が一枚入っていた。きょうだいのあいだで金を工面し、私に送ってくれたのである。以来、毎月、仕送りが届いた。姉や妹たちが、わずかな自分たちの稼ぎのなかから送ってくれる仕送りだった。

「私たちは高校にも行けなかった。その分、夢をお前に託します。できることは何でもしますから」

せいぜい五〇〇〇円くらいにしかならない給金のなかから、毎月毎月、五〇〇〇円とか一〇〇〇〇円が届くのである。もちろん礼の返事は書いたが、いまのように電話で話せるわけもない。きょうだいたちからの仕送りと手紙が届くたび、何度も何度も文面を読み返し、くしゃくしゃになった手紙が涙で濡れた。

　もう題名も忘れてしまったけれど、このころ俳優で詩人の米倉斉加年が書いた本を読んで感動した覚えがある。そこに、こう書かれたくだりがあった。

「私は夢を食べてきた。それで腹いっぱいにした」

　青臭いかもしれないが、あのころは本当にその言葉に感じ入った。しかも、私の場合、きょうだいたちの夢まで背負っているのだ。だから、悲しんでいる暇なんかない。それより、もう受験の失敗は許されない。どうすれば、確実に大学に入れるか、思案した。

　昼と夜の二部制だった和歌山英数学館では、やはり夜間部より昼間の授業のほうがレベルが高い。しかし、授業料の免除を許されていたのは夜間部だけである。昼間の授業を受けるためには、その分の授業料を納めなければならなかった。当時の国立大学の授業料が半期で九〇〇〇円ぐらい。予備校も似たようなものだったと思う。そこで、九月からの後期だけ、昼間の授業を受けることにした。きょうだいたちからの仕送りを貯め、四月から八月までアルバイトをして、金を稼いだ。そのために、手っ取り早くて効率のいいアルバイトに片っ端から手を出した。

　とくに効率がよかったのは、和歌山市清掃局の仕事だった。要するに、バキュームカーに乗って、家庭の汲み取り便所から糞尿を吸い上げる作業だ。九月からの後期授業を受けるには、予備校内で試験を受けなければならない。その時期が迫ると、アルバイトどころじゃなくなる。だからその前に必死で働き、食費を切り詰めた。朝昼の食事は、もっぱらひと箱二〇円の前田のクラッカー。それを朝と昼の二回に分けて、牛乳や水で流し込んだ。そうして食費を浮かした。

　そんな生活だったが、四畳半の部屋の同居人にもずいぶん助けてもらった覚えがある。いっしょに部屋を使っていたのは、若い警察官だった。まだ巡査で、給料も大してもらっていなかったのだろう。夜は予備校の警備をするという条件で住み込んでいた。

「今日は金が入ったさかい、肉でも食いに行こか」

その巡査が、たまの給料日に焼肉を食べに連れて行ってくれる。それがいちばんの楽しみだった。といっても、ご馳走になったのは、安あがりのホルモンやミノばかり。それにたっぷりとタレにつけて大盛り飯といっしょに掻き込む。あのころは、世の中にこんなにうまい食い物があるのか、と思ったほどだ。

ずっとあとになって、この人と再会したことがある。検事になって和歌山に出張した際、県警の本部長に浪人時代のエピソードを話した。すると、すぐに名簿を調べ、県警本部から予備校時代の同居人に連絡を入れてくれたのである。巡査だった同居人は、新宮署の刑事課長に昇進していた。

「検事にならはったんですか。えらい出世でんな」

県警本部で再会した彼は、心の底からそう喜んでくれた。

予備校に通って一年後、こんな浪人暮らしを経て、私は国立の岡山大学法文学部に合格した。

繁華街の日本刀騒ぎ

旧制六高の岡山大学では、国策として優秀な学生を集めた時期がある。いまは法学部と文学部にわかれている当時の法文学部のOBには、官僚経験者も少なくない。通産事務次官からアラビア石油の社長になった小長啓一氏、検察捜査の神様と謳われた吉永祐介元検事総長などがいる。だが、私が岡山大学を選んだのは、そんな高邁な理由からではない。

そもそも岡山大学の法文学部を選んだのは、政治家になりたかったからだ。政治家になって、そろばんを東南アジアに普及させようと真剣に思っていたのだが、和歌山に呼んでくれた英数学館の笹岡先生から、

「とにかく政治家になるにしても、まずは法学部に入学するのが先決。卒業したら銀行かどこかの一

流企業へ就職することもできるし、それから考えたほうがいい」

と諭されていた。

学費の高い私立大学への進学などは端から頭になかった。が、かといって旧帝国大学はとても学力がついていかない。とりわけ理科系の知識が皆無なのだ。新米検事時代にそれで非常に困ったものだが、そもそも通っていた平戸の定時制高校には、大卒の理科教師がいなかったのだから仕方がない。定時制高校の四年間で勉強したのは生物だけ。だから、一年浪人しても化学や物理などは頭から勉強するつもりもなかったし、実際さっぱりだった。

通常、国立大学の受験科目は理科二科目と数学というのが決まり相場。理科を受けたら、旧帝大どころか、国立大学そのものに通る見込みがない。しかし、岡山大学の受験は英語が難しい代わり、理科は一科目で数学も数Iだけだった。それなら、合格する可能性がある。大学選びはそんな単純な理由だった。四年間の定時制高校を経て、一浪していたから、年齢的に二浪の受験生といっしょ。落ちることは許されなかったから必死だった。こんな私が国立のナンバースクールである岡山大学に合格できたのだから、運がよかったのかもしれない。あのころは妙な劣等感を抱いていた。

平戸の中学時代、学校の同級生でただ一人だけ全日制の佐世保南高校に通っていた友だちがいる。彼はそこから国立の長崎大学へ進み、親和銀行に就職した。平戸では、いちばんの出世コースでもある。ちなみに親和銀行は、弁護士になってから事件に巻き込まれそうになったところでもあるが、それは単なる偶然である。

この同級生は、中学時代、最も仲のよかった友だちの一人だった。彼とはお互いに家を行き来し、よく遊んだ。家に遊びに来たことも一度や二度じゃない。しかし、中学を卒業すると、ほとんど会わないようになっていった。その理由は私にある。

狭い集落なので、本来なら日常生活のなかでお互い顔を見かけることは少なくない。中学時代は対等の立場だったが、高校に入ると、向こうは全日制の高校でこっちは定時制。彼の姿を見ると、隠れるようにして会うのを避けた。生来の負けず嫌いのせいもあるかもしれないが、それより劣等感のほうが強かった。まさしくいじけていたのだと思う。

そうした反動だったのだろう。岡山大学に入学したときは、とにかく嬉しかった。それで、有頂天になった。

念願の大学に入ると、ろくに勉強もせず、まず熱中したのは空手だった。入学式が終わり、クラブ活動のオリエンテーションが始まると、空手部の連中が我が物顔に振舞っている。傍若無人というか、それが却って痛快でたまらない。私はすぐに入部した。空手部の練習には出たが、ろくに大学にも行かず、講義をさぼってばかりいた。

岡山大学法文学部の同級生に、のちに千葉地検の検事正や最高検の総務部長になった神垣清水がいる。検察庁に入ってからも交際していた親友だった。岡大時代の神垣は柔道部に入り、それなりに強かった。私たちは二人でつるんでよく遊んだ。あるとき、こんな出来事もあった。

岡山市には、表町という繁華街がある。長いアーケードの両脇に商店が並び、昼は買い物客、夜はスナックや居酒屋の酔客で賑わう。私と神垣はよく、そこへ繰り出した。学生服に高下駄を履き、肩で風を切ってアーケード街を練り歩く。わざとチンピラにぶつかり、因縁をふっかけて喧嘩をするのが、楽しかった。

そうして、不良学生の生活を謳歌していたある夜、若い女の子をナンパしようとしてちょっかいを出したことがある。ところが、その子は嫌がるばかり。ついに、駆け出して路地裏に逃げてしまった。私たちは、その子の後を追いかけ、路地裏に入ると、そこにはチンピラがいた。どうやら、ちょっかいを出そうとした女の子は、そのチンピラの彼女だったのだろう。

「なんなら。おめぇら、どこのもんなら」

岡山弁でそう凄んだが、こちらもひるむわけにはいかない。粋がって言葉を返した。

「どこのもんもくそもあるかい。お前こそ誰や」

だが、相手はホンモノのヤクザだった。

「なに、おめぇー沈めるぞ。道具持ってくるけぇ、そこで待っとれ」

そのチンピラはそう言い、いったん女の子を連れて立ち去ったあと、戻ってきた。手には本当に日本刀を持っていたから、驚いた。というより、怖かった。いくら粋がっても、しょせん学生の虚勢である。そうなると、こちらは言葉も出ない。実際、殺されると思った。

それから数十秒たったろうか。日本刀を手にしたチンピラのうしろから、中年の男がやって来た。チンピラとは打って変わり、穏やかな口調で話した。

「おい、学生。こんなことしたらおえまあーが、ちばけなよ（注＝こんなふざけたことをしたら大変なことになるぞ。とぼけるなよ）。おめぇら、ほんまに殺されとるところじゃど」

スーッと身体から血の気が引いていくのがわかった。こんなことしていたら、本当にいつか殺される、そう思った。

大学に行かず、アルバイトもよくした。姉や妹からは大学に入ってからもずっと一〇〇〇円の仕送りがあったが、月々六〇〇〇円ほどの奨学金ももらっていた。奨学金は、受けとった分の半額を将来返済するという制度で、生活はそれでできたが、それだけでは遊ぶ金がない。それで、遊ぶ金ほしさにアルバイトをしていたのだ。

夏はもっぱらアイスクリームづくりとイグサ刈り。普通なら時給一〇〇円から一五〇円というところが学生アルバイト料の相場だったが、その三倍はもらっていた。マイナス三〇度の冷凍庫のなかで作業をするのだが、空手をやっていたので体力には自信がある。上半身裸になって冷凍庫に入り、人の倍以上働いた。イグサ刈りは、日の出から日没まで。岡山市の隣の倉敷まで出かけて行き、一〇日間集中して働く。これも実入りがよかった。

しかし、なかでも最も稼ぎのよかったのが、露天商のアルバイトだった。いわゆる的屋である。バナナのたたき売りのような口上を大声で言いながら、客を集める。得意だったのは大道賭博だった。

岡山県には、市内から車で四〇分ほど南に下ったところに児島ボートという競艇場がある。あるとき、そこの入り口付近にあるおもしろい露店を見つけた。まわりに人だかりができ、歓声があがっている。見ると、台の上に白い布をかぶせ、そこで商売をしていた。台の上にカードや花札、ピンポン玉のような小さなボールを載せ、それを使って集まった客と一対一で賭けをしていたのである。たとえばカードを三枚出して、一枚にマジックで印をつける。それを裏返しにして客に当てさせるといった趣向だ。客は台に置かれたカードに見当をつけ、百円札を一枚、二枚と置いていく。ときには千円札のこともあった。

ところが、賭けは必ずといっていいほど、的屋が勝つのである。まるで手品のように見事な手さばきだった。カードを開くと、その都度、

「おおー」

と歓声があがる。

これはおもしろい、と思って、その的屋に弟子入りし、やり方を学んだ。そうして、同じように児島ボートの入り口付近で店を出すようになった。一応、学生アルバイトなので親方に時給をもらっていたが、それも五〇〇〇円以上。あの当時としては通常の五倍ぐらいの稼ぎになったが、それ以外に賭けのアガリを適当にポケットに入れてもわからない。これはおいしいアルバイトだった。

司法試験と同棲

アジアで初めてオリンピックが開催された翌年、日本と韓国は念願の国交を回復した。池田勇人内

閣の下、外務大臣の椎名悦三郎が韓国の外務部長官李東元と日韓基本条約を締結したのは、東京オリンピックの翌年の昭和四十年（一九六五年）のことだ。一昨年は、その国交正常化から四〇周年にあたった。日韓両国で記念行事が盛んにおこなわれ、韓国のテレビドラマのヒットも手伝って、大変な韓国ブームを呼んだ。四〇年前と比べると、すっかり様変わりしたものである。

高度経済成長期に突入し、みるみるうちに変貌を遂げていった六〇年代の日本では、日米安保闘争から巻き起こった学生運動がますます広がりを見せる。日韓基本条約締結を機に「日韓闘争」と呼ばれる左翼運動が展開され、それが地方の大学にまで及んだ。そんな動乱は、私のいた岡山大学も例外ではない。学生闘争の渦に巻き込まれ、ついに鎮圧部隊の警察官のなかで学内の死亡者も出た。私はそんな思想闘争にはまったく関心がなかったが、実はデモの参加者を含め、大半の学生がそうだったようにも感じる。ただし、混乱の影響はあった。

すでに大学二年生。相変わらずろくに講義にも出席せず、空手ばかりをやっていた。当時、空手部や柔道部などは、大学側の護衛役を買って出ていたため、左翼学生と対立していた。デモ隊を学内に入れないよう蹴散らすのが私たちの役割である。当然、私もそこに駆り出され、彼らと衝突した。

しかし、その一方で、ときにはデモに加わったりもした。デモ隊が押し寄せ、警官隊と小競り合いを繰り返しているなか、こっそり空手着から普段の服に着替えて、デモに参加する。そうして、今度は逆に制圧部隊と闘うのである。岡山市内には柳川通りというメインストリートがあるが、そこで警官隊と激突し、彼らを蹴飛ばしたこともあった。

まったく矛盾した行動なのだが、なぜこんなことをしたかというと、理由は単純。もっぱら女子学生目当てにデモに参加していただけだ。デモ隊の学生のなかには女の子も数多くいる。校内にバリケードを張り、何日間もそこに寝泊りする。男も女も関係なく、学生は文字どおりザコ寝していた。運動に熱心な学生たちは徹夜で討論しているが、むろんこっちはチンプンカンプン。それより女の子と話したり、じゃれ合うのが楽しみだった。

私にとって、デモに参加するのは、今でいう男女の大学生がスキーに行くときと同じような動機だ。ちょっとした合宿気分である。当時は大学生といってもうぶなもので、男子学生なら七割、八割が童貞だったように思う。ほとんどが、いまの中学生レベルのような性体験しかなかった。

デモに参加し、夜女の子のそばで寝ると、しぜん身体が触れる。冗談で胸を触ったりしても文句は言われないし、むしろお互いそれが楽しかった。その程度の単純で純情な動機から、ときどきデモに参加していたのである。もっとも、昼間は逆に彼らを殴る蹴るなどして追い出そうとしていた張本人でもあるわけだから、いい加減なものだった。

女の子目当てといえば、一度、大学の茶道部に入ろうとしたこともある。なにしろ空手部にはまるっきり女っ気がない。ちょっとでも大学に可愛い女の子がいると、すぐに目を奪われたが、なかなか友だちにはなれなかった。そこで目をつけたのが茶道部だったのである。そこにとてもきれいな学生がいたので、彼女にラブレターを書いて渡した。それだけでは埒が明かないので、柔道部の神垣を誘い、茶道部へ入ろうとしたわけである。

「とりあえず、行ってみんか。ひょっとすると、いい女がいるかもわからんぞ」

彼を誘い、茶道部の茶室で面接を受けた。だが、茶道のサの字もまるで知らず、また本気でお茶の作法を学ぶ気もないから、相手にされるわけがない。

「あなた方みたいな人を入部させるわけにはまいりません」

あっさりそう断られ、あげくにラブレターの返事がくると、それもフラれている。頭にきてしまい、神垣といっしょに腹立ちまぎれに茶道部の部室へ乗り込んだ。茶釜や茶碗をひっくり返し、大暴れして立ち去ったのをよく覚えている。

また、わざわざ東京のデモ隊に参加したこともある。その一番の理由は、新幹線に乗ってみたかったからだった。最高時速二一〇キロという触れ込みの東海道新幹線が開業したばかり。むろん飛行機にも乗ったことがないし、いったい二一〇キロとはどんな速さなのか、体験してみたかったのである。開通したばかりのひかりで東京まで行き、夜は三宅坂にある社会党本部の階段にゴザを敷いて寝た。そこへ委員長が通りかかり、

「頑張ってくれよ」

と声をかけてくれたときには、こんな私でもさすがに興奮した。そうして、丸太棒を担いで国会へ突っ込んだ。

大学二年生のころまでは、そんないい加減な暮らしぶりだったが、生活が変わったのは三年生の夏ごろ。きっかけは、先に書いた日本刀事件だった。空手をやって粋がっていた私が、ヤクザ者から日本刀で脅され、あまりにもいい加減な自分にはたと気づいたのである。このままでは何のために大学に入ったのかわからない。平戸を離れたころの夢をすっかり忘れてしまっている。両親やきょうだいたちに申し訳が立たないではないか。それで、三年生になったばかりのころ、まず空手部を辞めようとした。

しかし、今度はそう簡単に辞めさせてくれない。毎日毎日道場に呼び出され、激しい稽古をつけられる。体のいいリンチなのだが、それが三カ月間も続いた。こんなことをしていたら、身体を壊されてしまう、と思った私は、キャプテンに直談判した。一対一ならなんとか説得できるのではないか、と練習が終わった後、夜、キャプテンの下宿を訪ねたのだ。おそらくキャプテンも、いい頃合いだと思っていたのだろう。意外にすんなり了解し、ようやく空手部を辞めることができた。

司法試験に向けて勉強を始めたのはそこからである。もともと政治家を夢見ていたわけだから、政治や法律には興味があった。すぐに政治家になれないのなら、法律家になろうと考えたのだ。ただし、最初から検事を目指したわけではなかった。当初は、裁判官になろうと思っていた。それは弟に対す

る、幼いころの苦い思い出があったからでもある。

生まれて間もなく亡くなった末の弟を除けば、七人いるきょうだいのなかで、田中家の息子は、私と弟の二人だけだった。弟は事実上の末っ子として育ったから、甘えん坊のところがあったのかもしれない。平戸の貧乏暮らしに嫌気がさし、グレてしまった時期がある。

私と違い、生真面目で要領もあまりよくなかった弟は、小中学校のころ万引きで捕まってしまった。生まれ育った船越という小さな部落には、五〇軒ほどしか家がないので、そんな弟の悪い評判は瞬く間に広まる。弟は近所の人から常に白い目で見られ、自棄になっていたのだろう。ろくに学校にも行かず、かといって漁や農作業など、家の手伝いをするわけでもない。同じようにグレた連中相手に遊びほうけていた。それがまた悪い評判を呼んだ。

田舎にはありがちなことではあるが、いったん評判が落ちると、悪評がついてまわる。部落では、何か悪いことが起きるたび、弟のせいにされた。

「なにもんか知らんばってん、うちの野菜が盗まれちょる。あんたがたん、末っ子の仕業やなかね」

両親は部落で物がなくなるたび、そう言われた。実際は何もしていない。だが、父親は弟を殴り、そのせいで弟はますます家によりつかなくなっていった。

結局、弟は中学を卒業してすぐに家を出てしまった。一九四九年生まれの弟は、私と歳が六つも離れているので、ちょうど私が定時制高校に通っているころだ。私が家業の漁を継ごうとしなかったので、本来なら私の代わりに漁師になるところだった。が、弟はそれを極端に嫌がり、左官になるための修業をはじめた。それは、両親や部落の冷たい眼から逃れたかったからにほかならない。

本当は根の優しい真面目な男なのに、いっときの非行で部落の住人から常に白い目で見られる。弟が、不憫でならなかった。

そんな弟のことが頭を離れず、法律家になるなら裁判官になろうと思ったのである。検事や弁護士は、しょせん相対するどちらかの側に立って物事を考えなければならない。しかし、裁判官だったら中立だ。罪は罪として裁けばいい。しかし、罪もない人を助けることもできる。そう思ったのである。現実の裁判官は必ずしも正しくなく、それどころか間違っているケースのほうが多い。だが、もちろん当時はそんな考えは微塵もなかった。裁判官になれば、弟のような弱い人間を救える、と単純にそう考えた。そうして大学三年生の夏から、司法試験の勉強に打ち込んだのである。

それを陰で助けてくれた女性が、いまの家内である。現在は私に愛想をつかして別居しているが、学生のころに知り合い、同棲を始めた。

一発合格

「もし検事をやめるなら、私はこれ以上ついていけません」

特捜部の検事を辞めて弁護士になろうと決心したとき、家内はそう言った。たぶん、弁護士になって金儲けしても、ろくなことはない、と言いたかったのだろう。その言葉がずっと耳に残っている。

あのころの家内は、岡山県立短期大学に通う短大生だった。たまたま大学同士の合ハイで知り合った女性だ。いまではこんな言葉すら使わなくなってしまっただろうが、合ハイというのは合同ハイキングの略称である。異なる大学や短大の男女の学生が、いっしょにハイキングを楽しむ。いまでいう合コンのようなものである。

岡山での合ハイの場所は、たいてい決まっていた。日本三大庭園と呼ばれる岡山市内の後楽園や遊園地など。そのときは備前市にある閑谷《しずたに》学校だった。江戸時代に池田光政が開設した藩校で、備前焼が展示されていることで知られる観光名所だ。

たまたまそのときの合コンで知り合ったのが、いまの家内である。閑谷学校で彼女のつくってきた弁当をいっしょに食べ、すぐに親しくなった。それからデートを重ねるようになった。もっとも、デートといっても、当時の岡山には東京や大阪のような洒落た場所はない。よく二人で行ったのが、池田動物園という小さな遊園地つきの動物園だった。市内の京山という丘の上にある池田動物園は、規模こそ小さいが名門である。昭和天皇の四女厚子さんの嫁ぎ先で、江戸時代の岡山藩主だった池田家が経営する動物園で、ときおり池田厚子さんご本人を園で見かけ、得をした気分になったものだ。デートといっても、そんなところでのんびり過ごすだけだったが、お互い次第に好きになっていった。

司法試験をめざそうと思い立ったのは、ちょうどそんなころだ。当時、岡山大学には、司法試験をめざす学生でつくった法学研究会というサークルがあった。そこへ柔道部の神垣といっしょに入ろうとした。だが、あっさり入会を断られてしまう。

「お前がいると俺たちの迷惑になる」

おそらく、空手部時代の評判を聞いていたのだろう。そう言われてサークルには入れなかった。それで、見返してやろうと、余計に司法試験の勉強に打ち込もうと思ったものだ。

「なんやあいつら、えらそうに。おい神垣、勉強するぞ」

そう誘った彼には、彼なりの考えがあったらしい。法学研究会の入会を断られるや、無銭旅行でアメリカに渡る、と言い出し、一年間も帰ってこなかった。

神垣は帰国後、私より一年遅れて、司法試験の勉強に打ち込み始めた。それでも神垣は優秀だから、みごと司法試験に受かっている。

神垣がアメリカから帰国したとき、広島県福山市にある彼の実家を訪ねたときのことは、忘れられない。一年ぶりに親友と会えることが嬉しくて、岡山から福山まで夜通し自転車のペダルを漕いだ。いまのマウンテンバイクのように洒落たものではないので、硬いサドルに尻が悲鳴をあげた。それを我慢しながら、国道2号線を西へくだり、彼の実家を目指した。そうして、実家で再会したとき、彼が私の尻を見て言った。

「おい田中、尻から血が出とるぞ。どないしたんや」

尻の皮がむけ、ズボンが血で濡れていたのである。私は彼の実家でご馳走になり、二人で司法試験を目指すことを誓いあった。

あのころは本当によく勉強した。一日一四時間ぐらいやったと思う。残った時間はアルバイト。いつもと同じように、効率のいい仕事を選んだ。オハヨー牛乳の冷凍室でアイスクリームづくりをし、大学医学部の死体洗いをした。死体の皮膚がはがれないよう、真綿で丁寧に身体を洗わなければならないのだが、時間がかかるので余計に気持ち悪かった。

そうして四年生になり、また一年が過ぎようとしていたころ、私は合ハイで知り合った家内と同棲をはじめたのである。それも、司法試験に受かるためだった。

大学はますます学生運動が盛んになり、行っても行かなくてもいい。三年生の夏から司法試験の勉強をはじめ、あと一年間勉強すれば司法試験も何とかなる、と私なりにそんな感触を得ていた。そのためにはもっと勉強する時間が必要だった。アルバイトに費やす時間が惜しくなりはじめたのである。それで、家内に頼み込んだ。

「一年間だけ、ワシを食わしてくれんか。そうすれば、司法試験に受かる自信があるから」

身勝手な話である。しかし、彼女は快く了解してくれた。

「分ったわ。任せてちょうだい。あなたは心配せんでいいさかい、試験のことだけを考えて」

そう微笑みながら、私の代わりに働いてくれた。私たちは、岡山市の郊外にあった農家の牛舎みたいなほったて小屋を借りて移り住んだ。二人でよくデートした池田動物園のある京山の麓だった。ところが、やがてこの同棲が彼女の実家の両親にばれてしまう。

原因は義弟だった。家内の弟は、よく私たちの住むほったて小屋に遊びに来ていて、私とも仲がよかった。義弟は家へ帰ると、そのときの話を母親によくしていたようなのだ。もちろん同棲については口止めしておいたので、それをストレートに話したわけではない。しかし、やはり母親の第六感は、感心するほど鋭い。たまたま私たちの住んでいる家の前に、弁護士が住んでいることを、義弟がうっかり母親に漏らした。

「姉ちゃんが付き合うとる田中さんの家の前には、弁護士さんが住んどるんやで。田中さんも、司法試験の勉強をしているそうや」

私の家と彼女の家はいっしょなのだから、これはまずい。もちろん義母が遊びに来るときは私は家をあけていた。が、娘の借りているほったて小屋に遊びに来ると、家の前に住んでいる弁護士に気づかないわけがない。しかも、弁護士なんてそうそうお目にかかれるものではない。当然疑いはじめた。そうして、ついに同棲がばれてしまったのである。

「あんた、お父さんがこのことを知ったら、どう思わはるやろうか」

家内は義母に問い詰められた。義父は娘のしつけにかなり厳しい方だと聞かされていたので、このままではまずい。ここまで来ると、仕方がない。私はいっそのこと家内と正式に結婚しようと決心し、彼女の実家を訪ねた。家内のためというより、自分自身でそうしたかったからだと思う。家内の実家は姫路にあり、商売をしていた。そこへ二人で向かった。二万円を入れた白い封筒を手に握りしめ、彼女の実家の玄関をたたいた。結納のつもりである。その封筒を義父に差し出しながら、畳に頭をすりつけて頼んだ。

「お義父さん、僕はこんな学生ですけど、娘さんをください。いま司法試験を目指しています。試験に合格するまで、娘さんに働かせることを許してください」

すると、意外にも義父はやさしい言葉をかけてくれた。

「それなら、結婚式はどうするんや。試験に合格してからでいいから、式だけは挙げると約束してくれ」

こうして、アルバイトもせず司法試験の準備に没頭できた。それも家内のおかげである。ここから本当に勉強漬けの生活が始まった。

基本書と呼ばれる司法試験の受験生に向けたバイブルみたいな参考書がある。それを最低でも一〇回は繰り返し読まなければ、司法試験には受からない。そう言われていた。その本をまる暗記しようと、部屋で毎日五〇ページずつ読んだ。ほとんど立って読んだ。立って読めば、精神が集中すると思ったのだ。食事も三分くらいで立って食べていた。そうして基本書を読んでは表に出て、本の中身を覚えているかどうか、暗唱しながら散歩する。それも、暗唱したことを他人に説明するように声を出して暗唱していた。はたから見たら妙な言動に違いない。田舎道で行き交う通行人が急いで逃げ去ったことも再々あった。おそらく狂っているとでも思っていたのだろうが、そんなことは構わなかった。

自分で言うのもはばかられるが、負けん気と集中力では誰にも引けを取らない。成否はあまり考えず、物事には何でものめり込むほうなので、一年間そのやり方で通した。もともと、司法試験の勉強を始めたのは、大学三年生の夏ごろからだったから、いくらなんでも大学在学中の四年間のうちに試験を受けるのは無理。さらに一年留年することにし、三年生の残る半年間と四年生の一年間の一年半だけ勉強する計画を立てた。

中学を卒業し、定時制高校に行かせてもらうよう、父親を説得した際、学生でいられるのは一〇年間だけという約束をした。中学三年生から数えて、四年制の定時制、和歌山での一浪を経て岡山大学五年目が、ちょうどそのタイムリミットにあたる二五歳になる年だ。猶予期間ぎりぎりでもある。

父は、大学に入学したその年に開催された東京オリンピック記念の百円コインを送ってくれていた。

「せっかく大学にまで入れたとやから、頑張らんといけんぞ」

そう励ましてくれているような気がした。コインは大事にするつもりだったが、それも金がなくて使ってしまっていた。

私にとって、司法試験は一発勝負でしかありえなかった。もしダメなら、平戸に帰って漁師をする以外にない。だから、余計に頑張れたのかもしれない。もともと司法試験を受けようと思い立ったのも、父や母、きょうだいたちに対し、なにか成果をあげて帰らなければならない、と考えたからだと思う。

ふつう司法試験では一年や二年の失敗で済めばいいほう。一〇年間受け続けているような人も珍しくない。そう簡単に通るものではないのだが、あまりそれをくよくよ考えない楽天的な性格なのだろう。もし試験に失敗して漁師になった場合、結婚したばかりの家内がついてきてくれたかどうか、わからないが、まず失敗するなんてことは考えなかった。

しかし、計算してみると、そうやって集中して勉強しても、時間が足りない。試験までにこの基本書を四回しか読み返せないことに気づいた。そこで、試験のヤマを張ることにしたのである。五年前までに出た問題は、来年絶対試験に出ることはないだろう、と勝手に自分で決めつけた。そうしていちかばちか、それ以前の試験問題を集中的に覚えることにした。むしろそれがよかったのかもしれない。

司法試験は、まず一回目の試験が五月におこなわれる。そこで運良く合格した。正直自分でも驚いた。だが、問題は次に受けた七月の論文試験である。これはまったくできなかった。てっきり落ちたものと思っていた。が、それも一発合格。信じられなかったが、案の定、あとで成績を聞くと合格者の四八〇人中四三〇番だった。まさしくギリギリで滑り込んだのである。

いま考えると、奇跡のようなものである。一年半ぐらいは死に物狂いで勉強したが、なにしろ、それまではろくに大学の講義にも出ないような学生だったのだから。そんな学生が、三回、四回落ちて当たり前の司法試験に一発で合格するなんて、誰も予想しなかったに違いない。実際、あの当時の司法試験合格者の平均年齢は二九・二歳。私はまだ二五歳になったばかりだったから、大学の友人で私の合格を信じる者は一人もいなかった。ヤマがあたったとはいえ、よくもまあ受かったものである。

それでも、心底うれしかった。

「これでオヤジやオフクロに報告できる」

試験の発表があって、はじめに両親のことが頭に浮かんだ。故郷の平戸をあとにして六年。姉や妹から仕送りをしてもらいながら、なんとか格好がついたと思った。

辛いとか苦しいとか思ったことは一度もないが、両親やきょうだいたちには、いつも申し訳ないと思ってきた。司法試験に合格したことで喜んでもらえる。心の底からそう思った。

さっそく平戸の実家に合格電報を打った。しかし、それだけで済ませるわけにもいかない。というより、一〇年間の猶予をくれた父や母に直接会って報告したかった。なんとか旅費を工面して、平戸に帰ろうと思った。

そうして見慣れたあばら家に着く。が、誰もいない。考えたら、昼間なので農作業をしている時間だ。畑に向かって駆け出した。遠くで夫婦が鍬を振るっている。久方ぶりに見る両親は、ふたりとも想像していた以上に老けていた。

「電報、見たね。受かったばい」

司法試験に合格したことを改めて報告すると、父がそれまで見たことのないおだやかな表情を見せた。静かにこう言った。

「よかった。ようやったたい。これでお前は一人前たい。こっからは、晴れて世間に出て行くとやけん、わしら親のことはもう忘れてよかよ。わしらはこん土地で生きていくけん、お前は思う存分、世の中のために働かないかんぞ」

父の側で、おふくろが微笑しながらうなずいていた。

「これでやっと、本当に島を出られるんやね」

その優しい目がそう祝ってくれているように思えた。

「これで、裁判官になれる」

グレた弟への思いから決めた裁判官への道が本当に開けたのである。うれしかった。ところが、そこへ、思わぬ事態が起きてしまったのである。

検事へ

「こちらは時計台防衛司令部、ただいま機動隊が出動しました。すべての学友諸君は、戦闘配置についてください。われわれの闘いは歴史的、人民的闘いである」

昭和四十四年（一九六九年）一月一八日午前五時四五分、有名な時計台放送が東京大学に鳴り響いた。本郷にある東大安田講堂で、翌七〇年の安保闘争前哨戦が幕をあけた。一昨年、四〇周年を迎えた日韓基本条約締結紛争だ。

安田講堂を占拠し、武装闘争に訴える東大の学生たち。集結した機動隊による講堂へのいっせい放水が始まった。機動隊の数は八〇〇〇人にのぼり、大型ジェットヘリ「おおとり」が講堂の上空を旋回する。催涙ガス弾を投下し、周囲が白い煙で覆われていった。バリケードに突入する機動隊員に対し、学生側は投石と火炎瓶で応戦。東大は揺れに揺れ、ときの坂田道太文部大臣は、この年の入試を中止する。と同時に、間近に迫った卒業式まで流れる、という評判が立った。

岡山大学法文学部の卒業を目前にひかえた出来事だ。私自身はなんの思想性もなかったが、このときのテレビニュースは鮮明に覚えている。地方の国立大学といえども、こうした社会のうねりの影響を受けないはずはない。岡山大学でも警官隊と学生が衝突し、警官のなかから死者が出た。二月に入ると、卒業式が中止されるという噂が立つ。

司法試験合格後の司法修習を目前にひかえた時期である。これが私の進路に大きく影響した。

九月に発表された司法試験の合格者は、翌年の四月から二年間の司法修習を受けなければならない。司法研修所に入り、そこで裁判官、検事、弁護士の研修を受ける決まりになっている。私は昭和四十四年四月から千葉県にある松戸の研修所に入ることになっていた。

だが、卒業式が流れたらどうなるか。大学を卒業しないまま、司法修習を受けられるのかどうかが不安だった。そこで、司法研修所の事務局長宛に手紙を書いた。

「このまま三月の卒業式がなかった場合、私はどうすればいいのでしょうか」

返事はこうだ。

「その場合は、大学を中退して研修所へ来なさい」

予想もつかなかったが、このときの手紙のやりとりが、後で問題になるのである。

岡山大学では、噂どおり卒業式は行われず、私は四月に松戸の研修所での司法修習に加わった。といっても、大学を卒業できなかったわけではない。卒業証書はあとで郵送されてきたので、式がなかったというだけのことだ。だから何の問題もなく、研修所に入ることができたはずである。

そうして研修所生活が始まると、暇さえあれば卓球をして遊んだ。その卓球仲間のなかに、坂口良夫という友だちがいた。兄が有名な共産党員で、本人は青年法律家協会（通称・青法協）の会員だった。青法協は「平和と民主主義を守る」という旗印のもと、昭和十九年に弁護士や法学者、司法修習生などが会員となって創設された人権派団体である。左寄りの団体と見られ、法曹界では鬼っ子扱いされた時期がある。とりわけ裁判所の対応が敏感で、青法協に加わっている司法修習生メンバーに対し、事実上の任官を拒否していた。

研修所で出会った坂口は、青法協に参加する修習生のあいだでもリーダー格だった。私はそういう活動に関心がなく、普通の友人として接していたのだが、あるとき大学卒業前に研修所へ送った手紙のやりとりのことを話した。すると、彼は烈火のごとく怒り出して言った。

「それは差別ではないか。東大の学生はまだ研修所にも来ていないんだぞ。地方の大学だと、大学を中退して研修所に入らなければならないのに、東大ならいいと言うのか」

坂口は、私が研修所の事務局長から受け取った手紙の内容を問題にしはじめた。実際、この年の東大の卒業式は延期され、六月に行われたため、司法試験に合格した大学生のうち、東大生だけが後で研修に参加するという事態になっていた。現実には、卒業式なんてなくても、卒業証書をもらえたのだから何の問題もない。だが、そもそも「卒業できなければ中退しろ」と言わんばかりの態度が差別だというのである。

私自身はそんなことはほとんど関心がなかったが、実際にこのとき手紙のやりとりをした当事者であることは間違いない。

これが大問題に発展した。おかげで私まで青法協のメンバーと勘違いされてしまったのである。

これが司法修習の終了する二年後の昭和四十六年（一九七一年）まで尾を引く。なんと、手紙の一件が、国会でも取り上げられるのである。この年の三月に行われるはずだった、第二三期司法修習生の卒業式まで取り止めになってしまう。ちなみに坂口は卒業もできず、一年遅れて弁護士の道を選んだ。

これで割を食ったのは私のほうである。青法協のメンバーと疑われた私は、この騒動のせいで裁判官になることを諦めざるをえなかったのだ。そしてやむなく選んだのが、第二志望だった検事なのである。

ただし、悪を懲らしめ、正義を貫くもの、と思っていた検事の仕事は、まんざら嫌ではなかった。ある部分ではいまもそう思う。が、そうではない闇の部分もある。

第三章　捜査現場

東京都の西郊に、八王子区検という二階建ての施設がある。このあたりも最近はずいぶん開けてきたが、かつては東京都とは思えないほどの田舎だった。一歩足を延ばせば山梨県だ。区検のあるオフィス街から少しばかり離れると、すぐに田園風景が目に飛び込んでくる。長閑《のどか》な土地柄である。

言うまでもなく、八王子区検は東京地検傘下の一部署だ。が、そこは派手な事件捜査の舞台ではない。もちろん特捜部の検事もいない。普段は、交通違反や万引きなど、小さな事件の処理をしているだけの目立たない部署である。

一九八六年三月、東京地検特捜部に赴任したばかりだった私は、着任早々ここに通いつめた。そこで民社党の大物代議士と向き合っていたのである。

「検事さん、こんなところまで呼び出されても困りますな。私には一点のやましさもないわけですから」

代議士を呼び出したのだから、一応の礼儀もある。はじめは上司だった五十嵐紀男副部長も同席した。憤慨してみせる国会議員をとりなすように、副部長が言った。

「先生、まあ都心の地検本庁舎ではブンヤの目も光ってますから、勘弁してください。事情を聞くのは、この田中が担当しますので、ひとつよろしく」

むろん、これもひとつのデモンストレーションであり、演技である。五十嵐副部長が取調室から去った後、部屋に残ったのは私と検察事務官、そして被疑者の三人だけとなる。そして、本格的な取り調べはここからはじまる。

被疑者は野党の大物代議士だった。小さなスティール机を挟んで向き合ったその国会議員は、まだ状況を把握していない。背広の内ポケットからおもむろにタバコを取り出し、火をつけた。余裕を見せたかったのだろう。

「それにしても、なぜわざわざ八王子くんだりまで来にゃあいかんのかね」

紫煙を天井に向けて吐き出し、そう言う。私はとっさに言葉を返した。

「きさま、何様だと思うとるんか。自分の立場がわかっとるんか。(金を)もろうとるんはわかっとるんやど」

机の上に置かれていたステンレス製の灰皿を取り上げ、壁に向かって投げつけた。カラーン、という軽い音をたて、灰皿が床に落ちる。むろん、半ばいつものはったりである。が、すると、代議士の顔色がみるみるうちに変わった。怒り出すかと思ったら、むしろ動揺している。

「痩せても枯れても、民社党は天下の公党です。その態度は何ですか」

そう唇を震わせ、声を荒げる。そうして、一転して言葉を和らげた。まるで懇願するように言う。

「検事さん、私にも立場というものがあります。そこのところを理解してください」

これは落ちる――。この瞬間にそう感じた。東京地検で最初に手がけた撚糸工連事件は、こうして幕を開けたのである。

天下をとった気分

一九七一年、晴れて検事に任官し、最初に働いたのは東京地検だった。司法修習の年次でいえば、第二三期になる。二七歳のときだ。

検察庁では、新任の検事は東京のような大きな地方検察庁で、一年の見習い期間を経て、そこから地方の地検に配属される慣習になっている。私の場合は、見習い期間を東京地検で過ごした。見習い期間の上司は、いまの松尾邦弘検事総長（〇六年六月退任）である。

松尾検事は、東大法学部卒のエリートとして、将来を嘱望されていた。検察庁内で「赤レンガ派」と呼ばれる法務官僚だ。一人前の検事にはそれぞれ自分の部屋があり、松尾氏の部屋には私ともうひとりの新任検事が配属されていた。そこで、日中、仕事をするのである。

被疑者の尋問も、松尾検事の部屋でおこなう。被疑者に対しては、てっきり怒鳴りつけないと自白はとれないと思っていた。ところが、検事の取り調べは想像していたものとは違う。

「いつまで黙っとるつもりか！」

つい張り切りすぎて、横から口を出してしまう。机を叩きながら大声で怒鳴るものだから、松尾検事はうるさくて仕事にならなかったらしい。しまいに一カ月後、「お前の捜査はうるさくてかなわん」と、部屋を追いだされてしまった。

新米時代に鮮明に覚えているのはそれくらいで、あとは何をやったかあまり印象に残っていないほどだ。

検事はどうやって捜査手法を身につけるか、一般の人にはわかりづらいと思うが、とにかく事件を担当させるのが検察庁のやり方である。だから、右も左もわからないまま、事件の捜査に放り込まれる。記憶にあるのは、この年の夏に起きた日比谷公園内の放火事件だ。

日比谷公園の放火事件は、一九七一年一一月一九日に起きた。きっかけは、沖縄返還協定に反対する新左翼の学生集会である。

一万八〇〇〇人の新左翼グループが、日比谷公園に集結し、機動隊と激突した。機動隊は公園の入り口付近に阻止線を張り、公園内への進入を封鎖。ところが、夜間になって学生が大挙して応援に駆けつけ、攻防戦が激化していった。あげく公園内の名門レストラン「松本楼」が、何者かによって放火されてしまったのである。このせいで、松本楼は全焼してしまう。ちなみに、毎年恒例の「松本楼一〇〇円カレー」のイベントは、この建物焼失の日を記念しておこなわれている。

警視庁の捜査本部は、全共闘の疑わしい人間を片っ端から逮捕していった。中核、革マル、ブントなどの過激派の学生を中心に一〇〇〇人以上をつかまえ、九〇〇人近くを留置場へぶち込んだ。検事に任官した早々、それらの学生たちの取り調べに駆り出されたのである。

新任の検事だからといって、甘やかされるわけではない。なにしろ検挙数が多いから、ふだんの事件よりも忙しかった。まだ着任して間もないというのに、いきなり一人あたり二〇人ほどの容疑者を預かり、取り調べを担当させられた。まだ捜査のその字もろくに知らないのだから当然だが、まさに、てんてこ舞いとはこのことだ。おまけにあの当時の学生たちは、完全黙秘するケースも珍しくなかった。捜査は最初から手間どった。

容疑といっても、たいてい住居不法侵入程度だから、ほとんど釈放せざるをえない。結局、放火犯も特定できず、うやむやになってしまった。そんな事件が検事生活をスタートしたころの思い出である。

また、日本航空の社員が酒を飲んで喧嘩した事件もあった。乱闘騒ぎを起こしたのは、一二人もいる。警視庁の捜査員が、社員たちの身柄をおさえ、それらを起訴するか不起訴にするか、処理しなければならない。だから、このときも忙しかった。

事件発生のタイミングも悪い。事件がちょうど夏休み前に起きたものだから、休みをとるどころじゃない。夏休みの計画を提出するよう、地検事務局から言われていたのだが、放ったらかしにしてしまい、計画書の提出期限は二日後に迫っていた。そこで、上司の部長に食って掛かった。

「休みの計画を出せと言われても、こんなに忙しくては、いつ休めるかわからないじゃないですか。とても休みの計画書なんて出せませんよ」

若気のなせるわざとはいえ、いま考えるとなんとも甘ちゃんだった。当然、部長から怒鳴られた。

「お前、ふざけるなよ。検事ともあろうもんが、何を甘えたことを言うとるんか。休みは自分でやりくりして、おのれの力でとるもんや」

検事は、任官後、一日でも早く捜査を覚えなければならないが、と同時に、検察組織の慣習を学ばなければならない。結局、このときは時季はずれの夏休みをとった覚えがある。

検察庁では、上司は部下に意図的に仕事を任せ、できるだけ早く戦力に仕立て上げる。一般の企業で、入社後、すぐに仕事を与えるようなものだ。私も最初は右も左もわからなかったが、おそらく他の人も似たり寄ったりの経験をしていると思う。見習い期間には違いないのだが、傍目には一人前の検事として扱われるのである。

そんな見習い期間を経て、本格的に捜査手法を身につけていくのは、たいてい地方へ配属されてからだ。東京地検で一年の見習い期間を経た一九七二年四月、私は佐賀地検に配属になった。事実上、検事として本格的に事件捜査に取り組んだ、最初の赴任先といえる。

検察庁は、検事総長の最高検察庁を頂点としたピラミッド型の組織である。最高検の下に高等検察庁、その下に各都道府県にある地方検察庁が配置されている。たとえば、東京なら、最高検―東京高検―東京地検、大阪なら最高検―大阪高検―大阪地検、といった指揮系統ができあがっている。

そのピラミッド組織のなかで、各都道府県にある地方の検察庁は、原則的に管轄内で起きた事件の捜査をする。たいてい数人の検事からなる小さな所帯だが、そこには任官間もない新米検事が、派遣される。

七二年、私が佐賀地検に赴任したのは、検事になって二年目のことだ。そこのヒラ検事はわずか四人。そのうち私を含めた半分の二人が新任だった。

検事になると、自分の部屋をもらい、普段はそこで取り調べを行う。先に書いたように、事件の捜査現場では、ベテランも新米も関係ない。赴任早々から、一人前の仕事を与えられる。それが検察庁のやり方であり、そうでなければ世の中にあふれ返っている、数多くの刑事事件を処理できないのが現実だ。佐賀地検に赴任した翌年には、四人のヒラ検事のうち、ベテランの検事が一人異動になったため、新たに新米検事が補充された。四人のうち、三人までが任官三年足らずの検事になっていた。

ちなみに、同じように犯罪捜査を行う警察は、検察とはまったく組織が異なる。警察組織の最高峰である警察庁は、国家公安委員会の下に置かれ、長らく自治大臣が国家公安委員長を兼務してきた。警察庁の職員の大半は国家公務員であり、各都道府県の警察は自治体の傘下組織となっている。警視庁や北海道警察、各府県警、所轄の警察署の職員、つまりよく目にする警察官は地方公務員だ。

一方、検察庁は最高検から地検にいたるまで、法務省所管の捜査機関であり、独立機関とはいえ、法務大臣の影響を受ける。

こうした別々の組織形態のなかで、日常の犯罪捜査は、検察と警察の連携プレーによって展開される。多くの犯罪は、警察が現場の捜査をして検挙し、被疑者を取り調べたうえで事件を検察庁に送致する。その警察の捜査を受けて起訴、あるいは不起訴などを決定するのが、検察庁の役割である。もっぱら、地検の刑事部がそれを担当する。

もっとも、たいていの場合、地検の刑事部に所属する検事は、警察の捜査段階から刑事たちの相談を受ける。警察としても、犯人を逮捕したはいいが、起訴できない、となれば赤っ恥をかくからだ。被疑者が嫌疑不十分で勾留されなかったり、起訴猶予で起訴されなかったりしたら、国家賠償も生じる。それを未然に防ぐうえでも、刑事は捜査状況を検事に報告し、意見を聞く。いきおい検事は、こうして警察の捜査員から相談を受け、事実上、捜査の指揮をすることになる。いわば検事は、事件における捜査の指揮官のような存在である。この仕組みは、どこも同じで、地方の検察庁と警察の関係は変わらない。だから、地方に赴任すると、大きな顔ができるのである。

佐賀地検に赴任した当時の私も、新米検事とはいえ、経済係という肩書きをもらっていた。まだ二八歳の若造である。それでも、そこでは大歓迎を受けた。

地方の検察庁に行くと、いつもそうだ。赴任地の駅に着くと、必ず数十人の出迎えが待っている。佐賀地検のときには、検察事務官をはじめ地検の関係者が二〇人ぐらい来ていた。

検察事務官というのは、華々しい検事の陰に隠れて目立たないが、捜査現場には欠かせない存在である。検事の下で補佐的な仕事をする。それが検察事務官という役職だ。通常、一人の検事に数人の事務官がつく。

被疑者の事情聴取に立ち会うほか、資料を整理したりするが、現場の捜査にも出向く。よくテレビニュースで家宅捜索の様子が流れるが、その際、段ボール箱を持ち運んでいるスーツ姿の男性が事務官だ。事務官は、当然、被疑者の逮捕にも出かけるが、ときには尾行や張り込みもする。検察内部の捜査のスペシャリストであり、ベテラン事務官ともなれば、下手な検事よりよほど捜査手法に長《た》けている。

佐賀駅に到着し、列車を降りると、そんな事務官たちが、出迎えのために駅のプラットホームにずらりと並んでいた。

「お世話になります」

いっせいに深々と頭を下げ、そう大声をかけてくれる。このときは、さすがに最初の地方赴任なので驚いた。

駅から検察庁に車で送ってもらう。すると、さらに熱烈な歓迎が待っていた。私のようなヒラ検事でも、佐賀県庁の幹部職員をはじめ、各警察署や消防署の署長が、列をなして挨拶に来ていた。

新米検事でこれだから、地検のトップである検事正や次席の就任ともなれば、もっと凄い。ホームの出迎えはもちろん、駅長室を空けておいて、そこに県警の本部長や県庁の幹部、地方の国税局長など、地元の行政機関のそうそうたるトップたちが、ひっきりなしに表敬訪問にやって来る。それが一種の慣例になっているのである。新しい検事正が赴任してきて出迎えに来ないのは、知事と裁判長ぐらいだ。

それにしても、人間というのは不思議なものだ。むろん最初はこんな地元の歓迎に感激していた。が、それが何度もあると、当たり前のようになってくる。地方の検察庁に赴任する度に出会う、単なる恒例の行事のように思えてくるのである。

仕事を始めてからも、県庁や県警の幹部からしょっちゅう飲みに誘われる。ひところマスコミで糾弾された、いわゆる官官接待というやつだ。宴席では、必ず上座が用意されている。上げ膳据え膳で接待されるのである。

また、ちょっとした日ごろの出来事でも待遇が違う。検察庁内の廊下を歩いていると、数十メートル先に見える検察事務官が立ち止まっている。どうやら、私が通り過ぎるのを待っているようなのだ。そして、

「おはようございます」

と、深々と頭を下げて挨拶してくるのである。歳暮や中元はもちろん、ビール券や商品券も不自由したことがない。こうなると、まるで天下をとったような錯覚に陥るものだ。

仕事面でもまったく世界が変わった。佐賀地検での仕事の大半は、佐賀県警管轄区域内で発生した経済事件の捜査だ。県警の知能犯のベテラン刑事を指揮し、立件していく。すると、自分の手がけた事件が、デカデカと新聞の紙面を飾る。やはり、悪い気はしない。それどころか、まるで自分ひとりで世間を動かしているかのように、偉くなった気分になっていった。

それもあって、よく働いた。一カ月の残業は、だいたい二三〇時間。平日も休日も深夜まで働いた。残業手当はまったく支給されなかったが、それでも検事はおもしろいと思った。この残業時間は、検

事を辞めるまで続いた。ちなみに、検事の給料は普通の公務員の一・五倍くらいのものだった。

そうして、あるとき自衛隊の幹部に誘われたのが、ヘリコプターを使った故郷への里帰りである。

「これも、ひとつの慣例ですから、遠慮することはないです」

そう言われ、当然のように平戸行きを頼んだのだ。しかし、あのころは後ろめたい思いは微塵もなかった。それだけ舞い上がっていた、ということだろう。

県知事汚職捜査

そんな派手な仕事上の付き合いとは裏腹に、私生活は地味なものだった。なにしろ学生結婚だったから、子供ができるのも早い。すでに検事になる二年前の一九六九年の夏には、長女が誕生している。長女の誕生は、司法修習生時代のことだ。検事になった年、七一年の一二月には、長男が生まれた。二人目の子供だ。

だから、佐賀地検に赴任したころには、三歳の女の子と一歳の男の子がいた。住まいは、田舎の検察官舎。四人家族なので、生活する分には不自由しないくらい広い。あのころは仕事が終わって帰宅し、子供たちを風呂に入れたりもしていた。マイホームパパとは言えないまでも、世間並みの父親だったのではないだろうか。たまには家族旅行もする。東京地検での見習い時代にも、夏休みには家族で鎌倉の海に行った。子供たちも赤ん坊で、とても可愛かった。

そんなごく普通の暮らし向きの一方、捜査の現場では、一般の人には見えないような社会の裏側を見るようになる。もともと司法試験に合格して検事になっても、化学の分野は中学生レベルの知識しか持ち合わせていないような勉強しかしてこなかったが、捜査上ではいろいろ工夫もした。とにかく仕事はおもしろかった。

佐賀地検時代、記憶に強く残っている事件がいくつかある。赴任直後、県内の橋が倒壊し、バスが転落してしまった事件があった。死亡者も出た。その原因が工事のミスではないか、と見て捜査が開始された。ところが、建物や橋の構造的なことがまったくわからない。もちろん専門家ではないのだから、それほど高度な知識は必要ではないのだけれど、橋の力学上の構造を理解しなければ、どこに問題があるのか追及できない。中学生レベルの理科の知識すらなかった私は、チンプンカンプンだった。

かといって、検事がそんなことを事務官に聞くわけにもいかない。ましてや被疑者に尋ねようものなら完全になめられる。恥ずかしくて、誰にも聞けない。そこで、仕方なく中学生向けの理科の参考書を買い込んできて、隠れて読んだ。一週間、悪戦苦闘しながら、なんとか物理記号ぐらいは読めるようになった。実際の捜査現場では、そうやって体裁を取り繕いながら、専門家に話を聞いていく。そうして事件の度に一夜漬けで、なんとか格好をつけた記憶がある。

また、当時は高度経済成長の真っ只中だった七〇年代初めで、公害問題が日本国中の関心を集めていた。政府が初めて熊本県の水俣病患者を認定したのは一九六八年。以来、化学工場からの排煙や廃棄物が社会問題になり、検察庁も公害事件を扱わざるをえなくなった。新米検事だった私も、そんな公害事件を担当させられた。

だが、ひと口に公害と言っても、事件としてそれを捜査するためには、ある程度の化学の知識が必要になる。まだ若かった高知地検時代、汚水を垂れ流している工場に関する告発があった。それを捜査しようにも、汚水の成分が理解できない。どれが有害物質なのか、それすらわからないのである。シアン化合物とかナトリウム何とかとか、一応、最低でも元素記号を見て読めるぐらいでないと、話にも何もならない。そうしてまた、中学の教科書に頼る。こんな捜査の裏話を披瀝すると、あきれられるかもしれないが、中学・高校とろくな勉強をしてこなかったので、これも致し方ない。前にも書いたように、平戸の定時制高校には、理科の専門教師すらいなかったのだから、まったく基礎がなっていなかった。そうして悪戦苦闘しながら、本格的に検事の仕事の第一歩を踏み出したのである。

佐賀地検時代、最も印象深かったのが、県知事の汚職捜査だった。

知事は、鳥栖市内にある病院の女性経営者を二号さんにしていた。その愛人が、知事の威光をバックにし、自分自身の税金をごまかそうと、鳥栖税務署に働きかけていたのである。彼女は、鳥栖市役所の税務課長を通じて、鳥栖税務署の資産税金課の署員に一〇〇万円を渡し、その見返りとして、一〇〇〇万円の所得税をごまかしていた。つまり、差し引き九〇〇万円も儲けている計算になる。そうしてまず、市役所の職員から税務署の職員へ渡った一〇〇万円の資金提供について、狙いを定めた。それが、運よく比較的簡単に立証でき、これがあっせん贈収賄罪にあたると踏んだのである。

あっせん収賄とは、公務員同士のあいだで金銭の授受をおこない、その見返りとして不正な行為をはたらく、という罪である。が、問題はここからだった。

もともと検察庁では、国税局や税務署が絡んだ事件はやりたがらない。常日ごろ、脱税事件をはじめとした、経済事件の捜査で税務当局に世話になっているからだ。金丸信の脱税事件で、東京国税局査察部が大活躍したのは、記憶に新しいところだろう。それだけに、国税や税務署の職員を摘発するに際しては、慎重にやらざるをえない。これは、検察と警察との関係、さらに各都道府県警の所属する自治体の長である知事との関係についても、似たような傾向があるといえる。とくにこの件は、そのうち税務署員の収賄とその背景に知事の愛人という事情が絡んでいる。そのため、検察上層部はハナから捜査に乗り気ではなかった。検事正に事実関係を報告したところ、

「あっせん収賄で立件できるか、念のため調べてみろ」

とは言ってくれたものの、どうも、あまりやる気が見えない。

それに、法律上の問題もあった。あっせん贈収賄は、いまでこそ、ある程度立件されるようになってきてはいるが、当時は伝家の宝刀と呼ばれた。宝刀は宝刀でも、抜くことができないとされる刀だ

った。それほど、立件するのが難しいと呼ばれた罪である。

　まず、あっせんする側とされる側が、単に公務員同士というだけでは、罪が成立しない。双方に職務権限がおよぶ職務上のつながりがないと、あっせん贈収賄罪は成り立たないのである。この件では、金銭のやりとりをしたのが市役所の職員と税務署員ということになる。が、通常、市役所と税務署の職員というだけでは、職務上の関係があるとは言いにくい。つまり、金を渡した側の市役所の税務課と、税務署の資産税金課とのあいだに、どこまで職務上のつながりがあるか、という点を明確にしなければならないのである。

　この点については、神谷尚男という元検事総長が、著書に、公務員同士であれば職務上のつながりがあるというようなことを書いている。そこで、一計を案じた。

　税金には大きく国税と地方税の二つがあるが、それぞれ徴収の窓口は、税務署と市町村とにわかれている。そこが両者に職務上の関係性が薄い、とされる根底の問題だ。が、そもそも市町村の住民税は、税務署が決める国税をもとに算出されている。まず、そこを突いた。

　さらに、実際、鳥栖市と鳥栖税務署では、二、三カ月に一度、税法に関する勉強会を開いていた。それも両者の関係性を結びつける大きな要因だと主張した。

「できますよ。やりましょう」

　そう検事正を説得した。だが、それでも、なかなかゴーサインを出さない。

「それほど自信があるなら、高検に行って説得しろ。それができたらいいだろう」

　簡単に言えば、もし捜査の許可を出し、あとで問題になれば自分の立場がないという責任逃れの役人根性である。それで仕方なく、地検の上部組織にあたる福岡高検で説明をした。そうして、ようやくことが進んだ。

「そこまで言うなら、田中にやらしてみたらどうでしょうか」

当時の次席検事が高検の検事長へそう進言してくれ、捜査に着手できたのである。しかし、それでもまだ壁があった。

いざ被疑者を逮捕すると、今度は裁判所が被疑者の勾留を却下したのだ。これでは起訴もおぼつかない。

「ここまで突っ走ってきたのに、これじゃあ格好がつかない。さあ、どうしよう」

そこで、またも考えた。裁判所もマスコミには弱い。そこに目をつけ、今度はマスコミを使ってやろうとした。勾留却下に対する抗告をした上で、懇意にしていた佐賀新聞の記者を連れて、裁判所へ乗り込んだのである。そうして、担当の裁判官のところへ詰め寄り、タンカを切った。

「勾留もできんと、あなたはこれで正義が通ると思うか。裁判所と俺と、どっちが正しいかよう見とけ」

わざと裁判官に聞こえるように、記者に向かってこう言ったのである。これが功を奏したのか、逮捕した市役所の職員の勾留が認められた。

典型的な悪知恵に違いない。だが、あのときは、どうすれば立件できるか、必死に考えた。その結果だから、満足している。まさしく、検事という仕事を、自分自身の天職のように感じはじめた時期である。

強姦事件で大失敗

検察庁では、若い検事に対する人事配置がだいたい決まっている。まず司法試験合格後、司法修習期間を経て、真っ先に配属されるのがA庁と呼ばれる地検だ。A庁とは、東京、大阪、札幌、名古屋、神戸、福岡といった都市部にある地検で、ここが新任検事の受け入れ先となる。新任検事にとっては、見習い期間である。検事として任官した最初の勤務先が東京地検だったのは、このためだ。

このA庁で一年の見習い期間を経て、こんどは地方の地検へ異動になる。ここで二年務め、そこから再びA庁入りして二年。A庁では刑事事件の裁判を担当する公判部で一年、刑事部で一年の経験を積む。そうして、新任から五年で一人前になるといわれる。だが、換言すれば、この間、何の手柄も立てられない検事は、出世コースから外されるのである。

その一方、検察庁内には徒弟制度のような古い体質がある。これは一般省庁における、国家公務員のキャリアとノンキャリアの待遇格差とも、少しイメージが違う。

検事は、赤レンガ派と現場捜査派にわかれる、などとよく言われる。赤レンガ派とは、文字どおり法務省旧館の赤いレンガの建物を指し、法務省の勤務経験が長い法務官僚のことだ。東大法学部卒のエリート官僚や、閨閥を後ろ盾にしている検事などがこれにあたり、彼らの多くは、検事になった当初から出世が約束されている。現在の松尾邦弘検事総長や、その前任の原田明夫検事総長などが赤レンガ派である。赤レンガ派の人たちは、捜査現場の事情聴取ひとつとっても優遇され、参考人程度の取り調べしかしない。というより、それしかできないのが大半だ。それでいて最近の検察トップは、この赤レンガ派の人たちで占められている傾向がある。

かたや、現場捜査派から検事総長にまで昇り詰めるのは、容易ではない。岡山大学の先輩である吉永祐介氏や京大卒の土肥孝治氏などは現場捜査派だが、そこまでなれるのはめったにいない。若いたたき上げ検事にとっての憧れの部署として、特別捜査部（特捜部）があり、そもそもここに入るのすら難しい。そしてようやく特捜検事になると、将来的には検事正や最高検の検事、運がよければ高検検事長にもなれる。だが、多くの現場捜査派のたたき上げ検事は、そこまで望めず、よくて地検の検事正どまり。その前にさっさと退官してしまうケースも多い。これらの人たちが、巷間、刑事事件に強いとされるヤメ検弁護士となる。だが、特捜部に所属したこともなく、地方の刑事部にいて事件処理をしてきただけの、意外に大した捜査経験のない人も少なくない。

この赤レンガ派と現場捜査派の中間的な人たちを、準キャリアと呼ぶこともある。学閥や閨閥がなくても、法務省の重要ポストに抜擢され、そこから出世コースに乗るケースだ。彼らはたいてい高検の検事長ぐらいにはなる。ごく大雑把に大別すれば、検事の種類はこんな具合だろう。多くの現場捜査検事は、検察庁の徒弟制度の壁に悩む。

むろん私は、典型的なたたき上げ検事だった。間もなくこうした現実の壁にぶつかるものだが、任官して間もないころは、出世など考えたこともない。そんな余裕もなかった、と言ったほうが正確かもしれない。

東京地検を皮切りに、佐賀地検、大阪地検、四国の松山地検、高知地検と転々としてきた。佐賀の後は、一九七四年八月から七六年七月まで大阪地検で勤務し、同年八月から七八年三月まで松山地検、その年の四月から高知地検へ異動、といった具合だ。その都度、数々のおもしろい事件に遭遇したものである。

たしか松山地検時代のことだった。すでに東京、佐賀、大阪の各地検で、五年間の捜査経験を積んでいたから、検察庁の常識でいえば一人前になっていなければならない。だが、なかなかそうはいかなかった。のちにマスコミは、私のことを敏腕検事と誉めてくれたが、とりわけ若いころは、それほど大したことはやってない。

松山地検に配属されたとき、七人いたヒラ検事のうち、私の序列はすでに二番目。ベテラン検事として、ある暴力団の抗争事件を担当した。対立する組同士が、日本刀を持ち出して派手にやりあっていた、という目撃者の証言があり、愛媛県警が組員や親分を逮捕した。その取り調べを担当したのである。逮捕容疑は、銃刀法違反ならびに傷害。殺人未遂にもなる。

「日本刀って、なんのことやねん。そんなもんは持っとらん」

はじめ、ヤクザの親分は頑強に銃刀法違反の容疑を否認し、同じ言葉を繰り返すばかりだった。ヤクザにとっては、警察や検察は宿敵だ。そう簡単には口を割らない。これでは埒が明かない、と考えた。そこで、思い切って、押収した日本刀を取調室に持ってきたのである。スティール机を挟んで向き合う親分も、さすがにこれには驚いていた。

「アンタが使ったのは、これやないか。間違いないだろう」

そう言って、ポンと刀を机の向こうに投げたのである。すると、親分はとっさにそれを手で受け、じっと見入っている。そうして、ポツリとつぶやいた。

「悪かった検事さん。嘘をついとったんや。これはたしかにワシのもんや」

驚いた。

「違いないやろ。はよ認めたらいいんや」

こう取り繕って見せたものの、面食らったのは、むしろこちらのほうだった。あれだけ否認していた親分がこんなことで、こうもあっさり重大な被疑事実を認めてしまったのだから。

取り調べが一段落し、なぜ容疑を認めたのか、尋ねてみた。すると、親分はこう言った。

「検事さん、もしあのときワシが鞘を抜いたら、どうなっていたと思う？　この場でそうやって暴れることもできたんや。でも、検事さんは、それを承知で刀を投げて寄こしたんやろ。それで思ったんや。そこまでワシを信用してくれるんか、て。そこまでされたら、嘘はつけませんわな」

たしかに、あの場で日本刀を振り回されていたら、大変な事態になっていただろう。しかし、本音を言えば、そんなことは考えもしなかった。単純に、否認の局面をどうやったら打開できるか、という発想で日本刀を手渡しただけだ。それだけのことだ。だが、親分はそこに感動し、すべて正直に供述してくれた。運がよかったというほかない。しかし、このときのことは妙に頭に残っている。人間とは、思いもつかぬ、それぞれの考え方があるのだと。

もっとも、こんなにうまくいくのは、むしろ珍しい。被疑者に騙されて大失敗したこともある。ある強姦事件を担当したときのことだ。

被害者はごくありふれた家庭の主婦だった。夫婦共働きの家庭で、彼女はパートに出ていた。彼女によると、ある夜、その勤め先の男性従業員に自宅から呼び出され、野外で無理やり犯された、という。その話をまるっきり信じ込んでしまったのである。

強姦事件として相手の男を起訴し、公判が開かれた。ところが、公判を重ねていくうち、旗色が悪くなっていったのだ。

決定的だったのは、弁護側が証人として法廷に呼んだ、近隣住民の証言だった。近所に住んでいた地元の消防団員が、男の弁護人質問に答える形で言った。

「あなたは、この人を見たことがありますね」

消防団員がうなずく。

「いつどこで?」

そう言われて饒舌に話しはじめた。

「あれは大雨の日でしたので、よく覚えています。深夜、たまたま被害者の家の前を通りかかったのです。すると、家の前に自動車が止まった。そこで、プー、プーッとクラクションを鳴らしていました。しばらく眺めていました。何をやっているのかな、と。そうして、間もなく、彼女が家のなかから出てきたのです」

つまり、被害者と名乗り出てきた人妻は、夜な夜な勤め先の男性従業員と示し合わせ、逢引を重ねていたのである。その相手が、ほかでもない、レイプ犯として私が起訴した男だったのだ。わが耳を疑った。彼女は、自分の浮気がばれないよう、実は夫が寝静まった真夜中、男に自動車で迎えに来させていたのだという。それが、ついに夫にばれてしまい、レイプされた、と訴え出てきただけだったのだ。

当然のごとく判決は無罪。彼女の言葉に乗せられ、強姦罪で起訴してしまった私は、完全に赤っ恥をかかされてしまった。いま考えると、あのころは女性経験もあまりなく、女が嘘をつくなんて、思いもしなかった。女は弱くて正直なものだと思い込んで、騙されてしまったのである。それだけ初心《うぶ》で純情だった、といったら、自己弁護に過ぎるだろうか。

しかし、むろん検事がこんな程度の低いことでは、とても務まらない。ヤクザの親分のときはたまたま成功した。こんな失敗や成功を繰り返しながら、捜査を勉強していったのである。

検察幹部の小遣い

松山地検時代には、選挙違反の捜査もよく手掛けた。松山は、日本でいちばん選挙違反率が高いところでもある。そのぶん、捜査予算がとれるので、地検の幹部たちは大喜びだ。

カネにまつわる検察庁の問題といえば、元大阪高検公安部長によって、調査活動費という裏経費が明るみに出たが、それ以外にもいろいろある。たとえば捜査予備費というのも、その一つだ。それは検察庁全体で二億円から三億円の年間予算があり、事件処理をする度に、そのなかから特別の報奨金が各地検に配られる。被疑者を一人起訴して公判請求すれば五万円、略式起訴なら三万円、起訴猶予でも一万円といったところだった。それらの大半が、地検の幹部の小遣いに化けるシステムである。

つまり、各地検は扱う事件の数が多ければ多いほど、この特別報奨金が分捕れる仕組みになっている。そこで、地検の幹部たちは逮捕者の多い選挙違反を好んであげるのである。

選挙ともなれば、市会議員の選挙であろうが、県会議員のそれであろうが、秘書から後援者にいたるまで、やたらと活動員を使う。国会議員の選挙ならなおさらだ。いきおい、一人の議員事務所を選挙違反で検挙すれば、少なくとも一〇人以上、多ければ一〇〇人を超える逮捕者が出る。それを片っ端から、処理していけば、しぜんに検察庁から金が転がり込んでくるのである。だから地検の検事正などはウハウハ。やたらと選挙違反をやりたがる。選挙違反率日本一の松山地検では、それがかなり露骨だった。

七七年の暮れの総選挙だった。自治大臣も経験している自民党の西田司が落選したことがある。愛媛県の大洲や長浜を地盤にしていた西田陣営は、大洲にある二つのスーパーマーケットチェーンの商品券を、有権者に配りまくっていた。そこで、それらの店長を集め、捜査協力を要請したのである。

「選挙の買収手段として、商品券が使われていたことが判明しました。そこで、ひとつお願いがあります。店に捜査員を待機させておきますので、レジで商品券を使う人がいたら、手をあげて合図してください」

警察官だけでなく、検察事務官まで総動員して、店に張り込ませた。そうして、店長が手をあげる度に、その客をしょっ引いていったのである。このときの総選挙で、検挙したのは一〇〇人を超え、千葉県に続いて全国で二位になった。千葉と愛媛の人口比からいえば、ダントツで日本一の選挙違反率である。あまりにも県警が忙しくなったので、担当者からは、

「検事さん、もうこの辺でいいのではないですか」

と、止められたほどである。それでも、予算が取れるので、検事正はハッパをかけたものだ。

検察幹部にとって、選挙違反はそれだけうま味があるのだろう。現場の捜査にとっては、そんなことは関係ない。とにかく、選挙違反を立件することだけに専念し、しゃかりきになって働いた。それなりの成果もあった、と思う。


こうして七八年四月、高知地検へ転勤になったときには、地検の三席検事になっていた。三席というポジションは、検事正、次席に続く地検におけるナンバースリーのポストであり、ヒラ検事のトップだ。三五歳の誕生日を迎える少し前のことだ。少しだけ、出世が早かったかもしれない。

だが、不思議に、検事の世界で偉くなろうとは、これっぽっちも考えていなかった。それより検事という仕事がおもしろかった。世の検事がいなくなり、私ひとりになっても、この仕事を続けていこう。そう考えていたものである。

自分自身では、ハングリー精神がエネルギーの源になっている、と思ってきた。父親は働いても、働いても、豊かになれなかった。そんな姿を見てきた。一生懸命にやっている人は、金に縁がない。悪さをする人しか金をつかめない。金儲けイコール悪。検事でいるあいだは、ずっとそう思ってきた。妙な清貧の思想ではあるが、それが私の正義感の根底に流れる考えだった。僻み根性だったかもしれない。しかし、それもひとつの正義だろう、と、いまでもそう思う。

高知地検の三席検事になってからは、公安関係の担当になった。検事正には、しょっちゅうゴルフに連れて行ってもらい、一緒に飲みにも行った。三席検事として、交際費を捻出するため、選挙違反などによる特別予算の獲得だけではなく、調査活動費と呼ばれる機密費の偽装処理もよくやったものだ。それでも、罪悪感はまったくなかった。それより、大儲けしている悪人をどうやっつけるか、そっちのほうで頭がいっぱいだったのである。

だが、こうした検察の捜査には、たしかにひずみがあった。

高知地検に着任して間もなく、県内の宿毛《すくも》市長を収賄容疑で逮捕したことがある。その出直し選挙に、林遉という人物が立候補した。林は、祖先に明治時代の帝国議会の大臣や衆議院議長を輩出した高知きっての名家の生まれだった。あの吉田茂と姻戚関係にある地元政界の実力者であり、中央の政官界の人脈も広い。市長選は問題なく、林陣営の勝利に終わった。

高知地検で、この林陣営の選挙違反を摘発しようとしたのである。数百万円の選挙買収を見つけだし、いよいよ摘発に乗り出そうとした。すると、まず高知県警から横槍が入った。本来、選挙違反を摘発するはずの県警捜査二課からのものだった。さすがに勤務中には言えないので、二課長が、捜査の指揮をとっている私の官舎に訪ねてきた。

「もう、これ以上は……。なんとか考えてもらえませんか」

頭を下げながら、手にはジョニ黒をぶら下げている。

「せっかくやから、もらっとくけど、捜査は仕方ないでしょう。こんな気ぃ使わんといてください」

最初はやんわりと断りながら、ジョニ黒だけはありがたく頂戴した。断っているのだから、もう来ないだろうと思い、事務官たちといっしょにこの酒を飲んだ。彼らはいたく喜んでそれを飲んでいた。ところが、それから二課長は毎晩訪ねてくる。

「なんとか、なりませんでしょうか」

そう言って、何度も日参してくるのである。ときにはジョニ赤のこともあったが、さすがに受けとれない。いまでこそ、スコッチウィスキーは珍しくもないが、一九七八年当時のことである。とくに、あのころのジョニーウォーカーの黒ラベルといったら、憧れの洋酒である。ワインでいえば、ロマネコンティとまではいかなくとも、四大シャトーぐらいの価値はあったと思う。それを何度も持ってくるのだから、県警にとってみたら、よほど林に対する捜査がまずかったのだろう。

しかし、私にとっては、そんな事情なんかまったく関係ない。選挙違反の摘発こそが、大事なことだった。

「何度来てもらっても、どうにもならないんだから、無駄なことはしなさんな」

そう言って追い返しつづけた。

県警が、なぜそこまで気を使ったのか、といえば、実は相手が吉田茂の姻戚関係にあるというだけではなかった。日ごろ、選挙違反の検挙に熱心なはずの検察幹部まで及び腰なのである。あるとき、私は検事正に呼びつけられた。

「田中君、もうここらでやめろ」

そう言われ、思わず切り返した。

「いや、私は徹底的にやります。それにしても、なぜそんなに止めようとするんですか」

しかし、検事正は言葉を濁すばかり。

「いやいや選挙違反だけじゃなく、ほかにもやることはいろいろあるだろう」

そう、のらりくらりと理由を話さない。

「そんなに止めるんなら、このことを新聞に言いますよ」

検事正とのやりとりは、いったんそんな押し問答で終わった。が、それだけではなかった。

捜査が大詰めを迎えていたある日、高知地検の次席検事から、居酒屋に誘われた。杯を重ね、次席は少し酔っていたのかもしれない。聞き取りにくい言葉で、言いにくそうに切り出した。

「実は田中君、竹村さんが検事正のところへ恥をしのんで頼みに来ているんだ。ここらで矛をおさめてはどうか」

次席の言った「竹村さん」とは、そのころ最高検の総務部長をしていた竹村照雄氏のことだ。その後、広島高検の検事長になった検察庁の幹部であり、いまもヤメ検の大物弁護士として、法曹界では大きな影響力がある。

竹村氏の名前を出してまで止めようとするのか、そう思いながら、諭そうとする次席に対し、私は例によって言い返した。

「嫌です。しかし次席、それにしても、なぜそんなに、止めようとするのですか」

すると、次席は心なしか、さらに小さな声で事情を説明してくれた。

「田中君、林の選挙参謀になっているのは、竹村さんの甥っ子でね。だから、何とか勘弁してもらえないか。竹村さんは最高検にいるんだから、本来は高検の検事長を通して頼むのが筋だろうけど、君も知ってのとおり、それができないんだ。だから、竹村さんは恥をしのんで最高検から検事正のところへわざわざ直接頼みに来ているんだよ。その気持ちを汲んであげたらどうかね」

竹村最高検検事の甥っ子は、林陣営における林滇本人の懐刀だった。実際、宿毛市長選における林の事実上の選挙参謀として、捜査のターゲットにしてきたが、それが最高検の竹村照雄検事の甥っ子だとは知らなかった。彼が、逮捕を免れようと、叔父に頼み込んだに違いない。

もっとも、通常こうしたケースでは、誰の圧力かわからないよう、ワンクッション置くものだ。高検の検事長から地検の捜査にクレームがつき、そのために捜査がストップするというのであれば、誰が止めようとしたのかはわからない。そういうケースはよくある。それに、検察組織そのものが最高検—高検—地検という指揮系統になっているので、高検を飛び越え、最高検の検事から地検にストレートに話をするのもまずい。だが、このケースでは、最高検の竹村検事が直接、高知地検の検事正にクレームをつけてきたわけだ。あまりにも露骨な圧力ともいえる。

なぜこんなわかりやすい圧力になったのかといえば、このとき最高検と高知地検のあいだに入るはずの高松高検検事長が、別所汪太郎氏だったからだ。別所氏は、そういうことを最も嫌うことで有名だった。それで、やむなく、最高検の竹村検事本人がみずから乗り出してきたというわけである。次席が私に対し、「君も知ってのとおり、それができない」と言っているのは、高検の別所検事長の存在を恐れていたということだ。

しかし、私はこの話を聞いて、なおさら納得がいかなかった。

「いや、やはり逮捕します」

それだけ言って、居酒屋を後にした。

しかし、現場捜査を担う高知県警の捜査二課に加え、検察上層部の横槍が入っているのだから、一筋縄ではいかない。そこで、私は捜査の協力者を求めた。地元で、型破りな捜査をすると評判の高かった宿毛警察署の署長を口説いたのである。

「ワシは検事やけどエリートでもないし、仕事してなんぼと思ってる。あんたは警察でも、はぐれ者と呼ばれとるやろ。上の思惑なんか関係あらへん。二人で思う存分やってみんか」

そして、現に竹村検事の甥っ子をはじめ、林陣営の幹部を次々と逮捕していったのである。

警察署長には上の意向に迎合するばかりの役人タイプが多いが、宿毛警察署長は思ったとおり、気骨のある人物だった。林陣営の幹部たちを次々に逮捕すると、署長はこちらの動きをサポートすべく、選挙違反摘発に動きだした。そうして、検挙者は六七人にのぼった。高知では、硬骨漢を土佐のイゴッソーと呼ぶが、まさしくそんな男だった。

結果、宿毛市議会が林市長の不信任を決議し、林遉は市長の職を辞したのである。

いま考えても、あのときの選択は間違っていなかったと思う。猪突猛進型の正義感からではあったが、そうして不正をただす意志を貫くことが、検事としての仕事である。その考え方はいまも変わらない。

ただし、世の中はそうした正義感ばかりがまかり通るとは限らない。いったん市長を辞任した林本人は逮捕もされず、辞任後に行われた市長選で、またしても当選する。一九七八年一二月から二〇〇三年一月まで、二〇年以上にわたって市長の座に居座り続けた。

かたや、あの宿毛署長は事件後、宿毛市民の反発を買ってしまう。宿毛は早稲田大学の創設に尽力した小野梓や、近代的ヒューマニズムの先駆者として部落解放運動を展開した大江卓などを輩出した、高知の聖地だという。彼に対し、その聖地の汚点を世間にさらした、というお門違いの非難が続出するのである。この市民の反発の裏には、林陣営の思惑があったのかもしれない。

私はといえば、この高知地検時代あたりから、検事としての生き方が決まっていったように思う。検察上層部や上司が何と言おうと、狙った魚は自分の手で必ず釣りあげよう。その魚は大きければ大きいほどいい、そんなことを考えだした。

たしかに、高知の選挙違反で次席が言っていたように、検察内部の人間関係を重んじるという考え方もあるだろう。検察の最高機関である最高検や直接捜査指揮をあおぐ高検と良好な関係を維持することは、地検にとってさまざまなメリットがあるかもしれない。捜査の側面支援という意味からも、検察上層部の協力は必要だろう。検察を行政組織のいち機関として見た場合、現場の検事の強引な捜査が、組織運営上の支障をきたす恐れも生じうる。選挙違反を検挙すれば、以後、その地域や地元政界と検察庁の関係悪化の要因にもなりかねない。さすがに私でも、それくらいの政治判断は予想できる。

だが、現場の検事が、過ぎた政治判断に迎合したらどうなるか。そもそも被疑者には、それぞれにさまざまな背景や事情があり、ときに同情もする。しかし、それがわかっていながら、あえて突っ込んでいくのが捜査の現場ではないだろうか。そうでなければ、刑事事件として立件することはおろか、捜査そのものすらできなくなる。

私はあくまでたたき上げの捜査検事であり、政治判断を下す任ではなかった。だから、余計にこう思ったのかもしれない。私の任は、より大きな魚を釣り上げることだった。そこには法曹界や検察の内部事情だけではなく、政界の圧力という横槍も入る。それに対して、徹底して戦う。検事時代は、そんな考えしか持てなかった。それは、平戸の漁師気質なのか、それとも貧乏から成りあがりたい、と少年時代から考えてきたからだろうか。

政治家の圧力「撚糸工連事件の裏事情」

検事時代を通じて、捜査上の圧力を感じたのは、一度や二度ではない。松山地検時代にも、宿毛市長選の選挙違反と似たような出来事があった。その事件は本来、贈収賄容疑を念頭において捜査をしていた。ターゲットは国会議員である。

問題にしたのは、岡山県内でゴルフ場を経営している開発業者だった。この業者が愛媛県の伊予市内で、ゴルフ場開発を進めようとしていたのだが、関係者に金をばら撒いていた。そこで使われた工作資金が、非常に賄賂性の高い性格のものだと睨み、捜査を開始したのである。

通常、ゴルフ場開発には、さまざまな規制がある。たとえば自治体から開発許可を得るには、あらかじめ一定の土地を取得しておくか、あるいは当該のゴルフ場用地の地主たちの同意を得ていなければならない。

そのなかでも、最も厄介なのが保安林問題である。ゴルフ場用地は、たいてい山林を切り開いていくものだが、なにしろ、日本国中の山林のうち、四割近くが保安林に指定されている。ゴルフ場開発では、保安林が開発の障害になるケースが多い。

保安林とは、広く一般の生活環境を守るため、農林水産大臣や都道府県知事が指定する森林のことである。水害や土砂の流出を防ぐため、また干害や雪崩を防備するための森林もある。そうした保安林は、その指定区域であれば、民間業者の開発は許可されない。そこで、開発業者たちは、保安林の指定区域を解除してもらおうと、国会議員に働きかけることも珍しくないのである。

その過程で、しばしば賄賂が横行する。リクルート事件では、安比《あっぴ》高原リゾート開発用地の保安林指定解除をめぐり、加藤六月ら当時の安倍（晋太郎）派議員に対する工作疑惑が持ちあがった。

岡山県のゴルフ場開発業者が、伊予市で計画していたゴルフ場計画も、これによく似ていた。開発予定地の一部が保安林に指定されており、それが解除される過程で、不透明な資金の動きがあった。われわれはそれをつかんだ。そうして捜査を進めていると、いきなり横槍が入ったのである。

やって来たのは、地元選出の代議士、塩崎潤だった。突然訪ねてきたのだが、形の上では、いわゆる陳情である。追い返すわけにもいかない。

「ウーン、田中君ねえ。例のゴルフ場の件だけれどねぇ」

地検庁舎内にある財政係の応接室に通し、向き合っていると、そう言う。それまで一度も会ったことがないのに、ずいぶん馴れ馴れしい。ただし、具体的なことは言わない。

「これから検事正のところへ行って話してみるけどね。まあ、よろしく頼むよ」

それだけ言って、さっさと引き上げてしまった。おそらく私のような捜査現場の下っ端検事に話をしても、無駄だと思ったのだろう。あるいは、あまり具体的な圧力をかけて反発でもされたら面倒になる、との判断だったのかもしれない。もしくは、ここは検事正に話をするというプレッシャーをかけておけばいい、とでも考えたのだろうか。

それでも、圧力をかけているのは見え見えだ。その態度が無性に頭にきた。逆に、

「こいつの顔を潰してやれ」

と思ったものだ。実際、間髪をいれずに、問題の業者を脱税容疑で逮捕した。

しかし、結局、事件としてはそれで終わり。贈収賄事件になると狙いを定めていたのだが、検事としての未熟さもあり、それはかなわなかった。

皮肉なことに、この保安林問題では、弁護士になってから、まったく逆の立場で関わることになる。リクルート事件のときだ。自民党清和会の顧問弁護士になった私は、加藤六月元農水大臣の弁護人に就任し、安比高原リゾートの保安林解除問題で、東京地検特捜部と対峙する格好になったのだが、その件は後述する。

検察庁にいたころ、年を重ねるごとに、こうした政治家や検察上層部のしがらみに遭遇する機会が増えていった。だが、検事でいるあいだは、そうした妙な圧力を跳ねつけてきた。いや、少なくとも、そうしようと心がけてきたつもりである。そうでなければ、現場の捜査検事としてやっていけなかった。

そうして撚糸工業組合連合会の汚職を手がけたのは、東京地検特捜部に着任した早々の一九八六年のことだ。通称、撚糸工連事件。事件の捜査は慌ただしくはじまった。

三月二六日、関係者の取り調べを開始したのは、東京地検に着任した翌日のことである。すでに地検は関係者を逮捕。私の東京赴任の一週間前には、大阪地検へ捜査資料が届いていたので、事件の概要については、あらかじめほぼ把握していた。

いうまでもなく、撚糸工業組合連合会は、事業者の業界団体である。そこの小田清孝という理事長が、贈賄側の主犯だ。三五歳にして業界団体のトップである理事長に昇りつめ、繊維業界では知られた存在だった。それだけに、海千山千、一筋縄ではいかない。東京地検特捜部は、何人かの検事を投入したが、なかなか本人を自白に追い込めず、苦労していた。そこで、私に白羽の矢が立ったのである。

今度、大阪から赴任してくる田中にやらせてみようか。その程度に、単純に考えていたのではないだろうか。大阪地検での私の捜査も、東京で少しは評判になっていたようだから、任せてくれたのかもしれない。東京地検着任後の二日目から、すぐに捜査に着手した。

「新しく大阪からきた田中だけど、よろしく」

拘置所にいる小田へそう挨拶して、調べを開始した。

「そうですか。わざわざ大阪から。それはご苦労様です」

小田ははじめ、人を食ったような態度で、こんな調子で話していた。予想していたとおり、かなり警戒心が強い。なによりしたたかだ。東京地検の敏腕検事が苦労しているはずだった。そこで、どうせ事件のことをしゃべる気がないのなら、いっそのこところっちも触れないでみよう、と考えた。取り調べの時間は雑談に終始することにした。

「俺はもともとは大阪とはちゃうんや。生まれたんは、長崎の平戸いうところで、それはひどいところやったで。まるで江戸時代みたいな生活やったな」

「へぇー、そんなに後れているんですか。検事さんも苦労されたんですな」

「いや、苦労みたいなもんは全然しとらん。ただ、あそこにそのままいたら、いまもずっとあんな暮らしをしとったやろな」

彼の言葉に乗せられながら、ついつい昔話をしてしまった。それが功を奏したのかもしれない。

取り調べ開始から二日目だった。それまで雑談にしか応じなかった小田が、なぜか突然、事件に関する自供を始めたのだ。

「検事さん。実はお話ししたいことがあるんですけど」

そうつぶやくように、口から言葉が出た。

「たしかに私は、横手さんに金を渡しました。ホテルのレストランです」

小田の話した「横手さん」というのは、民社党代議士の横手文雄のことだ。東京地検特捜部は、横手らの議員が、業界に有利な国会質問をした見返りに、撚糸工連から賄賂を受け取っている、と睨んでいた。まさに、小田の供述は、その核心部分に迫る話である。小田は、こう続けた。

「東京ヒルトンホテル（キャピトル東急ホテルと名称変更後、現在は営業終了）のロビー階にある『源氏』という和食の店で、横手さんと会食しました。そのとき、一〇〇万円の現金を持参し、彼に手渡したのです。間違いありません」

こちらにとっては、喉から手が出るほど、欲しかった供述だ。それにしても、なぜ話してくれたのか。あとになって、本人に尋ねてみた。すると、こう言う。

「これまで私を取り調べていた検事さんは、人の気持ちや情が何もないような方でした。でも、田中さんは違うような気がしたんです。私よりも、ずっと苦労されていますし」

戦前の昭和八年（一九三三年）に生まれた撚糸工連理事長の小田清孝は、高校にも行けないような貧乏暮らしを強いられている。中学校もろくに卒業せず、両親から丁稚奉公に出されたという。毎朝、日がのぼる前から仕事をしなければならない。店の軒先を箒で丁寧に掃いていると、その目の前を中学校の同級生が通る。高校に通い始めた同級生を、掃除しながらずっと見送っていたという。そんな身の上話を聞いた。

そういえば、私自身、大学に入るまでは同級生にコンプレックスを抱き、いじけてもいた。そんな話をした覚えはなかったが、彼は私の体験談を耳にしながら、自分自身の経験と重ね合わせていたのだという。それで正直に供述する気になったのだと。

むろん、取り調べの目的は事件の自白である。私自身の体験談を彼に話したのは、彼の心を少しでも開かせようとしたためだ。計算が働かなかったかといえば嘘になるが、それが成功するかどうかは、ときの運のようなものである。松山地検時代、日本刀を手渡したことに感激したヤクザの親分のときと似たような部分がある。しかし、そうであっても、小田が事件のことを正直に供述してくれたことに対しては、いまでも心底感謝している。小田は言った。

「検事さん、こんな私が撚糸工連の理事長にまでなれ、正直嬉しかった。でも、末節を汚してしまいました」

小田の供述は、われわれの狙いどおりだった。これで、いよいよ政界に切り込める。贈収賄事件の展望が開けると小躍りした。

撚糸工連問題を贈収賄事件と見立てて取り組んだのは、当時の東京地検特捜部の石川達紘副部長である。特捜部にはほかに五十嵐副部長もいたが、陣頭指揮をとったのは石川氏のほうだった。検事の任官は、私より五期早い。特捜部のエースとマスコミにたびたび登場する現場捜査タイプの検事だ。彼が手がけた最初の大型事件が、撚糸工連だったともいえる。事件で私を小田の担当にぶつけたのも、彼である。

「ブッ読みの達紘」と異名をとるとおり、その捜査資料の読解力と先読みをする力は大したものだ。撚糸工連事件では、国会の議事録を丹念に読み、横手らの不自然な質問に着目した。衆院の商工委員会で、野党である民社党議員が、特定団体に有利な質疑をおこなうこと自体がおかしい。そこにいち早く気がついたのである。

もっとも私は、そのキーマンである小田から狙いどおりの供述を得て、これで責任を果たした、と思っていた。ところが、そうではなかった。最重要人物のひとり、横手文雄に対する取り調べまで、担当させられてしまったのである。これには違和感を覚えた。

基本的に検察の捜査では、重要人物の取り調べについては、それぞれ異なる検事が担当する。ただでさえ、重要な被疑者を取り調べ、起訴するには神経を使う。一人で手いっぱいだ。それに、同じ検事がすべての重要被疑者の自白を得たとなれば、公判の際、供述の信憑性が問われかねない。だから、とくに贈収賄の場合、贈賄側と収賄側で、別々に取り調べをおこない、それをすり合わせながら、調書の整合性を高めていく。別の検事が別の被疑者を取り調べても、同じ証言結果だったということが、意外に重要なのである。しかし、このとき東京地検では、それをあえて無視し、贈賄側を担当した私に、収賄側の横手の取り調べまでやらせたのである。

そこには、国会議員の取り調べに対して臆病になっている、検察の姿が見え隠れしていた。「検察冬の時代」と皮肉られていた時期でもある。田中角栄のロッキード事件以来、検察は長らく政治家の汚職事件から遠ざかっていた。疑獄事件をあげたいのは山々だけれど、もしいったん着手して事件が沙汰やみになってしまったら、世間からなにを言われるかわかったものではない。とりわけエリート検事の集まっている東京地検特捜部のなかには、そんな雰囲気がありありだった。そこで、この際、大阪から来た田中にやらせよう。仮に田中が失敗しても大阪から来た田舎検事のミスということで済ませられる。そう考えたのではないか。うがった見方かもしれないが、そんな気がした。

加えて、通常国会の会期中という問題もあった。会期中の国会議員には不逮捕特権がある。代議士を逮捕しようとすれば、衆院への逮捕許諾請求が必要になる。小田の供述だけというあの段階でそんなことができるはずがなかった。となると、在宅のまま参考人として取り調べをおこなう以外にない。拘置所で小田を事情聴取しながら、同時に国会議員の調べをやれというのは、土台無茶な話である。東京地検では、それを私にやらせようとしたのだが、しかし、大阪から赴任したばかりでもあり、それなら、

「東京の奴らに大阪地検特捜部の力を見せつけてやろう」

と、かえって燃えた。マスコミに感づかれないよう、ひそかに民社党の横手文雄を呼び出した。そこが、東京のはずれにある八王子区検である。

「きさま、何様やと思うとるんや」

取調室でいきなりステンレスの灰皿を投げつけられた横手は、急にしおらしくなっていた。

「検事さん、私にも公党の議員という立場があります。そこを理解してください」

八六年四月中旬の夕刻、そう懇願しはじめた横手に、こう言った。

「よし、それなら晩飯を食べてからにしようか」

取り調べを再開したのは、夕食後だった。

「横手先生、失礼ながら国会の議事録を客観的に見ると、どう考えても撚糸工連側に有利な質問をしています。どうですか」

意図的に、それまでとは言葉の調子をがらりと変え、丁寧に尋ねた。横手も、尋問を開始した当初のタバコを吹かしていた、横柄な態度がすっかり消えている。

「私の口からは、それは申し上げられません。こういった国会質疑は、わが党だけでできるものでも

ありませんし」

　そう言う。彼の言葉は、私にヒントを与えてくれているように感じた。

「なるほど、そうでしょうね。国会質疑ともなれば、やはり自民党の影響が大きいのでしょう。ある意味、出来レースでなければならないわけですね」

　こう水を向けた。すると、彼は話した。

「ああ、そういえば思い出しました。トイレです。議員会館のトイレで稲村先生とたまたまいっしょになった。先生とは議員会館の部屋がとなり同士だから、ふだんから親しくさせていただいています。ちょうど撚糸工連の国会質問で、私に白羽の矢が立ったことが決まった直後でした」

　こう続けた。

「『あんじょう頼むよ』とトイレで肩をたたかれ、そう頼まれたのです」

　特捜部がターゲットにしていた本丸、自民党の元国土庁長官、稲村左近四郎の名前が出た瞬間である。稲村が横手に頼んで、国会質問をねじまげていたことが、これで立証できる。特捜部は、横手、稲村の両議員を逮捕・起訴した。ロッキード事件以来、実に一〇年ぶりに政界に切り込んだ汚職事件として、マスコミは大騒ぎしたものである。

取調室の賭け

　もっとも、この撚糸工連事件には、さらに余談がある。

　八王子区検の取調室で、横手の供述を調書に取り、署名させようとした。ところが、横手文雄は往生際が悪かった。

「同じ公党の人間として自民党を売ることはできない」

　こう駄々をこね、今度は調書にサインしようとしないのである。

「（民社党の）佐々木委員長に電話させてください。委員長の了解をとらないと、サインできない」

そう懇願する。

「そんなことできるわけがないじゃないですか。勘弁してくださいよ」

そんな押し問答が続いた。すでに時計の針は、夜の八時をまわっている。そうして、ふと取調室の窓から、外を見た。すると、黒塗りのハイヤーが、ずらりと区検の庁舎を取り囲んでいるではないか。マスコミに事情聴取をかぎつけられてしまったのだ。

「こらイカン。先生、外にブンヤがぎょうさん張ってます」

「えっ、なんで漏れたのか。まさかあんたらが漏らしたんと違うやろうな」

横手は問い詰めたが、そんな馬鹿なことをするはずがない。あとで知り合いの新聞記者に聞いたところ、区検まわりの担当者が出前持ちから聞きだしたとのことだった。普段なら庁舎の職員分の店屋物が五個しかないのに、この日に限って八つある。その三つ分が私と事務官、横手の食事だったのだ。それでおかしいと感じた新聞記者がかぎまわり、事情聴取の情報を得たというのである。マスコミの情報力も大したものだ。

「そんなことより、とにかく先生を守らんといけません。もし、このまま新聞に書かれたら、政治生命は終わってしまいますよ」

と彼に言い、まず区検の職員を帰宅させた。外の新聞記者に対し、建物のなかにはもう誰もいない、と思わせるためだ。そうして庁舎の明かりを消し、外の様子をうかがった。だが、敵もさるもの。ハイヤーを待機させたまま、帰ろうとしない。

「先生、こうなったら持久戦ですから、夜が明けるまで頑張りましょう」

部屋に残ったのは、横手と私、検察事務官の三人だけ。真っ暗の取調室に身をひそめるように記者たちが帰るのを待っていた。

ところが、部屋が暗いので蚊が出てくる。暗がりのなか、ブーンという飛ぶ音がするだけでどこにいるかもよくわからない。あちこち蚊に刺され、手足をかきながら我慢するしかなかった。

そうして、午前一時半をまわったころ、外のハイヤーが動きだした。翌日の朝刊の締め切りを過ぎたからだろう。帰途につきはじめたらしい。それが見えたので安心したが、むろん横手には話さなかった。逆にこう言った。

「先生、調書は世間に出るわけではないんだから、嘘ではないんだったら、もういい加減に署名しましょうよ。そうでないとまだまだ帰れませんよ」

そうして横手文雄は、ようやく調書にサインしたのである。それを電話で報告した山口悠介特捜部長が喜んだのは、言うまでもない。

「田中、お前はやっぱり大したもんや。さっそく明日、ガサ（家宅捜索）を打つ。自民のこれが出れば、仮に摘発は横手だけでも構わん」

手のひらを返したように、褒めちぎった。内心反発はあったが、その言葉は嬉しかった。だが、横手はそこからまたゴネはじめる。

翌日、再び横手を呼び出し、そのあいだに地検の別働隊が家宅捜索をおこなった。その取り調べの最中、彼はいままでになく語気を強めて言った。

「昨日の供述は撤回したい。事実無根の疑いをかけられているが、私は潔白だ」

驚いたふりをしながら聞いた。

「どういうことですか」

自民党か民社党かはわからないが、どこからか知恵をつけられているのは、明白だ。さらに彼は言葉の調子を強める。

「調書を破棄してくれ。そうでないと、この先、一言もしゃべらんからな」

こうなると、またしても捜査が膠着状態に陥る危険性がある。やはり、この場合、一気にケリをつけなければならない。そこで賭けに出た。

「おい、手錠を持って来い」

事務官にそう命じた。事務官が部屋から出て行く。相手は何のことかわからず、動揺し始める。事務官が手錠を手に戻ってきた。その手錠と調書を机の上に並べ、調書の最後のページを広げて言った。

「先生、これ見てごらん。ここに先生の名前、私、田中の名前、それに事務官の名前が署名してある。これは公文書です」

そして、ひと呼吸置いて、タンカを切った。

「破棄したい言うんなら、この場で破ってみい。その代わり、公文書破棄の現行犯でこの場で逮捕するからな」

それからしばらく、一言も口を開かなかった。相手も同じ。双方押し黙ったまま、睨み合った。そうして、ころあいを見計らいながら、たたみかけた。

「ほれ、何しとるんや。はよ破ってみせんかいな」

わざと机の上の調書を相手に突きつけながら、言った。

むろん、これは博打である。仮に調書を破かれたら、逮捕できる代わりに、こちらもそれを教唆したことになる。まさか私自身の逮捕はないだろうが、おそらく検事はクビだ。それでもいいと思った。

「キャリアは博打はできない。だが、わしらはゼロから出発した身、博打でも何でもやる、リスクは覚悟の上や」

と思っていた。それに、あのままではどうしようもなかった。博打を打たないと、局面を打開できないと思ったのだ。

そのまま三時間ほどが経過した。そうして、向こうから、ようやく口を開いた。

「わかったよ。実は、国会質問の件は、稲村さんから頼まれたのは間違いない。何度も何度も赤ペンで質問の原稿を書き直したんだ。そういう経緯があるのは事実だよ」

運よくこの供述どおり、当日の家宅捜索で原稿を直した際に使われた赤ペンが出てきた。それもこちらに有利な材料となる。そうして、彼はさらに具体的な供述をせざるをえなくなっていったのである。この日は二〇枚にのぼる膨大な調書になった。もう署名に手間取ることはなかった。

手前味噌で言うのではないが、考えてみれば、検察キャリアと呼ばれる人たちには、ここまでできなかったに違いない。それは、こんなことまでせずとも、失敗さえなければ、しぜんと出世できるからだ。だから、あえて危険を冒してまで被疑者の供述を取ろうとはしない。善し悪しは別として、検事としての成り立ちが違う、ということだろう。

しかし、現場捜査でたたき上げ、それぞれが独自の捜査手法を持っている検事がいなければ、実際、手練手管の犯人にはとても太刀打ちできない。それもまた、紛れもない検察捜査の事実なのである。

第四章　鬼検事の正義

昭和五十五年（一九八〇年）四月から東京地検へ赴任するまで、六年間務めた大阪地検時代、それが検事として、最も思いどおりにできた時期かもしれない。そのうち五年間は、特捜部で働いた。

現在、地検の特捜部は、名古屋と福岡を含め、全国に四部あるが、あのころは東京と大阪にしかなかった。東京地検で三〇人程度、大阪なら一〇人ほどの検事しかいない。日本全国に点在する地検から、選りすぐりの敏腕検事が集まっているところだ。それが特捜部であり、特捜検事になるのは、現場の捜査検事にとっての夢である。それは、いまも昔も変わらない。

そんな特捜部に私が配属されたのは、土肥元検事総長のおかげと言ってもいい。宿毛市長の選挙違反を摘発したのち、高知地検から大阪地検へ異動になった当初、勤務したのは公安部だった。公安部は、警察と同じように思想犯を捜査する。そこに一年間籍を置いていたのだが、うち半年は、特捜部の応援に駆りだされていた。それが特捜部入りするきっかけになった。このときの特捜部長が、土肥さんだったのである。赤レンガ派といわれる東大卒の法務官僚が、出世する検察庁のなかにあって、京大卒で総長までになった現場捜査検事だ。

「田中君やな、ちょっとこっちを手伝うてもらえへんかな」

あるとき、特捜部長だった土肥さんから、私のところへ電話がかかってきた。穏やかな声だが、その捜査の厳しさを、関西の検事で知らぬ者はない。

検事は、できる上司の検事から捜査手法を学ぶ。それゆえ、仕えた上司の名前をとって、〇×学校という呼び方をする。関西では、別所汪太郎元高松高検検事長の通称「別所学校」というのが有名だった。別所元検事長は、政治的な圧力に決して屈しない硬骨漢として、名前が知れ渡っていた。宿毛市長の選挙違反事件のとき、親族の逮捕をとめようとした最高検の竹村総務部長が、話もできなかった、あの人だ。

土肥さんも、その別所学校の優秀な門下生の一人だった。大阪では、別所学校に続いて、土肥学校という言葉も生まれたほどだ。大阪地検の特捜部長だった土肥さんに鍛えられた検事たちは、「土肥学校の生徒」と呼ばれた。私もその一人である。

土肥特捜部長について、当時の大阪地検の若い検事たちのあいだで流行った言葉がある。

「しんどい」「ひどい」「あくどい」――。

土肥さんがあまりにも厳しいので、陰口を叩いて鬱憤を晴らしていたわけだ。土肥部長の下で働いたら、最初は「しんどい」程度だが、それが次第に「ひどい」と感じ、あげくは「あくどい」とすら思うようになる。見込みがないと判断された検事は、あっさりと地方に飛ばす。それほど、捜査に対する姿勢は厳しかった。

それでいて、絶対に声を荒げて怒鳴ったり、激昂したりはしない。

「田中君、この資料を読んで、整理しといて」

そんな調子で仕事を頼まれるのだが、それが半端な分量じゃない。普通なら三日はかけて整理する捜査資料を一度に手渡される。そうして、一〇分くらいたったら、

「あれ、できたかな」

と、部屋に電話がかかってくるのだ。むろんそんなに早く整理できるわけがないが、わざとそう言うのだろう。となると、徹夜してでもやらなければならない。

「今日中にやりますから、任せといてください」

それがいつもの私の返事だったが、あまりできがよくないと、こう皮肉を言う。

「田中君はいつも任せてください、ばっかりやな。まあ、任せといたらいいんやけど」

特捜部に駆り出され、この厳しい部長に認めてもらおうと、必死についていった。そうやって何とか認められるようになったと思う。

土肥部長は、厳しい代わり、一度評価したら、とことんまで面倒を見る。私もずいぶん面倒を見てもらった。特捜部の仕事を手伝いはじめて、半年後、私は土肥部長の推薦で憧れの部署へ異動することになる。以来、彼の下で自由に捜査をやらせてもらった。ひょっとして大阪地検にずっといたら、検事を辞めることはなかったかもしれない。いまになって時々そう考えることすらある。

ワープロ汚職事件

「検事さん、ここまで話してしまった以上、私はもう仕事には戻れません。死ぬ以外ないと思います」

取り調べのさなか、被疑者はこう言って泣き出した。一九八一年のことだ。私は、文部省のあるノンキャリアの職員が、出入り業者から賄賂を受け取っていた収賄事件を手がけた。大阪地検時代に摘発した文部省汚職事件である。

職員は業者から賄賂を受け取った事実は認めたものの、その金の使い道についてはいっさい話さない。そこで、あの手この手を使って、自供に追い込んだ。取調室で職員は、全面的に犯行を認めた。そこから、事件は意外な側面を見せる。これまで数え切れないほど事件を扱ってきたが、文部省の汚職は、そのなかでもとくに忘れられない。検事をしていると、ときとして思いもつかない人間の意外性に気づかされるものである。

この事件における捜査の端緒は、大阪市水道局の職員たちの裏金問題だった。

「役人が公金で飲み食いし、キタ新地で豪遊しているので、調べてほしい」

ある市民グループがそれを不審に思い、大阪地検特捜部に告発してきたのである。いまでいう市民オンブズマンの走りによる告発だが、実際、彼らはキタ新地でえらく豪勢に飲み歩いていた。

キタ新地といえば、大阪一の高級クラブがひしめく繁華街である。誰でもおかしいと思う。単なる地方公務員が、そんな高級クラブで、飲み歩くことができるわけがない。市民グループでなくとも、「これは業者の接待だな」とすぐにピンとくる。さっそくそれを調べるため、新地のクラブを尋ね歩いた。

だが、やはり新地のママたちともなれば、さすがに口が堅く、なかなか客のことはしゃべらない。そこで、事務官といっしょに、新地の飲み屋を張り込んだ。事務官たちは、刑事と同じ捜査のプロであり、心強い。そうして、これはという店に目星をつけ、ママに言った。

「ちょっと調べたいことがあるんで、帳簿を提出してくれへんか。そうしてくれたら、ガサ（家宅捜索）を打たんで済むんやけどなあ」

家宅捜索となると、捜査員が大挙して押しかけ、店内をひっくり返して資料を押収する。さすがにそれを匂わせると、百戦錬磨の新地のママたちも協力せざるをえない。そう踏んだのである。こうして、新地のクラブの帳簿を片っ端から手に入れていった。

持ち帰った帳簿の数は、二〇〇件を超えた。朝から晩まで、それとにらめっこをする。いったい大阪市水道局の職員たちは、どんな遊びっぷりをしているのか。その金をどの業者につけ回ししているのか。むろん、それを調べるためだ。次々と帳簿をめくり、職員と業者の関係を調べていった。

調べてみると、キタ新地の高級クラブや料亭などへ、水道局関係の飲食代を二重請求させていたり、架空請求させているケースが目立つ。おまけに、職員たちは役所に対しても、カラ出張やカラ手当てなどの架空請求をし、大阪市から莫大な公金を引き出している。それらの公金はすべて裏金として使われていた。水道局の職員は、上から下まで、私的な飲み食いにこの公金を派手に使い、ひどいのになると、自分の女までかこっている。労働組合の幹部連中まで、この公金で高級クラブや料亭で殿様のように豪遊していた。それも二、三日に一回のペースなのだ。完全に腐りきっている。

しかし、こと刑事事件としてこれらを立件するのは、厄介な面もある。実際に刑事罰を下すとなると、難しい点もあるのだ。市政を運営する上では、マスコミ関係者や組合幹部と飲み食いする必要もあろう。これは刑事罰の対象にはならない。帳簿を睨みながら、その合法と非合法の線引きに苦慮していた。

そうして内偵捜査をつづけていた。そこで、おもしろいことに気づいたのである。帳簿のなかに、大阪大学の事務局職員が、頻繁に遊んでいる店の伝票がある。豪遊していたのは、大阪大学の経理部長だった。国立大学の職員なら国家公務員だ。それが新地で毎晩のように飲んでいる。よほどの資産家でもない限り、そんな金をもっているわけがない。これはいけると思った。大阪大学の経理部長なら、地検のターゲットとして不足はない。すぐに方向転換し、阪大の経理部長の行動にしぼって捜査を開始した。

まず、捜査の常道として、人定作業からはじめた。人定とは、実際に生身の当人を見て、そのような罪を犯すような人間かどうかの感触をつかむことだ。むろん、内偵の段階だから直接接触するのはまずい。相手に気づかれないよう、秘かに人定しなければならない。私たちは阪大の事務局に行き、阪大ＯＢと称して経理部長に面会を求めた。そうして、どんな人物か、人相風体を確かめようとしたのだが、本当に会うわけにもいかない。

待ち合わせ場所の近くの物陰に隠れて待っていた。すると、経理部長がやってきた。待ち合わせ相手の姿が見えないので、キョロキョロしている。それをじっと観察した。

背広も靴も、その地位に相応のもので、取り立てて豪奢なものではない。だが、よく見ると、ワイシャツの下に下着をつけていない。素肌の上に直接ワイシャツを着ている。

「なるほどこいつは遊び人やな、間違いなくやっとる」

そんな感触を得たが、これが大阪地検で久方ぶりに検挙した「阪大汚職事件」となる。そして、事件はさらに、思いもかけない人間の顔をさらした。

経理部長は、大学に納入していたワープロ業者に飲み代をつけまわし、クラブで飲んでいた。が、それだけではないだろう。現金の賄賂がある、と睨んだ。そこで、部長の個人口座とワープロ業者の関連口座を徹底的に洗った。大阪市内の都市銀行から信用金庫にいたるまで、金融機関へ照会し、出入金伝票を取り寄せた。そうして、およそ二五〇店舗から、段ボール二〇箱分の膨大な資料が集まり、それを丹念に読んだ。

すると予想どおり、経理部長の個人口座には、定期的に個人から金が振り込まれていた。金額も小額ではない。一度に五〇万から一〇〇万円が、入金されていた。それが入金された翌日、あるいは遅くとも翌々日には必ず引き出されている。飲み代に消えているのか、とも思った。だが、それにしては金額が大きすぎるのではないか。そうやって膨大な資料と格闘しているうち、ある事実に気づいた。

資金操作は巧妙だった。問題のワープロ業者が、直接阪大の経理部長へ賄賂を振り込んでいたのではない。経理部長へ頻繁に金を振り込んでいたのは、東京のある女性だった。一見、何の関係もないように思える。その女性の個人口座を調べてみると、そこに入金していたのがくだんのワープロ業者だった。つまり、ワープロ業者は、この東京の女性を一枚かませ、阪大の経理部長へ賄賂を送金していたのである。経理部長の個人口座にあった五〇万円とか、一〇〇万円の振込みは、こうして迂回されて流れた資金だった。こうした金の流れを解明できたのは、迂回送金されてきたルートを逆にたどることができたからだ。

では、五〇万円や一〇〇万円もの大金を、経理部長がすぐに引き出していたのはなぜか。ひょっとすると、愛人に貢いでいるのではないか、そう仮定した。それで、今度は彼の自宅近辺の金融機関の支店を手当たり次第に洗った。すると、経理部長からの振込みと金額や日時がピタリと一致する口座がある。

案の定、賄賂は飲み代に消えていたわけではない。それが、彼の愛人の口座だった。彼女の周辺を捜査し、間違いなく経理部長の愛人だという確信を得た。金は近所に住む愛人のもとへ送られていたのである。となると、経理部長に届く賄賂の直接の出所となっている東京在住の女性とは、いったいどういう関係なのか。ひょっとすると、もう一人、愛人がいるのではないか。それをどうやって解明するか、考えた。

振込先の愛人が、その謎を解く突破口になるのではないか。そのためにも、まずは貢いでいる愛人と経理部長の関係を認めさせるのが先決である。すぐに愛人を地検に呼んだ。こうカマをかけた。

「あんた、やつの女はあんただけやないんやで。もともと金がどこから振り込まれているか知っとるんか」

すると、彼女はポカンとして言う。

「はあ、どういうことですやろか」

大阪の愛人は、東京の女性のことなど知る由もない。それを聞かされ、動転していた。

「東京の女や。業者はまずその女に金を渡していたんや。あんたのところへきとるのは、そのおこぼれみたいなもん。あんたも騙されとったんや。だから本当のこと言いや」

大阪の愛人はあっさり二人の関係を認めた。捜査では、ひとつひとつ供述を積み上げていかなければ、どこかで糸が切れてしまう。その供述から、今度は経理部長本人の尋問へ進んだ。そうして送金者になっていた東京の女性を割り出し、ようやく贈賄側のワープロ業者にたどり着いたのである。阪大のワープロ汚職事件はこうして摘発できた。

結局、東京の女性は経理部長の愛人ではなかったようである。しかし、事件はこれだけでは終わらなかった。

東京の女性は、ワープロ業者から阪大経理部長への資金ルートにおける迂回窓口になっていただけではない。実は、もう一つの資金ルートにも関与していたのである。その迂回先は、なんと文部省の現役職員だった。

「検事さん、私はもう死ぬ以外ないと思います」

これが、取調室でそう涙を流した文部省の職員である。彼は、国立大学を担当する文部省のノンキャリアトップの職員だった。瓢箪から駒みたいなものだ。が、ここから文部省の汚職事件をつかんだのである。

われわれ大阪地検にとっては、思わぬ収穫だった。なにしろ、事件は中央官庁の汚職事件に発展する可能性が出てきたことになるのだ。特捜部では、さっそく私を主任に六人ほどの体制を整え、捜査に臨んだ。結果、すぐにその文部省職員へ二〇〇万円が渡っていた事実が判明した。贈賄側の状況からすると、賄賂はこの程度ではない。一〇〇〇万円を超える。そうにらんだ。文部省職員を大阪市のはずれの都島区にある大坂拘置所に勾留し、取り調べを開始した。

相手はしょせん役人。それほど取り調べに手間はかかるまい。そうタカをくっていた。が、意外にも捜査は難航した。金銭の授受を認めながら、肝心の金の使い道を話そうとしないのだ。

「もろうたんは二〇〇万円だけやないやろ。いつまで黙っとるつもりか。いったい何に使うたんや」

そうしつこく追及しても、一切しゃべらない。すでに逮捕してちょうど二週間が過ぎていた。起訴前の勾留期限の二〇日までには、少し余裕があるものの、さすがに焦りを感じていた。

「よっしゃ、それならいい」

こう怒鳴り、取調室のドアを蹴り上げて退出しようとした。そのときだ。

「あのう、検事さん」

そう言って立ち上がりかけたかと思うと、ドスン、と椅子に尻を落とした。どうやら腰が抜けたようだ。

「なんや?」

言葉をかけると、彼は蚊の鳴くような声で言った。

「よければ、検事さんと二人だけで話がしたいんですけど……」

「そんなわけにいくかい。事務官は気にせんでええから、話してみんかい」

「いや、それなら話せません」

そんな押し問答をしながら、仕方なく事務官に外で待つよう目配せした。そうして机を挟んで向き合った。

「実は私、他人には絶対に言えない趣味があるんです」

そう言うと、呼吸を整えるかのようにしばらく口をつぐむ。

「なんや、はよう言わんかい」

こっちは気が短いのでつい口を挟んだ。すると、彼は切り出した。

「もし、これがばれたら、死ぬ以外にありません。だから、これまで金の使い道については何もしゃべることができなかったのです」

そして、また黙り込む。仕方なく、今度はやさしく言葉をかけた。

「どういうことや」

うなだれたまま、彼がようやく小さく口を開けた。

「私には家内も子供もおります。でも、本当は男の人にしか興味がないのです。だから、業者から受けとった金は、そういうところへ使いました」

「えっ」

同性愛好者だというのだ。思わず、声をあげそうになるほど、驚いた。実際にそう漏らしたかもしれない。だが、驚いた態度を見せるわけにはいかない。冷静を装い、わざと言った。

「そんなこと、お前から言われんでも、知っとったわい。検察をなめたらあかんで。お前がそれをいつしゃべるか、見とったんや」

すると、安心したように顔をあげた。気のせいか、笑みを浮かべているようにも見えた。

「私は小さいころ、男兄弟のなかで育ちましたが、両親はずっと女の子が欲しかったんだと思います。だから、小学校にあがるまで、ズボンをはいたことがなかった。いつも母親が買ってきたスカートをはかされていたのです。そのせいかもしれませんね。男の子に興味がわいたのは」

そういえば、逮捕した別の被疑者からも同じような供述があった。

「あの人は、子供のころに女の子のように育てられてきたそうです。いつだったか、本人からそれを聞いたことがあります」

それを聞いたときは事件とは関係ないので、気にもとめていなかったが、この話を聞いて思い出した。

なるほど、取り調べのときの彼の態度も、妙に女っぽかった。机を挟んで向き合っていても、恥ずかしそうに顔を横にそむける。しょっちゅう耳のあたりを触り、髪の毛をかきあげていた。机の上に置かれていたボールペンのボタンを、カチカチ鳴らして押す癖もあった。そんな仕草を見ていて、やっぱり中央官庁にいる東京の人間は気取っとるんやな、くらいにしか感じなかった。だが、実はそれはゲイ特有の癖だったのだろう。こうも言った。

「私は、男らしい人が好きなんです。だから相撲取りやラグビー選手に憧れた。あの汗臭いにおいがたまらないんです」

彼はワンルームマンションを借り上げ、隠れ家にしていた。そこを家宅捜索すると、相撲のまわしやラグビー選手のジャージ、柔道着などがどっさり出てきた。しかも、それらは洗濯されていない。汚れたまま、部屋の箪笥に隠し持っていたのである。

「大学の相撲部やラグビー部、柔道部に忍び込んで、まわしやラグビージャージ、柔道着を盗んでいました。それを部屋に持って帰り、匂いを嗅ぐのが楽しみだったんです」

ワンルームマンションは、妻子のいる彼にとって、安らぎの館だったに違いない。それを借り上げる家賃を捻出するため、文部省の出入り業者から、賄賂を受け取っていたのである。驚く以外になかったが、犯行の動機につながる行為だともいえる。そのため、ゲイの勉強をした。彼らの習性を知るため、「薔薇族」というホモセクシャル専門誌を読み、新宿二丁目にあるゲイバーにも、よく通った。

男性同士が逢引するためには、ラブホテルは使用できない。自殺の心配があるため、断られるケースが珍しくないからだ。それで、彼は東京都内の一流ホテルをデートの場所にしていた。霞が関に近い、赤坂のホテルニューオータニが、彼の定宿だった。そのホテル代も、文部省の出入り業者から出させていた。もちろん、賄賂を渡した業者は、そんなことを知るはずもない。彼は言った。

「こんなことまで話したのは、検事さんが初めてです。これが表沙汰になったら、私はもう生きていけません。だから、このまま死なせてください」

こうして彼は全面自供し、文部省の収賄事件を立件することができたのである。

「いや、それはあかん。でも、ほんまにここまでようしゃべってくれた。あとはワシに任せといてくれ」

私はこれを世間に公表するわけにはいかない、そう思った。

調書の改竄

「お前、ようやった。大したもんや。けど、これは絶対に外で言うたらあかんぞ。手柄話みたいにしてしゃべるんやないぞ」

事件が終わったあと、土肥さんは、こう言ってくれた。このときはすでに大阪地検のナンバー2にあたる次席検事に昇進していた。土肥さんは、検事時代の私を最も理解してくれたひとりでもある。石橋産業の詐欺事件で逮捕され、刑事被告人になったいまも、温かく見守ってくれている恩人である。

「ワシはこの事件で嘘の調書をつくるから。お前が相手にしていた男を、すべて女に置き換えて、そこに金を使っていたことにするからな。その代わり、絶対にこのことは公判でも話すんやないで」

ノンキャリアの文部省職員を起訴する前、私は彼にこう伝え、実際、そのとおり嘘の調書を作成した。それをしたのは、事実どおり起訴し、公判で行動が公になれば、本当に彼は自殺すると考えたからだ。それが正しかったかどうかの判断はつかない。しかし、あのときはそうする以外にないと思った。

彼の場合、ゲイといっても、特定の男と付き合っていたわけではない。新宿二丁目のゲイバーで相手を探したり、雑誌で見つけたりした男性と一夜限りのデートをするのが、ほとんどだった。もし、これが特定の男性となれば、当然、そこを調べなければならない。だが、相手がどこの誰だかわからない、となれば、そこまで捜査をする必要もない。たとえば逆にこれが女だとして、一晩限りのコールガールを買っていたとしても、同じことだ。だから、調書では、男との逢引の話を女にすりかえればいい。そう考えたのである。

ただし、事実が違うのだから、こちらとしても、公判で「嘘をつくよう検事にそそのかされた」と調書をひっくりかえされたらたまらない。それで、保険のつもりで、彼に「私は間違いなく男を相手にしてきました」と一筆書かせておいた。そうして起訴し、公判に臨んだ。

起訴内容も、軽めにした。収賄額が一〇〇〇万円を超えると、実刑は間違いない。そのため、八〇〇万円にしておいた。執行猶予がとれるギリギリの線だ。彼は保釈を許され、公判がはじまった。

ところが、いざ公判が開始されると、彼の様子がおかしくなったのである。自分自身、ゲイだという秘密をいつばらされるか、不安で仕方なかったのかもしれない。法廷が開かれる直前になると、必ず私のところへ電話がかかってくるようになった。

「検事さん、私はやっぱり死んだほうがいいのではないでしょうか」

電話口で泣きながら話す。三、四回はあったろうか。睡眠薬か何かを飲んでいるらしく、いつもろれつが回っていない。精神的におかしくなりかけていたのである。

「先生、彼に薬をやめさせないと、このままでは廃人になってしまいますよ」

彼の代理人になっていた弁護士を検察庁に呼んで、忠告した。しかし、弁護士はなぜ彼がそれほど悩んでいるのか、理解していない。

「田中検事、彼に何があったんでしょうか。あそこまで参ってしまっている原因がよくわからないんです」

弁護士に打ち明けるべきか。もし、事実を言って、それを公判で逆手にとられては、杜撰な捜査として、彼が無罪になりかねないし、私自身の責任問題にも発展する。さすがに迷った。しかし、だからといって、このまま放っておくわけにもいかない。思い切って、弁護士に話した。

「実は先生、彼には人と異なる性癖がありましてね。ゲイなんです。でも、それが世間にばれると、彼は生きていけない。そこで、調書を書き換えて、起訴したんです」

突然、そんな話を聞かされた弁護士も、さぞかし驚いたことだろう。目を丸くしていた。

「あとの処理は先生の判断にお任せします」

そう最後に言うと、弁護士は静かに言葉を足した。

「そうですか。検事さん、よく話してくれました。感謝します。公判でこれを使うような下衆《げす》なまねはしませんが、とにかく彼を医者に診せようと思います」

まさしく博打だったが、彼には執行猶予をとらせてあげたかった。実刑になり、刑務所暮らしをさせると、本当に精神病になり、死んでしまうのではないか、と思ったからだ。それは決して彼にとってよくない。公判が進むにつれ、私はそんなことを考えるようになっていった。

運もよかったに違いない。事実を打ち明けた弁護士は話のわかる人だった。おまけに、この際、ふたりそろって、裁判官のところに行こう、ということになったのである。公判の合間をぬって、直接、裁判官のところを訪ねた。そこで、調書の件も含め、洗いざらい裁判官へ話したうえで、お願いした。

「これが事実です。もちろんここからは私たちの領域ではありませんが、彼は反省していますので、できましたら情状を汲んでやっていただけないでしょうか」

結果は執行猶予付きの有罪判決。通常なら検事は被疑者に対し、できる限り重い罪を科そうとする。私のやったことは、検事としてまともではなかったのかもしれないし、法律的には間違ってもいただろう。しかし、司法の世界といえども、必ずしも杓子定規の四角四面な人ばかりではない。こんな無茶苦茶なことをしても、弁護士や裁判官は、私の考えに共鳴してくれたのである。

「田中、お前ようやった。大したもんや」

一審の公判が終わり、ねぎらってくれた土肥次席の言葉は、いまも忘れられない。あのときの文部省の職員は、事件後、自動販売機器メーカーに再就職し、現在もそこで働いている。

史上空前のゲーム汚職

「検事さんの顔を見とうなったんや」

一九八二年の夏のことである。産業廃棄物処理関係の仕事をしている中年女性が、ふらりと検察庁に訪ねてきた。一年ほど前、ある刑事事件に絡んだ告発がきっかけで、捜査対象にした女性だ。不思議な女性だった。

取り調べて以来、なぜか彼女は時折大阪地検に遊びに来るようになった。そうして四方山《よもやま》話をして帰っていく。

その日も、そうだった。

「おお、オバチャンか、元気そうやな。ぎょうさん儲けとるか」

「ボチボチやな」

こう笑いながら話をしていると、こんなことを言いだす。

「きょうびのポリ（警察官）はアカンなあ。ミナミ署に知っとるんが何人かおるんやけどな、そのなかに、韓国クラブに入り浸りのポリがおるんや。どこに、そないな銭があるんか知らへんけど、高そうな時計もはめとりまっせ。なんや女もおるみたいやし。警察、ずいぶん儲かるんやな」

むろん安月給の地方公務員に、そんな豪遊ができるはずがない。いかにも怪しい。

「誰や、それは」

そう聞いてみた。

「ミナミを管轄してるゲーム博打の係や……」

捜査のネタは、ひょんなところから転がり込んでくるものである。これが、警察史上、前代未聞の汚職事件といわれた大阪府警のゲーム機汚職事件摘発の端緒になる。

さっそく翌日から検察事務官といっしょに内偵捜査をはじめた。まずは、その警察官の尾行だ。すると、事情通の「オバチャン」の言葉どおり、くだんのミナミ署の警察官は、韓国クラブに入り浸っている。おまけに、ゴルフ三昧の生活をし、彼女もいた。その派手な生活ぶりからすると、どこかに金主がいるのは明らかだった。

そこで、捜査の常道どおり、彼が使っている銀行口座の中身を調べた。用心深く、キャッシュカードは他人の名義になっている。こういう場合、業者が銀行口座を開き、カードを与えているケースが多い。おそらく贈収賄の贈の関係者の名義なのだろう。が、肝心の暗証番号がわからないので困った。いくら検察庁の名刺を持って行っても、銀行はなかなか暗証番号までは教えてくれない。困った。すると、事務官が言う。

「警察の官舎に入っとるから、暗証番号は官舎の部屋番号かもしれませんよ」

「なるほどな。よっしゃあ、それでカマかけてみよ」

銀行にその番号を告げたところ、ピタリだった。それで口座の出入金の状況を聞くと、すらすらと教えてくれる。案の定、支払い先は韓国クラブやバーばかり。ゴルフ場へのカード払いもけっこうあった。こうなると、話は早い。手っ取り早くクラブやバーに当たった。

聞くと、問題の警官とつるんで遊んでいる不良警官が何人かいるという。それらが芋づる式に出てきたのである。それらは、すべてゲーム賭博の関係者からの利益供与だったのだ。

このころ、喫茶店のゲーム賭博は、日本全国で大流行していた。なかでも人気だったのが、機械を相手に博打をするポーカーゲームだ。ゲームでは、勝ったときの手持ちカードによって、掛け金が何倍にもなる。大阪では、二ペアで掛け金の二倍、最高はロイヤル・ストレート・フラッシュの五〇〇倍までである。さらにその賞金が、倍になるダブルチャンスという賭けもできる。それらにずっと勝ちつづけると、一ゲームで数十万から数百万まであっという間に荒稼ぎできるのである。それらの極端な賭博性が受け、一大ブームを呼んだ。

サラリーマンや主婦が、それらの博打代を工面するため、サラ金から借金するケースが激増した。マスコミは「ゲーム賭博でサラ金地獄」と書き立て、ゲーム賭博は、社会問題に発展していた。大阪府内だけで、ゲーム賭博の店は五〇〇〇軒、ゲーム機は合計一万三〇〇〇台にのぼるといわれた。夢中になったのは一般の庶民だけでなく、歌舞伎役者やテレビタレント、国会議員にいたるまで、ゲーム賭博に通いつめていたという情報まで入っていた。

これ以上野放しにはできない。そんな状況で事件が発覚したのである。しかも、本来、それを取り締まらなければならない警察官とゲーム賭博業者との癒着だ。内偵をつづけると、その汚職の構図がはっきり見えてきた。業者の会社に天下りした大阪府警のＯＢが、かつての部下に金品を与えているケース、あるいは業者の女房が経営する高級クラブで接待・饗応を繰り返していた例もあった。それら利益供与の見返りとして、警官が業者へゲーム店への家宅捜索情報を提供する、といった構図だ。立派な汚職事件である。

そうして内偵開始から半年後、大阪地検と府警は、ゲーム賭博の一斉摘発をおこなった。実に三二四店を検挙し、業者と客千余人を逮捕した。ゲーム機一五〇〇台と、その賭け金一億二〇〇〇万円を押収する、という前代未聞の強制捜査である。

私は、その捜査指揮をとった。何軒ものゲーム賭博場に抜き打ちで踏み込んだ。そこでおかしな現場に出くわしたのである。

家宅捜索は、店長一人を残して立ち会わさせ、一店舗あたり一〇人の府警の捜査員が、ゲーム機に残っている現金を次々と回収する。その場で、集計された合計金額の報告を受けるのである。が、それが、決まって予想の押収金額より大幅に少ない。

「こんなもんやないやろが」

その場で店長に聞いても、クビをひねるばかりだ。

「そんなはずはないでっせ」

そうつぶやきながら、金額を確認させる。

「ほんまや、普段よりえろう少ないですがな」

それを聞いて、思い当たった。

「ハハア、こりゃあ、捜査員がネコババしとるな」

実は、警察官が押収品を自分の懐にしたり、横流ししたりするケースが意外に多い。たとえば、愛好家に高値で売買されている無修整のアダルトビデオのなかにも、警察官が横流ししたものが少なくない。本来、押収ビデオは焼却する決まりになっているのだが、焼却前に業者に横流しして小遣い稼ぎをする。捜査現場で、業者からよくそんな話を聞いたものだ。ときおり、覚醒剤や麻薬を横流しする警察官が摘発されるが、それなんかは氷山の一角だともいえる。

そこで、家宅捜索の状況を調べてみることにした。すると、報告があがってきた。

「A店では、捜査員の一人が、賭博機のなかの現金をこっそり何十万も鷲づかみにしてポケットにねじ込んでいた、とのことです」

それも一つのゲーム店に限ったことではなかった。家宅捜索に乗じて横領を働いていた捜査員は数十人、総額にすれば、一〇〇〇万以上の現金が、彼らのポケットに消えていたのである。警官汚職の捜査現場で、しかもそこに踏み込んだ当の捜査員が、博打のアガリをネコババするのだから、どうしようもない。大阪府の水道局の汚職疑惑につづき、目の当たりにした警察官の腐敗。もはや、腐りきっている、というほかなかった。

それでも捜査は、七人の警察官の逮捕にまでこぎつけた。捜査情報の見返りとして、確定した謝礼だけで総額二二三五万円もの賄賂を取っていたのだ。ところが、そこで、大事件が起きる。

警官七人の逮捕から一一日後のことだった。杉原正警察大学校長が、首吊り自殺してしまったのである。事件当時、大阪府警本部長だった杉原校長は、三カ月前にゲーム賭博の一斉摘発を指示した直後、警察大学校長に転じていた。

「私の在任中、部下が不始末を起こしたことの監督責任を痛感しています」

遺書は短くそう書かれていただけだった。本部長時代は、大阪府内の警察署や駐在所をくまなく回って現場の捜査員を激励してきた人情味のあるキャリア警察官として人気があった。警官の奥さんへ、手みやげのまんじゅうを配ったという逸話まで残っている。そんな人の死だっただけに、その影響は大きかった。

この杉原警察大学校長の死を機に、それまで痛烈に警察批判を続けていたマスコミの論調が変わる。警察批判が一気にトーンダウンした。と同時に、検察内部でも、捜査にブレーキがかかる。

「身内をこれ以上追及してどうなるのか」

というムードが高まり、検察上層部も明らかにそれを利用した。結果、前代未聞の警察官汚職事件は尻すぼみになる。

結局、大阪府警の不良警官七人を逮捕しただけで、事件は幕引き。事件で処分されたのは総数一二〇人もいたが、懲戒免職となった現職警官四人を除き、業者との「黒い交際」の行為責任を問われたのは四〇人とされる。

「数だけ空前、軽い処分」

マスコミはこぞってこう書きたて、捜査の幕引きを批判した。

いくら捜査を進めても、逮捕できるのは現場の警察官どまり。警察幹部の名前もあがっていたが、そこまでは手が出せない。府警を「身内」と言う検察上層部が、府警の幹部の逮捕を認めるはずがなかった。しかし、これではマスコミが批判するとおり、何の問題解決にもなっていない。

汚職警察官たちは、みな暴力団の捜査担当者だった。暴力団情報を収集するには、日常的に彼らに接触しなければならない。相手は金も力もあり、人心掌握術にも長けた猛者《もさ》ばかりだ。だから、どうしても取り込まれてしまう者も出てくる。それが人間社会の常でもある。しかし、だからといって、捜査員に暴力団に接触するなとも言えない。接触しなければ暴力団の情報が入らず、事件が起こったときに対応できなくなるからだ。そんな捜査事情もわかっているだけに、複雑な心境にもなる。

一方、捜査を指揮する立場の大阪府警の上層部もまた、腐り切っている。大阪市の水道局と似たり寄ったりだ。

たとえば、本部長や大阪の中心地の警察署長が転勤するときには、当時で二〇〇〇万円から三〇〇〇万円の餞別が地元の有力業者から贈られる。それが慣習になっていた。二〇〇〇万、三〇〇〇万といえば、警察署長の退職金に相当する。餞別といえども、これほど高額になると賄賂と同じである。しかも、その餞別という名の賄賂は、転勤するたびに何度でももらえる。そのため、中心地の警察署長は転勤のたびに家が一軒建つといわれていたほどだ。

この餞別は、小口だと地元の自治会や商店主などから贈られるケースが多いが、大口になればなるほど違法性の高い業者になる。違法とまではいえないが、パチンコ屋がスポンサーになっているケースは珍しくない。また、贈り主が、まさしく摘発されたゲーム賭博の業者や違法カジノ店などのこともあった。ゲーム賭博の業者にとって五〇万、一〇〇万の現金は大した金ではない。一斉摘発したなかには、女店主が一人で営業し、ゲーム賭博機を五、六台置いただけのうらぶれたゲーム喫茶店もあったが、なんとその一年間の儲けが一億円だった。だから、五〇万円や一〇〇万円程度で、警察のお目こぼしが得られるのなら、安いものだ。

「餞別はわしらの保険。一〇〇倍、一〇〇〇倍になって返ってきますわ」

そう嘯《うそぶ》いていたゲーム賭博業者もいた。

事件の摘発当時、府警本部長だった杉原正警察大学校長の自殺にも疑問が残る。かつての部下の不祥事の責任を感じたというだけなら、辞職すれば済む話であり、自ら命を絶つ必要はない。おそらく彼も、本部長を退任して警察大学校長に転任する際、法外な餞別を受け取っていたのではないか。その発覚を怖れたゆえの自殺だったのではないか、とすら疑いたくなる。死者に鞭打つようで心苦しいが、それほど当時の府警本部は乱れていたのである。

むろん、こうした慣例そのものが、本来、捜査対象でもある。ところが、本人たちには、罪の意識が微塵もない。それは検察庁も似たり寄ったりだ。上層部になればなるほど、自分たちだけは別格だという傲慢さがあり、甘い蜜を吸えるという固定観念が通用してきた世界。それが、官僚なのである。長らく官僚の民間企業への天下りが批判され、いつまでたってもモグラ叩きのように問題が噴出する根底には、そうした官僚独特の特異な世界が存在するからにほかならない。

大阪流の捜査

大阪という土地の呼び名は、私にとって特別の響きがある。特捜検事として、社会の耳目を集めるような捜査に取り組み、また弁護士として数多くの体験をしてきたところだ。

できの良くない警官も多いが、ともに捜査現場にいた大阪府警の警察官とは一体感がある。ありていにいえば、好きだった。大阪と東京の特捜に在籍したからわかるが、大阪府警と警視庁の違いも歴然としている。警視庁はスマートでビジネスライクな体質、大阪府警は古風で職人かたぎの警察官が多い。いわば、サラリーマンと職人の違い、とでもいえばいいのか。大阪府警の刑事たちは、職人だけに捜査にも熱心だった。

前にも書いたが、特捜部などを除けば、検事の仕事の大半は、警察から持ち込まれる事件の処理である。被疑者の逮捕後、被疑者は警察から検察庁に預けられる。送検というシステムだが、警視庁の場合、被疑者が犯罪容疑を否認したまま送られてくることが少なくなかった。一方、大阪府警ではそれがほとんどない。府警の刑事たちには、自分が手がけた事件だから、送検する前に、「割らなあかん」という意識が強い。つまり、容疑を自白させてからでないと、みっともなくて検事に預けられないという感覚である。

ただし、これはどちらがいいのか、という単純な問題でもない。府警の刑事は、被疑者を自白に追い込むため、かなり無理をする傾向がある。ことに、暴力団担当の捜査四課はそれが顕著だ。府警庁舎の地下にあった取調室では殴る蹴るが日常的におこなわれ、しばしば暴力団組員のうめき声が聞こえてきたものだった。それは取調室だけに限らない。

「ちょっと運動しようや」

刑事が否認を通そうとする組員を柔道の道場へ連れていく。そこで、柔道着に着替えさせ、乱取りの相手をさせる。なにしろ、四課の刑事は柔道の有段者ぞろいだ。ヤクザがかなうわけがない。思いのまま何度も何度も投げ飛ばし、あげくのはてに絞め技で落とす。思いきり畳にたたきつけられ、気絶するまでじわじわと絞められるのだから、たまったものではない。アバラ骨を折るなんかザラだ。だから、音をあげる。山口組の若いヒットマンたちでも、府警へ面会にやって来る弁護士に泣きつく。

「先生、わしはもう辛抱でけん。このままやと歌うて（自白して）まう。頼むさかい、誰かここへ寄越して、わしを殺してくれ」

そう必死に頼み込んでいるケースまであった。かたや、警視庁は対応が紳士的で、あまり殴ったり蹴ったりはしない。大阪と東京の両方で逮捕された経験のある大阪のヤクザ連中は、一様に言っていた。

「警視庁は天国、大阪府警は地獄」

経済事件を扱う捜査二課の刑事は、四課ほどではないが、それでも東京に比べるとかなり荒っぽい。あるとき、上場企業の役員が、背任容疑で府警から大阪地検に送検されてきた。彼はなぜか髪の毛の束を手に握りしめている。

「なんで、髪の毛なんか持っとるんや。誰の髪や」

そう聞くと、わなわなと震える手で髪の毛を差し出す。

「これ、私の髪の毛です。刑事さんに頭の毛をつかまれ、引きずり回されたときにごっそり抜けたんです」

任意段階での事情聴取の際にも、ベルトをつかまれ、引きずり回されたという。そのためにズボンのベルト止めがいくつも飛び、ベルトそのものまで裂けてしまったらしい。奥さんに電話をして、そのときのベルトと破れたズボンを持ってきてもらった。たしかに、彼の言うとおりだった。いくらなんでも、これはやりすぎだ。こんなことが明るみに出たら、事件どころではない。それどころか、刑事の責任問題に発展しかねない。やむなく、

「これはひどいよ。こんなことやっとったら、事件にするよ」

二課の班長にそう注意し、被疑者を起訴猶予にした覚えがある。


これらは、やはり土地柄によるところが大きいのだと思う。大阪はよく、商人の街と言われるが、社会全体が経済を中心に動く。そこには役所や暴力団などが、複雑に絡んでくる。また人種的な問題もある。同和団体や部落出身者、在日韓国・朝鮮人が多く、その影響力も強い。

それだけに、大阪と東京では、警察だけではなく、地検特捜部の捜査手法にも同じような違いが出てくる。大阪では、特捜部といっても、大物政治家の疑獄事件を扱うことはほとんどない。ふだんの仕事で最も多いのは、むしろ暴力団関係の事件である。

先述したように、大阪府警の捜査員が暴力団組員を取り調べ、その過程でよく暴行騒動が起きるため、ヤクザが府警の刑事を告訴してくることも日常茶飯事だ。そんなときの告訴を不起訴にするのも、大阪地検の仕事のうちだった。

彼らはよく人権問題を持ち出す。刑事や検事は、それを突っぱねる。

「何をねむたいことぬかしとるんじゃ。お前らに人権なんぞあるかい」

といった調子だ。彼らはよく、取り調べで暴行を受けた、と知り合いの医者に頼んで診断書を書かせ、それを持ってくる。それも「暴れたので取り押さえた」とか、「勝手に転んでできた傷だ」と、撥ねつける。そうして向こうが傷害事件で刑事告訴してくれれば、不起訴にする。そういうことがしょっちゅうあった。

特捜部が扱う事件そのものは、経済犯罪がほとんどで、それは東京も大阪も変らない。そこには、たいてい裏社会の人間がなんらかの形で関与しているが、その度合いは、やはり大阪のほうが強い。ヤクザは、その大半が、同和部落出身者かあるいは在日韓国・朝鮮人だといわれる。そういう差別された人たちが数多く住む大阪は、しぜんとヤクザが幅を利かす。彼らは、行政や経済にも深く食い込み、事件の裏で暗躍してきた。

こうした影響が、大阪という地域の一般社会にまで浸透している、と言ったら言い過ぎだろうか。実際、捜査では、東京にない大阪人独特の気質を感じることも多かった。東京地検で参考人を事情聴取に呼び出す際、ほとんどこちらが指定するまま素直に応じるが、関西はそう簡単にはいかない。

「検事さん、なんでワシがわざわざそっちへ行かなあきまへんのや。電車賃は出まんのか。商売を休むんやから、日当ぐらい払うてもらわんと、困りまんな」

てな按配だ。図々しい、というか、とにかく捜査現場でも、大阪人はゼニ金の勘定を優先する。半面、東京に比べ大阪は街の規模が小さい。だから、私のようなたたき上げにとっては、やりやすかった面もある。とくに捜査情報のネットワークづくりという点では、やりやすかった。その気になれば、人脈がどんどん広がる。

東京には、情報がいくらでもある。国会があり、告発も多い。メディアも、大手新聞から各種の雑誌、はてはブラックジャーナリズムにいたるまで、いろんなジャンルがあり、それらをチェックしているだけで、かなりのことがわかる。しかし、大阪にはそれがない。情報ルートを持っていなければ、事件のきっかけをつかむことすらできず、独自の捜査ができない。事件を見つけるためには、情報のネットワークを持っていなければならないのである。

私の場合、まず頼りにしたのが新聞記者たちだった。朝日、毎日、読売の社会部の記者それぞれ一人ずつ、これと思った記者たちと付き合うようにした。彼らはいろんな情報源を持っている。そこからよく、元ヤクザや企業舎弟の連中、右翼や経営コンサルタント、府県の副知事クラスの公務員・政治家などを紹介してもらった。神戸に住むある経営コンサルタントも、大手新聞の記者から紹介してもらったが、彼は三菱銀行の顧問をしていた。この人の企業情報は大したものだった。

また、事件の当事者で逮捕したあとに付き合いはじめた情報源もいる。経済事件では企業の整理屋などが暗躍するケースが多いが、彼らもまた貴重な情報源となる。大阪は小さな街だけに、それら裏社会はなんらかの形でつながり、お互いが顔見知り、というケースも多かった。検事時代には、彼らと積極的に付き合い、いまも個人的に親しくしている人は少なくない。

当時、情報源として付き合ったなかには、元祖整理屋と呼ばれる山富、バブル期に仕手戦で名を売ったコスモポリタングループ代表の池田保次などもいる。

山田富一、通称「山富」は、そこいらの弁護士なんかより法律に詳しく、その法律知識を駆使して倒産整理に辣腕をふるっていた。彼を弁護士法違反で逮捕したことがある。彼は税金をごまかしていたので、大阪国税局に伝え、巨額の納入を課そうとした。すると、こういい逃れる。

「あの田中検事は、足し算と掛け算しか知らん。整理の仕事はヤクザに経費がかかるから、そのあたりは国税さん、引き算、割り算してや」

たしかに、企業の倒産整理などの現場は、屍肉にハイエナが群がるような修羅場でもある。ときには争い合う双方が、暴力団組員を傭兵として使い、取り分の激しい争奪戦になる。組に対する経費もかさむ。そのくらいは理解してはいたが、相手はさすがに元祖整理屋である。国税当局も、暴力団組織の名前を出されると面倒でもある。

結局、彼は追徴課税を大幅にマケさせている。タダでは往生しないタフな怪人物だった。

これ以後、何が気に入られたのかわからないが、山富は毎月、自分が経営している和菓子店のオハギを持って訪ねてくるようになった。

「検事さん、元気にしてまっか」

そう呑気に挨拶しにやって来る。東京の特捜部に転任してからも、毎月、新幹線に乗ってオハギを届けに来た。そうして、裏経済の動きや裏社会の情報をいろいろ教えてもらったものだ。

彼は東京の特捜検事時代に亡くなったが、弁護士になった際には、そのあとを継いだ整理屋が法外な祝儀を持ってお祝いに駆けつけてきてくれた。

「先代がえらいお世話になりました。せめてものお礼です」

と言って祝儀を届けてくれたうえ、顧問先まで紹介してくれる。それも五社。優良企業ばかりだった。

ただし、検事にとってこうしたアングラ社会の情報源を持つことは、プラス面とマイナス面がある。言うまでもなく、プラス面は情報の質と広さである。なにしろ、相手はその世界のトッププロたちだから、こちらが長い月日をかけてしか得られない情報を瞬時に提供してくれる。「――のことはどうなっとるんや」と聞けば、「折り返し電話しますわ」といった調子だ。すぐに正確な情報が返ってくる。もちろん、自分自身に不利なマイナス情報はくれないが、それでも捜査の端緒を匂わすことがよくある。そのあたりを見極めながら情報を整理し、事件の構図を組み立てていくのが、検事の腕の見せどころでもある。

一方、マイナス面もある。情報源にしていたつもりが、逆に取り込まれてしまう怖れがあることだ。なにせ相手は一筋縄ではいかない連中である。コスモポリタンの池田保次の場合は、そういう仕掛けをしてきた。

一九四六年生まれの池田は、山口組系の元組長から仕手筋に転身した変り種である。大阪では、リンカーンを乗りまわす元ヤクザの仕手筋として、その名前が通っていた。バブルの初期に梅田の一等地、曾根崎にあるわずか半坪ほどの土地を一億円で買い取り、話題になったこともある。

この池田と知り合ったそもそものきっかけも、ある事件の捜査だった。たまたま、彼の取り調べを担当したのが、私だったのだが、いまでは記憶にないほどの小さな事件だったと思う。そこで、彼をこの先、情報源として使おうと決めたのである。

「大した容疑やないんで、今回は勘弁してやろか。その代わり、わしの情報源にならんか」

そう引っ張り込んだ。そこまではよかった。が、後に赴任する東京の特捜時代のこと。こんな出来事があった。

突然、東京地検に池田保次から電話があって、会いたいと言う。有楽町駅のそばにある喫茶店で待ち合わせた。

「待たせてしもうて、すんませんな」

やって来た池田は、二〇センチほどの嵩のある風呂敷包みを手に提げている。私の前にドスンと腰かけるやいなや、風呂敷包みをテーブルに載せた。

「何や、これは」

そう尋ねた私にこう言った。

「わしが手掛けとる雅叙園の株ですわ」

風呂敷包みの中身は、雅叙園観光ホテル株の束だったのだ。それを受け取ってくれと言うのである。なにより、池田保次の名前を広く世間に轟かせたのが、目黒にあった東証一部上場の雅叙園観光の株買い占めだった。この買い占めには、のちに許永中や伊藤寿永光も絡み、さらにイトマン事件へと発展していくのだが、その雅叙園観光の株をプレゼントするという。風呂敷包みの嵩から見て、数億円に相当する株券に違いない。

「ただの気持ちですがな」

池田は笑って風呂敷包みを私のほうへ押しやろうとする。

「アホなこと言うな。わしら検事はな、喫茶店で茶飲むときも割り勘にせないかんのやで。お前、わしに検事辞め、言うんか」

元山口組系列の組長という経歴と派手な買い占め劇もあって、本人は東京の特捜に狙われていると思っていたようだ。この雅叙園株は、いざというときのために私を抱き込んでおこうという思惑があってのものだろう。

「そんなものは受け取れん。ただ、割り勘は愛想なしやから、このコーヒー代はあんたからの借りにしとくわ」

と別れた。裏の情報源を持つのは、この種の危うさもある。そのせいか、東京の特捜部では大した情報源を持っている検事はいなかった。マスコミとの接触さえ、厳しく報告させていたくらいだ。外部の情報源そのものをシャットアウトしていたのだろう。

「落とし屋」の本音

基本的に検事の捜査は、送致事件と認知事件の二種に大別される。送致事件とは、警察や国税当局、入管・税関・鉄道などの各機関が捜査をし、その後検察庁に送られてくる事件のことだ。殺人や脱税、不法入国などがそれにあたり、これが検事の仕事の大半を占める。一方、認知事件とは、検事が独自に捜査して掘り起こす事件だ。送致事件のなかに眠っている不正を検事が捜しだす場合、あるいは検事が自分で捜査の端緒をつかみ、刑事事件として立件するケースなどがある。

むろん検事は、認知事件を扱うほうが評価される。原則として、その認知事件を扱うのが特捜部ということになり、実際には汚職・贈収賄事件など、警察がやれない事件が主体になる。

たとえば、警察から送致されてきた単なる詐欺事件のなかには、捜査すれば贈収賄に発展する可能性のあるケースもある。それらを見つけだし、新たに汚職事件として立件する。また、雑誌や新聞の記事から、事件の匂いを嗅ぎつけ、検事が独自に捜査して事件化することもある。私は、雑誌や新聞の記事を読んだり、独自の情報源から情報を得たりし、新たな事件を掘り起こして事件化することに心血を注いだ。それがいちばん評価されるし、やっていて面白かった。なかでも、中央官庁や国会議員の汚職事件摘発は、検事にとって至上の喜びである。

とはいえ、日本の役所は複雑に利害が絡み合っているため、それが捜査の弊害になっていることも少なくない。象徴的なのが予算問題だ。日本の省庁は予算を握っている役所が、圧倒的な権勢をふるう。旧大蔵省や財務省が中央官庁の最高位に位置づけられ、旧大蔵官僚が大きな顔をしているのもそのせいだ。検察庁も大蔵官僚には弱く、なかなか捜査に踏み切れない。それと同様、大阪府警は予算を握られている大阪府庁を摘発できない。そこで、大阪地検がその任を担う。地方の検察庁も似たような構図で、捜査体制が成り立っている。

大事件を手がける意味からすると、東京地検にいたほうが圧倒的にチャンスが多い。大阪には、中央官庁も国会もない。いきおい、事件が小ぶりになりがちなのは否めない。

そのため大阪の特捜部時代には、まず中央官庁の出先機関の汚職をつかもうとしていた。そこから、東京にある本省絡みの事件に捜査の手を伸ばすことができる。財務省なら関西財務局、関西税務局など。国土交通省なら一級河川の管理事務所などがあり、それらの汚職を摘発し、本省の贈収賄事件にまで捜査を伸ばすことができれば、御の字である。

そうして事件化したのが、文部省のワープロ汚職事件だった。大阪市の水道局職員の夜遊びから端緒をつかみ、大阪大学の職員、さらに東京の文部省まで捜査したことは、先に書いたとおりだ。これは東京の特捜部からも一定の評価をされた。とるに足らない自己顕示欲といえなくもないが、これが捜査検事の無上の喜びなのである。

検察庁は、警察のように大勢の兵隊がいるわけではない。基本的には自分で事件を拾ってこなければならない。だから、少しでも暇な時間ができたときは、よく国の出先機関の玄関近くにたむろして、業者が出入りしているかいないか、どんな人間が出入りしているのかを調べていた。ちょっとでも汚職めいた噂を聞けば、そこに張り付く。検察事務官と手分けし、職員や幹部の昼食から夜の飲み会や帰宅ルートにいたるまでを尾行し、おかしな人間と接触していないかどうかを調べていた。また、中央官庁の出先機関の職員が常連客になっている飲み屋そのものに出入りし、連中の話をこっそり盗み聞きしていた。うまくいった記憶はあまりないが、大きな事件を手がけるにはそんなことまでしなければならない。

そうして大阪地検特捜部に入り、二、三年も経つと、それなりの捜査手法が身についていったように思う。いつしか、大阪地検内で「割り屋」と呼ばれるようになっていた。割り屋とは、警察官や検事のあいだで使われる隠語で、被疑者を自白に追い込むプロという意味だ。

自分で書くのも気が引けるが、特捜検事時代の被疑者の取り調べでは、人後に落ちない自信があった。過去、自白に追い込めなかった記憶はない。それだけ、被疑者には厳しく接してきた。

その理由はふたつある。むろん、ひとつは自供を引き出すためだが、もうひとつは自分自身の弱さを自覚していたからでもある。

犯罪者は、惨めな環境で育ってきたケースが多い。少年時代の貧乏暮らしはもちろん、両親の顔を知らない者も珍しくない。取り調べのなかで、ついそんな被疑者に共感してしまう自分がいる。事情聴取では、被疑者の生い立ちや現在の生活環境を聞くことを身上聴取というが、本当に悲惨なケースもある。そこは犯罪とは関係なく、本人には何の責任もない。そんな生い立ちを聞かされ、つい涙が出そうになることもあった。検事をはじめて間もなく、そんな自分自身の弱さに気づいた。

とりわけ、被疑者の身内の事情聴取はつらい。夫人や子供からも話を聞かなければならないが、そのときには、「子供が学校でいじめられるのではないか」とつい考えてしまう。夫人が町内から村八分にされている、という話を聞いたりすると、涙がとまらない。

「つらいだろうけど、頑張らなあかん。人間、頑張ったら、どうとでもなると思うぞ。もし、お父さんのことで無体なことをされたら、わしに言うて来い」

つい、そう口走ってしまう。検事としては恥ずかしいかぎりである。

これでは自白なんか引き出せない。そのため、被疑者本人に対しては、わざと冷たくあしらうように心がけてきた。とくに逮捕後、最初の一〇日間の勾留までは、ほとんど相手の言い分や情状を訴える言葉を聞かない。「貴様」「オドレ」「お前」と常に呼び捨てにし、一方的に怒鳴りつけた。机を激しく叩きながら、ときにフロア中に響きわたるほどの大声を発して責め立てる。被疑者を立たせたまま尋問することもしばしばだった。

最初の勾留期間となる一〇日間は、弁護士が被疑者との接見を求めてきても、体よく断った。

「大事な調べだから、今日は勘弁してください」「今日は現場検証に連れて行くから」

そう口実をつくっては、接見させない。そうして被疑者を孤独にさせ、こちらのペースにはめ込む。容疑をかけている相手は、たいてい海千山千の連中ばかりだ。私は自分自身の弱さが分かっているので、下手をすれば向こうのペースに引きずり込まれる危険性もある。だから、敢えてガンガン取り調べをし、自白に追い込んだ。

被疑者を起訴するまでの取り調べ期間は、最大二〇日の勾留期間内と定められている。警察で逮捕した場合は、検察庁への身柄送致まで四八時間の取り調べ期間が与えられるため、これに二日間加わり、二二日間となるが、このうち、最初の一〇日間の取り調べで、だいたい勝負が決まる。そこで、いったん被疑者が落ちれば、あとは取り調べを緩めてもいい、というのが私の考えだ。罪を自供し反省すれば、それでいいのではないか。そう思っていた。

被疑者にとって、自白は究極の決断といえる。その様は人によってそれぞれ異なる。検事はそのタイミングを逃してはならない。

脂汗を流しはじめる者、突然泣き崩れそうになる者、顔面が蒼白になっていく者、そわそわ落ち着きがなくなり、椅子からずり落ちるケースなど、さまざまだ。一〇人中八、九人は顔からさっと血の気が引く。そのときは「これで落とした」と察知し、たたみかける。

と同時に、複雑な思いが交錯するのが常だった。それまではこちらも必死だからそんな余裕はないが、自白されると相手に対する同情心が湧き起こってくるのがわかる。「これまで辛かったやろうな」という思いになる。だから決まって自供後はこう言っていた。

「よう喋ってくれた。あとのことはわしにまかしてくれ。悪いようにはせん」

検事は、起訴する段階で罪に応じて起訴求刑という手続きをする。それに基づいて公判で論告求刑となり、判決が下される。起訴求刑の段階で刑を軽くすれば、判決でそれ以上になることはまずない。だから、自白した被疑者には、起訴求刑をできる限り軽くするようにした。

他の検事なら七年求刑するところを四年以下にした。検事は扱った被疑者の刑が重いほど評価され、それが上司の評価にもつながる。だから、上司からは「えらい求刑が安すぎるやないか」とこぼされる。だが、どうしても軽めにしてしまう。

「いや、本人が心から反省しとるんで、これでええでしょう」

と押し通した。ことに特捜部に入ってからは、極力、起訴求刑を軽くした。事実を掘り起こし、本人の反省を引き出すまでは鬼検事、事実がはっきりしたら仏になろう。それでいい、と思ってきた。

実際、そのほうが結果的に当人のためになる。

「事情があったんです」

自白したあと、被疑者は口をそろえて言う。どんな悪人でも、自分自身を正当化したいものだ。だから自己正当化する言葉を必死で訴えてくる。そんな自己正当化は、法的には許されるものではないし、世間では通用しない。だが、本人にとっては、それが心の救いになっている。どんな人間にもプライドがある。たとえ極悪人でも、最後に残ったプライドを無下に否定していいものではないのではないか。そう思ってきた。だから、無茶な自己正当化だとわかってはいても、その言葉を聞いてやった。逃げ道を求める相手の道までふさぐことはできなかった。

大岡裁きのように清濁あわせ呑み、被疑者にとって最良の方法をとるために法律を使えばいい、と思ってきた。そんな思いが少しは伝わっていたのか、過去の捜査対象者のなかに、喧嘩別れした被疑者は一人もいない。もっとも、それがよかったのか、悪かったのか、いまだ答えが出ていない。


そんな特捜検事として捜査をするうえで、大阪ならではの難しさもあった。同和問題である。

とりわけ難しかったのが脱税捜査だ。脱税事件における捜査では、国税当局の協力が不可欠なのは言うまでもない。だが、その国税本局や所轄の税務署の協力が得られず、捜査が頓挫してしまうこともよくあった。そこに同和問題が絡んでいるというケースも多い。

特捜部では、狙いを定めた人物や会社について、国税局や税務署を使って調べさせることが多い。いわば連携プレーであり、典型的なのが金丸信の脱税事件だ。そうした内偵段階で取り寄せた会社の決算書を見ると、明らかに脱税している。法外な経営コンサルタント料が支払われ、それが経費として、決算処理されて税金を免れているケースがよくあった。ところが、ここに被差別部落の同和関係者が絡んでくると、ことがややこしくなる。

「こんなアホなコンサルタント料があるかい」

税務署の担当幹部に話しても、どうも乗り気ではない。

「反面調査して、コンサルタント料が本当に支払われているかどうか、裏付けをとってくれるか」

そう頼んでも、幹部は困り果てた顔をしている。税務署の反面調査とは、取引が本当にあるかどうか、その金額が正しいか、などを支払い先に確かめることである。幹部が言葉を絞り出すように言った。

「検事、それはできんのです。反面調査をやると、こちらの担当者が個人攻撃されるんです。同和差別やて。当該の会社も、経営コンサルタントも同和地区にあるんやから、どないもなりませんねん」

実際、同和団体の若者が、「糾弾」と称して税務署に大勢で押しかけ、机を引っ繰り返したり、担当の税務署員の胸ぐらをつかんだりして乱暴することも少なくなかった。そういう糾弾もあってか、大阪府警の幹部たちは、よくこぼしていた。

「ヤクザや在日の連中は、まだ片言でも日本語が喋れるだけましや。同和の連中は日本語が通用せえへんのやから。ただ暴れるだけや」

いかにも大阪府警らしい身も蓋もない言い方ではあるが、そこには捜査当局としてのもどかしさが色濃くにじみ出ている。同和団体による糾弾は、被差別という人権問題を錦の御旗にしているだけに、苦労が絶えなかったのも事実である。

「うちと同和団体とのあいだに取り決めがあって、動こうにも動けへんのです」

税務署の幹部はこうも言う。後述するが、大阪国税局長と部落解放同盟近畿ブロックとのあいだで、関連企業や関係者の税務処理に関する取り決めができていた。それがあるから、税務署は動けないというのだ。

もちろん、その取り決めのことは知っていた。取り決めの本旨は、同和団体との団体交渉権を認めたものに過ぎない。必ずしも課税面で同和関係者を優遇するというものではないのだが、実際にはそう受け止められる行動をとっている。ふだんの杓子定規な税務署の対応とは打って変わり、ずいぶん柔軟な姿勢を示してきた。一方の同和団体は、この柔軟姿勢を逆手にとって、税制面での優遇措置を当然の権利だと主張してきた。結果、本来あるべき税務調査すら拒否するようになっていったのである。

そして、いつしか税務調査の拒否そのものが、部落解放運動の一環になっていった。そんな気がしてならない。

この当時、税務署の職員は、事実上同和関係の各所へ立ち入ることすらできなくなっていた。同和地区の住居の軒先には、牛の獣革を吊り下げている家がある。これが部落解放運動の活動家やその賛同者であることを示す符丁なのだという。税務署の担当の幹部が話していた。

「税務職員は、家の玄関先にこれがあれば、立ち寄ることもできない。素通りすることが半ば決まりになってるんです」

脱税容疑で追い込もうとしても、国税当局のバックアップ体制がなければしょせん捜査はおぼつかない。こうした国税当局の弱腰の姿勢もあり、われわれが同和関係者の絡む脱税事件を扱うことは滅多になかった。捜査のターゲットを目の前にし、歯ぎしりして悔しがったことも一度や二度ではない。

しかし、さすがに状況は変化してきた。一九九〇年、大阪地検特捜部の後輩である中尾巧検事が、業を煮やし、ある同和団体の幹部を脱税で逮捕する。その有罪判決を機に、同和団体も国税当局に協力する姿勢を見せ始めている。

私が担当した事件の被疑者には、同和部落の出身者が少なからずいた。その生い立ちを聞くと、悲惨な話ばかりである。私もかなり貧乏な家で育ったが、同和部落出身者の貧しさは、想像を絶する。家には飯を炊く釜もなく、鍋や釜代わりに使っていたのはひしゃげたアルミの洗面器。母親はそれで飯を炊き、子供のオムツを洗う。便所もない。ろくな衣服もないし、金がないから学用品が買えず、小学校にも行ってないというケースがザラだった。

そのうえ、結婚、就職をめぐるさまざまな差別がある。そんな狭く小さな世界で、ヤクザは部落のヒーローだったという。そのヒーローを頼って、同じ部落出身の若者が組織に入り、命を懸ける。そして、若者は新たなヒーローになり、それに憧れる若者が出てくる。

「わしらみたいなもんは、命をカタにして生きるしかないんですわ」

取調室のスティール机を挟み、そう涙する同和部落出身の被疑者たちを前にすると、もらい泣きしそうになる。懸命に涙をこらえたことが何度もあった。

しかし、検事である以上、同和運動を脱税の抜け穴として利用する行為を見過ごすわけにはいかない。だから、大阪国税局の幹部にはさんざんはっぱをかけたつもりだったが、彼らはどうしようもないほど弱腰になっていた。

こんな事件もあった。大阪のある弁護士が、同和団体の幹部を刑事告訴したことがある。事件を担当することになり、今度こそ、と意気込んでいた矢先だった。

ところが、告訴したばかりだというのに、弁護士は告訴を取りさげるという。突然、検察庁へやって来て、そう言うのである。

「どういうことですか」

何が何だかわからず、尋ねた。すると、震えながら言う。

「告訴した直後から、嫌がらせがひどいんです。朝、起きてみると、家の庭に豚や牛の生首が放り込まれている。それも切ったばかりで、血だらけなんです。これが毎日のように繰り返されています。もう家内や子供がパニックに陥ってしまって……」

この手の話はよく耳にしたが、まさか弁護士にまでこんな嫌がらせをするとは、驚いた。

「嫌がらせは、今回の告訴のせいとしか思えません。だから申し訳ないけど、取りさげさせていただきたい」

そんなことをやられれば、家人が大騒ぎするのはもっともである。だが、正直に言えばがっかりもした。弁護士がその気なら、これまでタブー視されていた同和事件に切り込める。そう思っていた。

「気の毒だとは思いますが、そんな弱腰でどうするんですか。先生がやるというのなら、私はトコトンやりますよ」

こう励ましてみたが、弁護士の意志はかたく、頑として説得に応じない。

「取りさげさせてください。いや、取りさげます」

それでも、こんなことであきらめるわけにはいかない。そこで、賭けに出た。一か八か、強引に相手の身柄を引っ張り、取り調べに踏み切った。

相手は、先祖代々牛や豚の屠殺を生業としていた。以前は四畳半くらいの広さの掘っ立て小屋に豚を二〇頭ほど押し込め、ふんどし一つになって豚を処理してきたという猛者である。

豚の眉間に棍棒をぶち込み、撲殺するという。原始的なやり方だが、彼はそれをずっと続けてきた。豚や牛の眉間から飛び散った血で、身体中血だらけになるらしい。最近では、牛も豚も電気ショックで屠殺するのが一般的だが、それでは牛や豚の体内で血液の流れが瞬間的に止まり、おいしい肉にならない。だから、いまでも棍棒で撲殺しているとのことだった。

「豚はまだいいけど、牛を殴り殺すときは、たまりまへん。棍棒を持ってやつらに近づくと、殺されることを察知するんですわ。すると、なんともいえへん哀しそうな眼で、じっとこっちを睨むんです」

彼の言葉はいまでも思い出す。

「検事さん、こんなことしとったら、わしらの子孫に間違いなく祟りがあるでしょう。殺すときの牛の眼を見たら、なんでこんな仕事をせないかんのか、はよやめたい思うけど、他に仕事がないさかい、仕方ありませんねや」

涙を流しながら語ったその話を聞いて、つい追及する気が失せてしまった。弁護士の庭に牛や豚の生首を投げ込んでいたのは間違いあるまい。暴力的で汚いやり口なのはたしかだ。しかし、そういう仕事をし、こんな生き方しかできないのである。なお、生首の投げ込みは、この事情聴取を境にしてピタリとやんだ。

供述調書作りのテクニック

もっぱら特捜部が扱う経済犯罪において、その最大の証拠となるのが、犯人や関係者の調書である。が、そこには関係者の主観という要素が欠かせない。賄賂ひとつとっても、請託を頼んだ見返りの金という意識がなければ、犯罪は成立しない。いわば心の問題であり、検事はそれを上手に引き出して調書をとらなければならないのである。その調書にサインをさせるのが、また骨であり、逆にそれさえできれば、事件はほぼできあがる。

物証の少ない経済犯罪で、金にどう色をつけるか。それが調書づくりであり、特捜部の捜査テクニックといえる。被疑者にとっては、供述調書をとられたらアウトだと考えたらいい。調書が命取りになる。捜査において、調書はそれだけ大事なものである。

この供述調書を、どれだけ信憑性をともなうものにできるか、それが検事の腕だ。逮捕・起訴したはいいが、公判で調書の信用性が問われたら、検事は目も当てられない。だから、調書づくりは慎重のうえにも慎重を期す。もっとも、そこにはある一定のテクニックがある。

たとえば、企業の背任事件を追及しているとしよう。そこで問題になるのが、会社のためにやったか、個人の利益目的だったか、という点だ。仮に銀行の頭取が取引先に融資する場合、そこを立ち直らせることが銀行にとっての利益につながる、となれば背任罪には問われない。たとえ融資が結果的に焦げ付いても、会社に損害を与える意思を持っていなかったことになるからだ。

だが、その逆だと罪に問われる。融資をする見返りにキックバックを受けていたり、あるいは銀行が損をすることを知りながら融資先に利益を与えたりすると、背任になる。ここが非常に微妙なところなのである。

極論すれば、犯意なんてどっちにもとれる。ある人間が屋根の上から瓦を落としたとする。通行人に当てる、という確かな意識があるか、もしかしたら当たるかもしれない、という程度の認識か。それは本人しかわからない。また、激情殺意という言葉があり、これはカーッとなって相手を刺殺するケースなどだ。しかし、厳密に殺害現場の心理分析はなかなかできない。仮に、本当ならAを殺すつもりだったのに、間違ってBを殺してしまった、と犯人が主張しているとする。この場合、Bを殺すつもりだったとなれば、殺人。間違ったということが立証されれば、過失致死になるという学説もある。

殺人事件などの際、未必の故意という言葉をよく聞かれると思う。これは、たとえば必ずしも相手が死ぬと予想できなくても、殺す意思があったと認定される場合、殺人罪に問われる、という法律用語だ。こうした人間の心理をどう判断するか、というのが裁判なのである。

換言すれば、日本の裁判制度では、犯行時の心理状態がどうなっていたか、それを厳密に証明しなければならない。しかし、これは被疑者でもわからない場合が珍しくないのだ。だから、ときに無理な捜査になる。とりわけ、経済事件を扱うことが多い特捜部では、その傾向が顕著に見られる。

公判では、被告人が犯行の意図なんてなかった、と取り調べ段階での自白をひっくり返すことも日常茶飯事である。だから、あらかじめそれを想定し、調書には、具体的で細かい供述証言が欠かせない。それが調書作りのテクニックである。

たとえば、調書のなかにいくつか訂正したあとを意図的につくっておく。できれば、訂正箇所は、とるに足らない事柄だと余計に都合がいい。たとえば前日の調書では、

「朝、田中森一から挨拶されました」

と書かれた調書を、翌日、

「いや、あれは佐藤の間違いでした」

と訂正する。調書は被疑者に署名させる前に検事が読んで聞かせ、供述内容に間違いがないかどうか、を確認することになっている。裁判官がこれを読んだとき、どうなるか。

「朝の挨拶なんてどうでもいいのだが、そこまでチェックさせたのか」

それで、取り調べの信用性がぐんと増す。検事の言っていることは正しい、調書は正確にとられている、となるのだ。

また、調書のなかでは、図面もよく使う。被疑者本人に犯行現場の様子を書かせるわけだ。たいてい、実況見分が終わった段階でこれをやらせる。すでに見分済みだから、検事は現場の細かい状況をつかんでいる。机やイス、花瓶や絵の配置など、あらかじめこちらで調べ、それを伝えながら図面を書かせるのである。

すると、当然、正確な図ができあがる。が、あまりにも正確すぎるとおかしいので、ここでも少しだけ間違わせる。たとえば花瓶の位置とか、花の種類とか。そんなものは間違っていて当たり前だし、そのほうがより信憑性があるからだ。

さらに、贈収賄事件の密談現場などを調書で再現する際の工夫もある。

「衆院議員の〇×先生に対し、料亭で一〇〇〇万円を渡しました」

というだけでは信憑性がない。だから、その場の会話をさりげなく入れる。たとえば、

「〇×先生、以前からお気に入りだったあの彼女とはどうなっていますか」

「いや、あの娘には振られてしまったよ」

なんていう失敗談が入っていれば、より臨場感が増す。そうやって、調書の信用性を高め、そのうえで犯意を書き留めるのである。

人間の記憶は曖昧なものである。だから、取り調べを受けているうち、本当に自分がそう考えていたように思い込むケースも少なくない。それを利用することも多い。

最初のうちは、

「殺すつもりはありませんでした」

と犯意を否定している。実際そう思っていても、それが取り調べを進めるうち、だんだん変わってくる。

「憎かったのではないか。あれほどのことをされたら誰だって殺したくなる」

毎日、毎日、繰り返しそう検事から頭のなかに刷り込まれる。すると、本当に自分自身に犯意があったかのように錯覚する。実際、多くの被疑者には、犯行の意図まではなくとも、心の奥底では往々にして相手を憎らしいという思いが潜んでいる。それが調書のなかで全面的に引き出される。すると、「殺すつもりだった」となるのである。

他の事件でも手法は同じ。狭い拘置所の取調室で、被疑者に同じことを毎日教え込むと、相手は教え込まれた事柄と自分自身の本来の記憶が錯綜しはじめる。最後には、こちらが教えてやったことを、さも自分自身の体験や知識のように自慢げに話し出すのである。そういう被疑者を何人も見てきた。

なかには、教え込んでいる最中、みずから頭を叩き始めた銀行幹部もいた。

「僕はなぜこんなに頭が悪いんだろう。やっぱり覚えていないんです」

そう言っては拳骨でこめかみの上あたりを、ゴツンゴツンやるのである。かなりの年配だったが、まるで子供みたいに見えた。なぜ、自分の親父みたいな年齢の人にここまでしなければならないんだろう、あのときは正直そう思ったりもした。

そして、多くの被疑者はいざ裁判になって、記憶を取り戻して言う。

「それは検事さんに教えてもらったのです」

だが、それではあとの祭りである。調書は完璧に作成されているので、裁判官は検事の言い分を信用し、いくら被疑者が本心を訴えても通用しない。

捜査日誌を使い分けていた有名な検事もいた。ひとつは調書にあわせ、創作した捜査日誌で、もうひとつは事実をありのままに書いたもの。これは検事自身が混乱しないよう、整理をつけておく工夫のひとつだ。それを見せてもらったこともある。

「五時間も正座させられ、ついしゃべってしまいました」

政界を揺るがせたある贈収賄事件の主犯に対する取り調べ経緯を正確に記した日誌には、そう書かれていた。だが、もうひとつのほうには、もちろん「正座させられた」とか「ついうっかり」などという言葉はない。それを調書にとるのだが、ここで犯行時の図面を被疑者に書かせる。それは紛れもなく被疑者本人が書いたものだ。そこまで自白している人間が、検事に強要されて自白してしまった、とは判断されない。そんなものだ。

私自身、大阪地検時代に手がけた福島医大の贈収賄事件では、何をやっても教授が調書に署名しなかった。出入り業者から賄賂を受け取ったわけではなく、もらった金の意味合いが違うという。業者にしても、賄賂を渡したという意識はなかった。つまり、双方があまりにナアナアになりすぎていて、個人的な友人として金を渡したに過ぎない。何を頼んだり頼まれたりしたわけではないというのだ。

検事にとって、こうしたケースが厄介なのである。言うまでもなく、贈収賄事件は、公務員に対し請託、つまり頼みごとをし、その代価として賄賂を渡したり受けとったりする罪だ。捜査する側は、頼まれた公務員が、いつどこで何を頼まれ、その見返りとしていくらもらったか、という具体的な行動を特定しなければならない。それも、収賄事件の公訴時効である過去五年のあいだの出来事でないと意味がない。

ところが、贈賄側と収賄側であまりに馴れ合いが過ぎると、頼みごとがなくても金を渡すケースがある。それでも、事件として立件しようとすれば、請託と賄賂を結びつけなければならないのである。福島医大の事件がまさにそうだった。そのため、無理やりストーリーをつくり、それを調書にした。調書は、早くて一時間に六、七枚、ふつう四、五枚のペースで事務官が書く。だから、一回の事情聴取で最低でも二時間はかかる。そうやって苦労してストーリーを組み立て、それを教授に読んで聞かせても署名できないという。

「わかった。それならやり直そう」

そう言って本人の目の前でわざと派手に調書を破り、書き直して持ってくる。それを一〇回くらい繰り返した。すると、教授の態度が少しずつ、変化してきた。

「私が了解しないばっかりにここまで手間をかけて、事務官に申し訳ありません」

こう言い出した。その隙をつく。

「そう思うやろ。書き直しても大して変わらんのやから、もうこのへんでええんと違うか」

結果、落ちた。

「わかりました。本意ではありませんが、あまりにも気の毒ですから」

人のいい被疑者は往々にしてこうなりがちだ。取り調べは、検事と被疑者、事務官だけの空間である。すると、犯人も検事が味方のように思えてくるらしい。それで、つい調書にサインしてしまうのである。

そうやって、被疑者を追い込みながら、調書を取る。そのテクニックに最も優れているのが、東京地検や大阪地検の特捜検事である。換言すれば、ここまでできなければ特捜部には入れない。犯人が否認したままだったら、能なしの烙印を押される。良心が痛むときもあるが、それはほんの一瞬だけだ。

現役のときはそんな矛盾はほとんど感じなかった。実際、政治家や財界人の人間模様をはじめ、そこに裏社会の思惑までが複雑に絡んだ事件は少なくない。そんな事件を解明するためには、この手の捜査は仕方ない部分もある。海千山千の犯人の上をいかなければならないのだから、これも仕方がない。それが正義、そう考えていた。

自白に追い込むうえで、意外な効果を発揮したものもある。子供のころに習ったそろばんだ。脱税容疑の被疑者を前にし、帳簿などの押収資料を睨みながらそろばんをはじく。それもことさらに素早くはじいてみせるのである。そのうえで、

「ほれ、見てみい。これだけの金を抜いとるやないか」

と、そろばんを突き付ける。すると、相手はこちらを経理のプロのように勝手に思い込んだ。言い抜けできないと観念する。これで、たいがい自白した。こういうペテンのようなこともいろいろやったものだ。

こうした特捜部の経済事件捜査を何年か続けているうちに、検事の仕事に対する考えが変わってきた。若いころにそれまで扱ってきた事件とはかなり違う。切った張ったや衝動殺人のような激情事犯は、動機や心情が単純で、どこか人間臭く、純粋な部分を感じることさえあった。が、経済事件は違う。被疑者はすべて計画的。いかに相手を騙すか、いかに自分だけが得をするか、そのためにいかに相手を裏切るか、というのがパターンだ。人間のズルさが全面的に発露された犯罪だともいえる。金が絡んだときの人間の汚い部分である。最も人間を狂わせるのは金、そういうことなのだろう。

人間社会には、汚い世界がある。必然的にドブを生む。犯罪者は、そうしたドブのエキスを吸いながら、罪を犯すのである。検事を含め法曹界におけるわれわれの仕事は、しょせんその「ドブ掃除」

にすぎない。正義を振り立て、人をリードする職業などではない。人間のやったことの後始末をするだけだ。それも人間のいちばん汚い部分の後始末である。

犯罪者にペナルティを科し、ドブを多少なりとも掃除するのが検事の仕事。検事や弁護士のバッジを光らせて傲慢な顔で闊歩するほどの仕事ではない。いつしか、そう思うようになっていった。

プールのきれいな水でしか泳げないエリートには、ドブの世界がどんなものかわからない。しかし、俺は生まれてこのかた、ドブばかりを泳いできた。だから、犯罪とはどんなものか、その本質がわかる、という勝手な自負もあった。

不発に終わった知事の汚職

一九八五年六月、私は大阪地検で最後の仕事に取りかかっていた。ときの大阪府知事、岸昌の黒い噂。それを解明しようとしていた。

岸は、共産党の黒田了一を破って当選した。一九七一年以後、八年続いた共産党府政から、自民党が奪還した知事のイスだ。久方ぶりの保守系知事として、脚光を浴びた。九一年まで、実に三期一二年も府政のトップに君臨した大物知事である。

疑惑が浮上したのは、八五年秋のことだった。ちょうど岸府政二期目の真ん中あたりで、絶頂期にあたる。こちらも、特捜検事として五年の経験を積みあげ、それなりに捜査における自信もあった。

検察庁で、東京と大阪の人事交流が始まって間もないころ。すでに先輩の牛尾道治検事が、神戸地検刑事部から東京へ異動し、翌年には私が向こうに行くことになっていた。その前につかんだ大きな疑惑だ。なにしろ知事をターゲットにしていたのだから、こっちも気合が入る。大阪の最後にこれを仕上げ、東京へ乗り込むつもりだった。

「府庁の職員がミナミでえらい派手に賭けマージャンやっとるらしいでっせ。ちっちゃな料理屋なんですけど、そこは土建屋の連中の溜まり場いうことのようです。どうも、そこで談合の打ち合わせをしとるみたいでっせ」

知り合いの新聞記者がもたらしてくれた情報が、捜査のきっかけになった。さっそく、その小料理屋を調べてみようと訪ねてみた。もちろん捜査令状なんかない。例によってなかば女将を脅しながら、帳簿を出させた。

帳簿は渋々出した。だが、女将はこちらの質問に答えようとしない。そこで、女将を検察庁に引っ張ってきて、夜中まで絞りあげた。それでも頑として口を割らない。事務官に命じて、両手両足に手錠をはめるぞと脅して取調室に一人で数時間ほったらかしておいたが、それでも口を割らなかった。これには感心したが、後日、このことは週刊誌に書かれた。

もっとも、狙いはあたった。案の定、帳簿には府庁の役人や建設業者の名前が、ずらずら出てくる。なかでも、目を引いたのが、知事の懐刀といわれる出納長の名前だった。

そこで、まず彼の銀行の個人口座を調べてみることにした。府の職員は、大阪府の指定金融機関である大和銀行の口座に給与振込みがなされる。ほとんどの職員の預金口座があるはずなので、大和銀行に口座を照会した。

だが、そこには出納長の個人口座がない。それ自体がおかしいが、他の金融機関も同様だった。そこで、大和銀行の役員を呼び出し、事情を聞くことにした。

「銀行の勉強をしたいので、ご教示いただきたい、とでも言うて、誰でもいいから役員をひとり連れて来い」

そう事務官に指示した。一発かましてやろうと意気込んで、取り調べに入った。

「あんたとこの銀行は、府の指定金融機関やろ。なのに、出納長の口座がないいうんや。どう考えてもおかしいいんちゃうか」

取調室のドアを閉めるなり、そう大声をあげた。役員が切り返してくる。

「そう言われましても、ご照会されて、なければないと言うほかありません」

そうなると、とことんやるしかない。

「そんなアホないい訳が通用する思うんかい。まさかこのまま帰れる、思うとるんやないやろな」

「そんなことを言われましても――」

そんな問答が、延々七時間ぐらい続いただろうか。なかなかしぶとかった。すでに夜の一一時を回っている。そこで、言った。

「ほうか、なるほどようわかった。出納長と結託しとる大和の役員いうんは、お前のことやな。ガサ（家宅捜索）かまして、口座が出てきたら、真っ先にパクるから覚悟しとけ」

さすがに、動揺する。ついこう漏らした。

「いや、担当は私じゃなく……」

これで決まりだった。つまり担当者が別にいて口座もあるということだ。やはり、大和銀行には出納長の口座があった。それもふたつ、裏口座である。その口座の資金の流れを追った。すると、大阪府会議員との金銭のやりとりまで判明したのである。

おまけに出納長は、二人の府会議員と組んで、財テクまでしていた。府会議員が出納長に運用金を振り込み、それを元金にして株で運用する。そういうやり方だった。買った株があっという間に値上がりし、ときには一週間で一億数千万のぼろ儲けを出している。莫大な利益をあげていた。

この出納長は議員より性質《たち》が悪い。それらの儲けを府会議員に報告せず、ひとり占めにしている部分も少なくなかった。これでは詐欺あるいは横領にもあたる。そこで、考えた。

本来、収賄の罪を犯している議員たちにとっては、出納長の詐欺・横領で済めば、そのほうがありがたいはずだ。だから、まずは彼らを被害者にし、横領事件として事件の突破口にしようと考えたのである。そのほうが捜査協力を得られるし、やりやすい。

「先生、出納長が株で儲けた分をひとり占めしとるのを知ってまっか」

議員のひとりを呼び、取調室でそう切り出した。

「何のことですかな」

いつものように最初はとぼけてみせる。が、証拠はつかんでいる。

「わかっとらんみたいやな。なんなら、あんたのほうをやってもいいんやで。業者から賄賂をもろうとるんはわかっとるんやから」

結果、被害者として調書を取り、いよいよ出納長を逮捕しようとした。

出納長のところへ入金されていた裏金は、五億円もある。それが、すでに捜査で判明していた。そのなかには、府立高校の用地取得をめぐる五〇〇〇万円の裏金もある。不動産業者が、高校用地として高値で大阪府に購入してもらうため、一〇〇〇万円の小切手を五枚渡していたのである。出納長はそれを大和銀行で現金化し、自分の口座に入金していた。

そして、さらに大きなヤマを発見した。この不動産業者から、日本刀と絵画が知事のところへ届けられていたのである。まずは、横領で出納長を逮捕し、そこから知事へ捜査を伸ばせる。それが最終的な狙いになった。

こうして、いよいよ強制捜査に乗り出そうとした。検事正室を訪ね、捜査の了解をとろうとしたときである。

当時の大阪地検検事正は村上流光。海軍兵学校出身の怖い人だった。いつも両切りピースを吸い、その風貌からついたあだ名がライオン丸。緊張しながら、そのライオン丸の目の前に捜査報告書を差し出した。

「これは知事までやれる事件やと思います」

検事正は報告書に目を落とし、無言のままいつものピースを取り出した。タバコの葉を詰めるため、テーブルの上でとんとんと音を鳴らす。それから、おもむろに顔をあげたかと、思うと、いきなり大声をあげた。

「お前は、たかが五〇〇〇万で大阪を共産党の天下に戻すつもりかっ」

眼光するどく睨みつけてきた。海軍あがりだけにさすがに迫力がある。

「いや、共産党がどうこうではなく、事件としてやろうと……」

言葉を返すと、さらに声を張りあげた。

「そんなことは聞いとらん。共産党に戻すかどうか、聞いとるんや」

岸知事が倒れれば、大阪府で長年つづいた共産党政権に戻るという趣旨なのだろうが、それで納得がいくはずがない。しかし、いくら粘っても埒が明かない。それで、仕方なく退席したが、心の中では、政治資金規正法でも何でもいいから、家宅捜索を入れてやろうと決めていた。

ところが敵もさるもの。先手を打たれてしまった。クリスマスイブのことだったと思う。八五年一二月二四日、出納長が突然辞任。理由はガンとのことだった。私がそれを知ったのは、大阪地検の特捜部長の口からだった。

「田中君、こういう診断書が届いとるんやけど、見てみ。余命いくばくもないやつを捕まえても始まらんのとちがうやろかな」

そう言われ、愕然とした。実際、出納長は病院に逃げ込んだ。そのうえで、大物弁護士を使って検察庁と交渉していたのである。

そうして捜査班は解散。事務官もこの件から手を引くよう、というお達しが出てしまった。

それでも、諦めきれずにひとりで内偵を続けていた。すると、事務官が何人も賛同してくれる。一〇人くらいいただろうか。

「検事、私が資料の整理をやりますから」

そう言って、終業後に手伝ってくれる。それだけでなく、日曜日にまで出勤してくれた。そんな彼らといっしょに仕事をしていると、胸が熱くなってくる。

「この診断書、偽造やないですか。それを立証すれば、胸を張って捜査が再開できるんやないですやろか」

こう言ってくれた事務官もいた。彼らは本当に優秀で、こと捜査に関する情熱は検事より数段勝っている事務官も少なくない。

当初から決まっていた東京地検への異動期限が近づいてきた。

「なんとか田中検事が東京に行くまでに、事件に着手しよう」

それが事務官の合言葉のようにもなっていた。だが、結局それは叶わなかった。

八六年三月、私は予定どおり東京地検に赴任する以外になかった。しかし、事務官の睨んだとおり、出納長の診断書は真っ赤な偽物。私が東京へ転勤になって間もなく退院し、今も元気に暮らしている。

皮肉なもので、ずっとあとになって、この出納長のブレーンの顧問弁護士になった。この人物から内幕を聞かされたことがある。

「あのときの彼は、田中さえ東京へ行けばどうにかなる、いうんが口癖でした。それで、偽の診断書を医者に書かせたんや、て。それに、あの事件は中曾根首相が裏で動いて、出納長を辞めさせるのを条件に検察のトップと手打ちしたんでっせ」

特捜部の検事といっても、なかなか捜査は思いどおりにいかなかった。それでも、大阪地検はまだましなほうだったかもしれない。

第五章　転身

ウーン、ウーン――。

真夜中の三時か四時になると、どこからともなく、決まって人のうめき声が聞こえてくる。どうにも気味が悪い。その声にずいぶん悩まされたことがあった。

特捜部の検事は、検察庁庁舎に泊り込むことも珍しくない。大きな事件の捜査になると、一二時ごろまで被疑者の取り調べを拘置所でおこなう。それから吉野家の牛丼を食べて事務官と打ち合わせをする。翌日は、朝早くからまた取り調べ。家に帰っている時間はない。ほぼ毎晩、検察庁に泊り込んでいた。日中、家内が着替えを届けに来ていたが、ろくに話もできない。そんな毎日がつづくのである。

そうして、泊まっていると、シーンと静まり返った庁舎で、ウーン、ウーンという気色の悪い声が鳴り響くのである。あまりにそれがつづくので、寝るときも部屋の電灯をつけっぱなしにしておいた。

「検事、昨日も徹夜で仕事をしてましたね。毎晩毎晩、徹夜でよく身体がもちますね」

張り込んでいた新聞記者から、そう言われたが、実際は怖かったので、明かりを消していなかっただけだった。

それにしても気持ちが悪い。そういえば、心当たりがあった。かつて、大阪大学の不正経理を調べていて、その渦中に工学部の先生が自宅マンションから飛び降り自殺をしたことがあった。

「私は潔白だ」

遺書にそう書かれていた。もしかすると、あのときの呪いか？　そう考えると、ますます落ち着かなくなったものだ。

だが、あるとき気がついた。よくよく聞いてみると、人の話し声なのである。そうか、これだ。ひとりで真っ暗の庁舎で寝るのが怖かったため、ラジオをつけっ放しにして寝ていた。そのラジオが、寝ているあいだに布団に包まってしまい、うめき声のような音を出していたのである。朝になると、まわりが騒がしいのでそれが聞こえない。布団をあげて誰かがスイッチを切っていたのだろうが、寝るときにはまたラジオのスイッチを入れる。その音が、静まり返った夜中の検察庁舎で、妙に響いていたのだ。そんな笑い話のような出来事をよく覚えている。

特捜検事の仕事は、家庭を顧みる暇がないほど忙しく、またおもしろかった。なにしろ、自分自身が摘発した事件が、翌日の新聞一面トップを飾るのである。世の中全体が自分を中心にまわっているように錯覚した。だから、よけいに家庭を顧みない。

概して検事の家庭は崩壊しがちである。かくいう私もそのひとりだ。

大阪地検特捜部に勤務しはじめてから、家のことはほとんど何もしなかった。夫婦喧嘩をする暇もないので、実際にもめたわけではないが、やはり家族は大変だったに違いない。転勤が多いので、子供たちは転校を繰り返す。学校ではよくいじめられていたようだ。長女が中学生のとき、家にカミソリの刃が送りつけられてきたことまであった。娘はノイローゼ気味になり、家内から相談を受けたことがある。だが、相談されても、私に何ができるわけでもなく、仕事に追われる毎日だった。というより、そっちのほうがおもしろかったので、つい家庭を疎かにしていたのだとも思う。

そうやって私は、だんだん家庭から離れていった。それでも、検事でいるあいだ、家内は辛抱強く私についてきてくれていた。そんな家内の心が私から離れていったのは、検事をやめてからのことであり、それまでは仕事を理解してくれていたように自惚れている。

私は、東京地検特捜部へ転勤になった。子供たちは、もう高校生になっており、単身赴任した。東京地検勤務は、二年間と最初から決まっていた。

「お前は、なにがなんでも大阪に帰ってこなければいけない。長居するなよ」

大阪地検の土肥特捜部長にも、そう言われていた。もちろん私も、二年後には大阪の特捜部に戻り、また土肥部長の下で働きたいと思っていた。だが、人生の先行きなどわからないものだ。この東京行きが私と家族の人生を大きく変えることになる。

東京へ

東京地検特捜部の三〇人の検事を色分けすると、法務省から地検へきているキャリアの留学組、先輩検事の娘さんと結婚している検事らの閨閥組、それに私のようなたたき上げ組となる。それぞれだいたい一〇人ほどだが、大阪の特捜部は、総勢一〇人ほどの小さな所帯だから、ほとんどがたたき上げの検事だ。同じ特捜部でも、東京と大阪では、雰囲気がまったく違う。

その違いは、土地柄によるところも大きい。巷で言われるように、大阪を経済の街、商人の街とするなら、東京は政治の街である。だから、おのずと事件そのものの性質が異なり、それゆえ検事の取り組み方も違った。

東京では情報が氾濫していて、どこにでも事件のヒントが転がっている。外部との付き合いがなくても、それなりに独自の事件をやっていける。国会や中央官庁を抱えているから、政治や行政と直結している事件も多い。その分、告訴・告発の類も多数あり、これを処理するだけで、検事はかなりの事件ができるのだ。

しかし、事件捜査において政治的な要素が強い分、東京では検察庁内部の情報管理、情報統制が厳しかった。個々の検事の情報は、すべて上司に報告しなければならない。事件によっては、国政を揺り動かす事態にもなりかねないので、常に管理しておく必要があるという。そうしないと法務省からお叱りがあるのだ。大阪府知事の事件捜査をはじめ、どこの地方検察庁でも政治的な配慮や圧力はある。だが、やはり大阪地検では、土肥部長の下で自由にやらせてもらった印象が強い。だから東京に行ったとき、余計に窮屈に感じたものである。

東京地検特捜部では、ヒラ検事がマスコミと接触することを禁じている。情報漏洩を防ぐためだろう。しかし、私にとって最大の情報源はマスコミだったから、付き合わないわけにはいかない。それどころか、親しい新聞記者には、官舎のカギまで渡していた。

「今日、遅くなるから、メシを炊いといてくれんかな」

そこまで話せる記者もいた。記者たちは、喜んで食事の用意をしてくれる。向こうにとっては、特ダネが欲しいからだろうが、こちらも情報をもらえる。双方メリットがあるわけだが、こんなことを上司に話せるわけがない。

他の検事たちは、部長や副部長へ○×新聞の誰それが夜回りにきた、と常に報告をあげていたが、私はそんなことを報告する気はさらさらなかった。それで、ある日、特捜部長から呼び出されたことがあった。

「田中君、君のところへは新聞記者は全然来ないのかね。報告があがってこないけど」

そう聞かれる。そこで、答えた。

「部長、よう聞いてくれました。私は大阪から来とるせいか、ブンヤが近づいてこんのですわ。田舎もんや、いうて馬鹿にされているんと違いますやろか」

もちろん大嘘である。だが、これ以来、特捜部長からは何も言って来なくなった。こんな嘘が見抜けないようで東京の特捜部は大丈夫なのか、と逆に心配になったほどである。

男のジェラシー

「アンタのだんなは浮気しているから、気をつけろ。嘘だと思うなら、いま官舎へ電話してみろ、デートの最中だから」

八六年四月ごろのことだ。東京へ単身赴任し、最初に手がけた撚糸工連事件については、先に書いた。ちょうど捜査の最中、こんな電話が、家内のいる兵庫県の自宅へかかってくるようになった。

着任早々から、贈賄側の撚糸工業組合連合会の理事長、小田清孝の事情聴取を任され、大忙しだった頃だ。収賄側の民社党代議士、横手文雄も取り調べた。事件は、そこから自民党の稲村左近四郎の逮捕へと発展する。ロッキード事件以来、一〇年ぶり。検察庁が立件した、久方ぶりの政治家の疑獄事件として話題になっていった。

そんなさなか、家内のところへかかってきた嫌がらせ電話なのである。私は板橋本町の官舎を借りてひとり住まい。そこから検察庁に通っていた。単身赴任だから、当然、家内は兵庫の家に残している。そこへ、「浮気をしているから確認しろ」という電話がかかってくるのだから、家内もたまらない。

夜、ひとり住まいの官舎へ電話をかけたそうだが、そのころは毎日、小菅にある東京拘置所へ取り調べに行っていた。ほとんど留守にしていたので、電話のとおりつながるわけはない。最初は笑い話だった。しかし、嫌がらせ電話は、執拗にかかってくる。

「浮気相手は同僚の上田ミサ（仮名）検事だ」

そう浮気相手の実名まであげて毎晩のように、かかってきた。むろん濡れ衣だが、名指しされた女性は、本当に特捜部に在籍している一期後輩の女性検事だ。

「彼女はこのところ休んで、おたくのだんなの面倒をみているから、確認してみろ。いっしょに住んでいるぞ」

実際、彼女は仕事を休んでいた。むろん、私の身のまわりの面倒をみるためではない。健康診断でガンが発見され、入院していたのである。電話の主は、それを知っていてなお、嫌がらせをしていたのだ。

あまりにしつこく、しかも具体的な話ではある。ときどき家に電話しても留守ばかり。職場に確認すると、彼女は現に休んでいる。やはり家内も不安になったようだ。もしかしたら、本当に女といっしょに住んでいるのではないか。そう考え始めたという。

そうしてある日突然、官舎にやって来た。留守にしていたので、管理人にカギをあけてもらったらしい。帰宅したとき、そこに家内がいた。

「おい、何しとるんや」

後姿にそう声をかけても、振り向かない。一心不乱になって、箪笥や机の中をひっくり返している。女と暮らしている証拠がないか、家捜ししていたのだ。

こうなると、もはや笑い話では済まない。そこで、地検の次席や検事正にことの次第を報告し、嫌がらせ電話の主が誰なのか、内々で調査した。結果はわからずじまいだった。しかし、特捜部内の詳細な事情をあれだけ知っているのは、検察内部しかいない。同僚検事か誰かの仕業に間違いないだろう。東京地検に赴任して間もない私が、撚糸工連という大事件で手柄を立てたことへのやっかみ。それ以外、嫌がらせの理由が思い当たらなかった。

実際、検察庁は、競争の世界だから、いろんな思惑が錯綜する。ときにそれはいやらしい。例えば、気に入らない先輩検事が主任として扱っている事件では、被疑者の調書をわざととらない検事もいる。

「どうしても、しゃべらないんです」

そう言えば済む話だ。それで事件を起訴できなければ、困るのは主任検事である。その手の話なら、山ほど見てきた。

男のジェラシーは、女よりよほど性質《たち》が悪い。検事の世界も、それは同じである。東京地検時代、それを実感させられたものだ。嫌がらせもよく見てきた。

もっとも、やられたほうにとっては、たまらない。事実無根とはいえ、浮気のタレコミ電話の一件以来、家内との仲がなんとなくギクシャクするようになってしまった。

そんな東京生活をスタートさせたのだが、捜査では、撚糸工連事件で主要な被疑者の供述を引き出せ、さすがに鼻が高かった。特捜部内でも、捜査の点では評価されていたと思う。反面、それも部内の反感を買っていた要因のひとつだったのかもしれない。

撚糸工連事件における現場の捜査指揮は、特捜部副部長の石川達紘検事がおこなっていたが、捜査は難航していた。自慢話に聞こえるかもしれないが、撚糸工連理事長の小田清孝を落としたことから捜査の道が開けたのは、事実だと思う。大阪からやって来た田舎検事は、さらに民社党の横手文雄の取り調べでも得点をあげた。表面的には、捜査指揮した石川副部長の実績になってはいる。が、特捜部内での評価は本人が思ったほどではなかったのではないか。

元はといえば、キーマンたちの取り調べは特捜部内にとって駄目でもともと、できなければ田舎検事の責任にすればいい、という考えが見え見えだった。その反発もあって、彼らを自供に追い込めたような気もするが、この石川副部長とは以来、どうもしっくりいかなかった。まさか嫌がらせが彼の仕業とは思えない。だが、検事を辞めて弁護士になったあとも、ますます彼とは折り合いが悪くなっていった。なぜなのかはわからないが、ずっとのちのある事件で、彼の怨念めいた私に対する執念を感じることになる。

ロッキード事件以来、一〇年ぶりの政治家逮捕となった撚糸工連事件は、特捜部にとって田中角栄の呪縛から解き放たれた瞬間でもある。

ロッキード事件は、私の松山地検時代に起きた。あのころ自分の生い立ちをダブらせて、田中角栄に憧れていた。最初の地方勤務となった佐賀地検時代には、角栄がやって来たので、その演説を聴きに行ったこともある。『日本列島改造論』も読んだ。松山地検時代、その田中角栄を検察の特捜部が逮捕したという報を聞いて、東京地検特捜部に憧れたものだった。

「同じ検事でも世界が全然違うもんだ。やっぱり特捜部で仕事をしてみたいな」

そう思ってきた。ところが、ロッキードのときも内情は考えていたほど、立派な捜査ではない。

「ロッキード事件ほどやりやすい事件はなかった」

こう意外な話を吉永祐介検事から聞かされたのは、いつのことだったか。吉永さんは、ロッキード事件の主任検事を務めた敏腕検事だ。のちに検事総長になり、捜査の神様とまで呼ばれたのは先にも書いた。私にとっては、岡山大学法文学部の大先輩でもある。その大学の卒業生の集いで、彼がこう話していたのを覚えている。

「特捜部の捜査といっても、必ずなんらかの妨害があるもんでね。しかし、ロッキード事件ではそれが一切なかったんだ。それどころか、すべて当時の三木政権や霞が関の官庁が全面的に協力してくれた。捜査のお膳立てまでしてくれたんだから、やりやすかった」

検察庁といえども、しょせん行政のいち機関に過ぎないので、捜査では縦割りの弊害に苦しむことが多い。海外が絡んだ事件は、とくにやりにくい。外務省に海外情報の取得を協力要請しても、断られるケースが多いからだ。ところが、ロッキード事件では、外務省が率先してアメリカ側の資料を取り寄せてくれたというのである。それどころか、特捜部の検事が、アメリカに出張して事件の関係者を取り調べできるよう、現地のコーディネートまでしてくれたという。

取り調べは、いわば国家権力の行使である。外国の官憲がずかずかやって来て、自分の国の被疑者を取り調べさせるなんてあまりない。だが、この事件にかぎっては、外務省が根回しをしてくれていたおかげで、スムーズに取り調べをすることができ、おまけに現地で調書まで取れている。それほどやりやすい事件だったというのだ。国内の捜査での他の官庁も、同様だったという。

事件はアメリカ側からの仕掛け、という説も根強いが、うなずける部分もある。ときの田中角栄は、ソ連への経済援助やシベリアの共同開発、さらには中国との国交回復など、従来のアメリカ追従一辺倒の日本の対外姿勢から、よりグローバルな国際外交戦略に転じようとしていた。その姿勢は、日本を属国と見るアメリカにとって、座視しがたかったに違いない。アメリカの異常ともいえる捜査への協力は、田中政権潰しの意思をあからさまに示していたのではないか。

吉永さんの話を聞いて、なおさらそれを強く感じた。つまるところロッキード事件は、日本の検察が国際的な政争の具に利用されたにすぎなかっただけではないか。捜査史上に燦然と輝く事件でもなんでもなく、むしろ大きな汚点を残しただけだったのではないか。そうも思える。

しかもロッキード事件は、その後の検察捜査に大きな影を落とすことになった。事件で失脚すると思われた田中角栄は、失脚するどころか、よりいっそう自らの派閥の勢力を拡大し、闇将軍として君臨していく。そして、検察への怨念を抱く田中は、検察の封じ込めにかかる。息のかかった有力代議士を次々と法務大臣に送り込んで、法務省を間接支配しようとした。この闇将軍は、法務官僚や特捜上層部と暗闘を繰り広げていった。その間の一〇年、検察は下手に動けない。「検察冬の時代」と呼ばれたのも、そのせいに違いない。

撚糸工連事件は、その冬の時代を経た一〇年ぶりの政治家の逮捕だっただけに、過剰に報じられた面もあり、私にとっても東京に来て早々、ひと仕事やったという実感もあった。

ねじ曲げられた平和相銀事件捜査

かつて東京地検特捜部が手がけた平和相互銀行事件という疑獄事件がある。いまも折に触れ、マスコミで取りあげられることが多い。その内偵捜査は、ちょうど撚糸工連捜査と並行しておこなわれていた。主任検事は、私より一年早く神戸地検から東京地検へ赴任していた牛尾道治検事。関西と東京との人事交流の第一号検事である。牛尾検事は、私の最も尊敬する検事のひとりであり、大阪時代は何年も同じ釜のメシを食ってきた。

牛尾検事は、苦労人である。検事になる前は、四国の愛媛から大阪の官立高等商船学校に進み、無線技師として航海に出ていた。もとは船乗りだった。そこから日本大学の法学部を受験しなおし、働きながら司法試験を受けて検事になった人だ。同じたたき上げだから気が合い、捜査でもよくコンビを組んでいた。猪突猛進型の私に比べ、彼は常に冷静に物事を判断するタイプ。いいコンビだったと思う。

そんな牛尾検事が、およそ一年間かけて内偵捜査していたのが、平和相互銀行の不正融資事件だった。

平和相銀は、創業者の小宮山英蔵が一代で築いた。いまでいう第二地方銀行だ。首都圏に数多くの店舗を構え、中小企業取引を中心に東京近郊に営業基盤を築いていた。だが、創業者である英蔵の死後、小宮山家と当時の経営陣の対立が表面化し、経営が傾いていく。

銀行を牛耳っていた経営陣は、監査役の伊坂重昭や稲井田社長ら。四人組と呼ばれた。伊坂は検察庁の元エリート検事から弁護士になった人物だった。捜査の鬼といわれ「巨悪を眠らせない」というフレーズで有名な、ときの伊藤栄樹検事総長と司法修習が同期。二人は総長レースを争ったとされる。

この伊坂ら四人組と小宮山家との対立から、銀行の乱脈経営が浮上した。平和相銀グループのゴルフ場開発会社「太平洋クラブ」がゴルフ会員権を乱発し、そこから、その預かり保証金の償還問題が発生。会員たちから預かっている巨額の資金の返済期限が迫っていた。

そこで、伊坂らは、ゴルフ場の資産を売却し、その償還資金を捻出しようと図った。不動産会社

「新日興開発」を通じ、評価額四二億円だった神戸市内の山林を、「広洋」や「サン・グリーン」という業者へ六〇億円で売却する。このとき伊坂らは、土地を買ってもらう代わりに購入資金として、総額一一六億円もの融資を実行していた。土地の購入代金のおよそ二倍の融資、評価額の四二億円から見ると、三倍近い融資額である。あまりにも担保価値と乖離した不正融資だ。おまけに、この金の一部が山口組系の会社へ流れていた。

平和相互銀行事件では、いまも語り草になっている二つの屏風疑惑という捜査ターゲットがあった。のちに説明する金屏風事件と神戸の屏風という地域をめぐる土地取引だ。特捜部は、まずこの神戸の屏風疑惑、通称「屏風岩事件」を捜査の突破口にしようとした。その捜査において、またしても私に白羽の矢が立ったのである。

撚糸工連事件の捜査に目処がついた八六年六月、私はこの平和相銀事件に駆りだされた。担当したのは、大阪にある岸組という不動産業者の取り調べだ。一連の土地取引に関連し、ここへ融資の一部が流れていたのである。

岸組は、新大阪駅に近い江坂という場所にある。江坂は、数ある関西の同和地区のなかでも聖地と呼ばれるほどの被差別地域で、岸組は神戸の山口組にも非常に近い存在だった。

そこで、私は岸組の専務を取り調べた。ターゲットは、平和相銀四人組の中心人物である伊坂監査役。事実上、銀行を牛耳っているといわれ、彼の承諾なしではこれほどの巨額融資はできない。われわれはこの不正融資に関し、伊坂らの特別背任と睨んで捜査を開始した。だが、捜査は、出だしから間違った方向に向かっていたような気がする。

「伊坂さんが頭を下げてくれはったら、ほんまのことを話してもいいんでっけどな」

専務は開口一番、意味深長なことを供述した。それが何を意味するのか。この事件は特別背任ではなく、ひょっとすると恐喝ではないか。前述したように、背任事件は会社の人間が自分自身や第三者の利益を優先し、会社に損害を与えるというものだ。

今となっては、特別背任という捜査の見立てがおかしかったのではないか、とすら思う。事件で、他の平和相銀幹部を取り調べていた検事は、こうも言った。

「これは、特別背任ではありませんよ。平和相互の連中は、岸組から脅されて融資をしていたようです」

捜査に着手して間もなく、捜査陣のなかから、こんな声があがり始めた。私自身、岸組専務の取り調べで聴いた「伊坂さんが頭を下げてくれたら、本当のことを言ってもいい」との言葉は、恐喝して嫌々融資させたということを匂わせているようにも感じた。実際、伊坂本人を取り調べた岩村修二検事の話では、平和相銀の何人かが「恐くて貸した」と言っているという。こんなケースもあった。

融資を申し込まれた平和相銀では、伊坂ほか何人かが、大阪の岸の事務所を訪ねたという。担当の専務の部屋へ向かう途中、社内の廊下を歩いていると、ドアが半開きになっている部屋があった。ついそこに目がいく。

すると、部屋のなかに従業員がたむろしている。よくみると、そのなかのひとりが、抜き身の日本刀をかざし、丹念に磨いているではないか。いかにも、これからすぐにそれを使う準備をしているようにも見える。平和相互銀行の連中は、それを見て足がすくんで止まってしまったという。もし融資を断れば、何をされるかわからない。銀行の連中は震え上がった。

取り調べでは、そんな内容の供述がいくつも寄せられたのである。

だが、なぜか地検の上層部では、このことをいっさい調書に書くな、という。つまり、脅されて融資をしたとなれば、伊坂らは特別背任を犯したことにはならない。岸組による恐喝事件となる。それでは、平和相銀の経営陣は被害者になり、経営陣たちを逮捕することもできない。だから、調書をとるな、ということだと理解した。

実は、屏風の土地の鑑定書も複数あり、貸付金とさほど変わらない鑑定結果もあった。だが、いちばん低い四二億円の鑑定結果を使い、相場の三倍というけた外れの融資だ、と無理矢理背任にもっていった。貸付金と土地の評価額が変わらなければ、会社に損害を与えたことにはならず、背任罪に問えないからだ。そして、そのほかの鑑定書は闇に葬られた。

こうしたことが、事件全体の捜査にどう影響したのか、いまとなってはわからない。しかし、少なくとも、現場の捜査検事として平和相銀事件を振り返ったとき、捜査がねじ曲げられたという意識はたしかにある。そこには、政治的な圧力を感じざるを得ない場面もあったのである。

「こんなことでいいのかなあ、俺たちは」

ヒラ検事たちが集まってお茶を飲んだり、タバコを吸ったりする休憩場で、そんな愚痴をよくこぼしあっていた。

事件の幕引き

平和相銀事件におけるもうひとつの疑惑、それが「金屛風事件」である。そこに見え隠れしていた政界工作の痕跡は、いまも捜査現場で語り継がれている。その前段として、「馬毛島疑惑」と呼ばれる出来事も浮上した。

一九八三年、鹿児島県の小島、馬毛島が、防衛庁（当時）のレーダー基地建設の候補地として浮上する。伊坂ら平和相銀首脳陣が、その誘致の旗振り役だった。伊坂らの狙いは、政府に島を売却して利益を出すことだった。そのための政界工作を大物右翼の豊田一夫に依頼している。工作資金として、豊田に総額二〇億円を提供し、これらが二〇人近い自民党の大物議員に渡ったとされた。防衛庁と自民党を巻き込んだ一大疑獄事件に発展するのではないか、と世間は注目した。

この馬毛島疑惑の捜査を進めるなか、浮かんだのが金屏風事件である。馬毛島のレーダー基地誘致騒動から二年後の八五年のこと。先に述べた兵庫県内の土地取引以上に、世間の関心が高かったのがこの金屏風事件だ。

　同年八月、伊坂らと対立する平和相銀創業家の小宮山一族が、彼らへの対抗手段として、自分たちの持ち株を旧川崎財閥系資産管理会社「川崎定徳」の佐藤茂に売却する。佐藤は、政財界に影響力を持つフィクサーとして鳴らしていた。小宮山一族は、その佐藤に株を託し、銀行を牛耳っている伊坂ら四人組に一矢報いようとした。佐藤の人脈を使い、政界工作をして巻き返そうという計算だったと伝えられる。

　この株の売却額が八〇億円、発行済み全株式の三三・五パーセントにあたった。そこで、慌てた伊坂らは、逆に株を佐藤から買い戻そうと躍起になる。そうして探し当てた佐藤とのパイプが東京・有楽町にある「八重洲画廊」社長の真部俊生だったのである。

　真部は大蔵省をはじめとした霞が関の中央官庁出入りの画商であり、大蔵大臣経験者の竹下登らと非常に近い人物だった。伊坂から株の買い戻し工作の相談を持ちかけられた真部は、その条件として、「金蒔絵時代行列」という金屏風の購入を提示した。これが世にいう金屏風である。

　結果、伊坂は八〇〇〇万円相当の金屏風を四〇億円で購入する。そして、この代金の一部が政界に流れたのではないかという疑惑を招くのである。

　この絵画取引に関与したのが、ほかでもない、竹下の秘書、青木伊平であり、さらに捜査の過程で浮上したのが、「青木メモ」だったのだ。金屏風の取引で「竹下登へ五億円を渡した」とされる走り書き。それが、巷間伝えられてきた「青木メモ」である。青木は、その後、謎の死を遂げる。

　この株の買い戻し工作には、裏があった。そこに登場するのが旧住友銀行だ。ちょうどこのとき、関西を地盤とする住友銀行が関東進出を目論んでいた。そこで、目をつけたのが東京に数多くの店舗を持つ平和相銀の吸収・合併だったという。住銀にとって、平和相銀の内紛は、天の恵みだったに違いない。天皇と呼ばれた元住銀頭取の磯田一郎は、小宮山家から流出した株を手に入れようと、佐藤茂に接近した。結果、磯田は腹心だった元イトマン社長の河村良彦に命じ、まんまと平和相銀株を手に入れる。

事件はまさしく、こうした住銀による平和相銀買収工作の渦中に起きていたのである。

しかし、われわれ捜査現場は、そんなことには関心がない。金屏風事件にしろ、馬毛島事件にしろ、捜査検事にとっては政界へ切り込める材料である。そう色めきたった。すでに内偵捜査の段階で、問題の「青木メモ」の存在も明らかになっていた。竹下といえば、ときの自民党幹事長。田中派から飛び出し、総理のイスに最も近い大物政治家といわれた。撚糸工連事件に続き、いや、それよりはるかに大きな疑獄事件になるかもしれない。三〇人いる特捜部の検事のほぼ全員が事件に投入されることが決まり、まさに臨戦態勢を敷いていた。だが、そこへ予想外の事態が起きる。

当初、平和相銀への強制捜査は、八五年六月一三日に予定されていた。主任の牛尾検事が前年の四月から始めた内偵捜査は、すでに一年以上を経ている。満を持して捜査に着手するはずだった。ところが、捜査の予定日を週刊誌の「サンデー毎日」がすっぱ抜いたのである。検察上層部は激怒したあげく強制捜査の着手を見送ることが決まる。だが、現場の捜査検事はおさまらない。

「なぜ、週刊誌に書かれたぐらいで捜査を延ばすのか」

そんな憤りの声が渦巻く。

「ひょっとすると、このまま捜査に着手しないのではないか」

そんな噂まで立った。そこで、副部長の石川達紘がヒラ検事を招集して言った。

「よし、このまま捜査をやらさんのなら、みんなで検事を辞めようや。全員で辞表を叩きつけよう」

撚糸工連事件で世間に名をあげ、あのころは石川検事も、捜査に燃えていたのだろう。実際、ヒラ検事の不満意見をまとめ、特捜部長に申し入れた。これが、のちに話題になった「捜査着手に関する建白書」である。そして、このあたりから、検察上層部に対する捜査現場の不信感が募っていった。

岸組の土地取引を突破口にし、伊坂らを逮捕したのは、この一カ月後のこと。ようやく本格的な捜査が始まったかに見えた。いつ、政界に切り込んでいくのか、現場の検事たちは期待で胸が膨らんだ。東京拘置所で取り調べを担当する検事同士で、捜査の方向がどこに向かうのか、話していた。やはり注目されていたのは「青木メモ」である。現場のヒラ検事は、みな小菅の東京拘置所に出勤し、連日それぞれが関係者の取り調べをおこなった。

そんなとき、ある同僚検事からこう耳打ちされたのである。

「実はこのあいだ、部長に呼ばれてね。あのメモのことは忘れろ、と言うんだ」

まだ、伊坂ら四人組の特別背任事件に着手したばかりの出来事だった。これだと、すでに最初から政界には踏み込まないという捜査方針が決まっていたようなものだ。その検事は放心したように肩を落として言った。

「ここまでやってきて、本当に無理なのか。ほとほと疲れたよ」

結果、残ったのは伊坂たち平和相銀の経営陣の特別背任事件のみ。馬毛島事件も、金屛風事件も、いっさい解明されなかった。あげく早々と捜査終了宣言が発表された。事件着手から、わずか一カ月後の八月一二日のことである。

気がつくと、事件で平和相銀の経営破たんが決定的となり、住友銀行に吸収されてしまった。その後、住銀は労せずして、平和相銀の東京の店舗を手に入れ、業務を拡大していったのである。

「俺たちは、まるで住銀のために捜査をしてきたみたいだな」

そううなだれる検事も少なくなかった。かくいう私もそのひとりだ。それは、平和相銀事件で住銀が大きな利を得たという理由からだけではない。

住銀と検察の関係は古く、強い。大阪で検事正が検察庁を退官して弁護士になるとき、住銀と読売新聞が責任を持って何十社に及ぶ顧問先をつける。それが習いになっていた。かつて住銀は、読売新聞とともに検察上層部と定期的に食事会を設けてもいた。そんな住銀と検察の関係を知っているだけに、余計に「住銀のための捜査だったのか」の感を持ったのである。

伊藤検事総長も、いろいろ思い悩んだのだと思う。検察同期入庁の伊坂のことも思い及んだのではないだろうか。なにより、捜査を続行すると、事件が政界まで波及してしまう可能性が高い。自民党が崩壊することとすらありえる。そして最終的には、特別背任で平和相銀の幹部だけを検挙する決断にいたったのではないか。そうすれば住銀に平和相銀を綺麗に渡せる……。

平和相銀事件の本質は、岸組による恐喝事件だったはずだ。それが銀行側の特別背任にすりかわった。本来、被害者が加害者になったようなものだ。その事件が、住銀の首都圏侵攻に大きく貢献したのは間違いない。結果的に、われわれ検事は、都心の店舗をタダ同然で住銀に買い取らせるために捜査をしたようにも見えた。伊坂はすでに亡くなっているが、古巣の検察にこんな騙し討ちのようなことをやられて、死ぬに死に切れなかったのではないだろうか。

この平和相銀事件を体験し、私は東京地検特捜部の恐ろしさを知った。事件がどのようにしてつくられるか。いかに検察の思いどおりになるものか、と。捜査に主観はつきものだが、それが最も顕著に表れるのが、東京地検特捜部である。

特捜部では、まず捜査に着手する前に、主要な被疑者や関係者を任意で何回か調べ、部長、副部長、主任が事件の筋書きをつくる。そして、その筋書きを本省である法務省に送る。東京の特捜事件は、そのほとんどが国会の質問事項になるため、本省は事前にその中身を把握しておく必要があるからだ。

特捜部と法務省のあいだでこのやりとりを経て、初めてその筋書きに基づいて捜査をはじめる。むろんいくら事前に調べても、事件の真相は実際に捜査してみなければわからない。実際に捜査をはじめてみると、思いもしない事実が出てくるものだ。だが、特捜部では、それを許さない。筋書きと実際の捜査の結果が違ってくると、部長、副部長、主任の評価が地に堕ちるからだ。だから、筋書きどおりの捜査をやって事件を組み立てていくのである。

最初からタガをはめて、現実の捜査段階でタガと違う事実が出てきても、それを伏せ、タガどおりの事件にしてしまう。平和相銀事件がまさにそれだった。岸組の恐喝という予期せぬ事実が発覚しても、それを無視し、筋書きどおりの平和相銀幹部の特別背任で押しとおした。

こうして筋書きどおりに事件を組み立てていくためには、かなりの無理も生じる。調書ひとつとるにも、個々の検事が自由に事情聴取できない。筋書きと大幅に異なったり、筋書きを否定するような供述は調書に取れない。調書には、作成段階で副部長や主任の手が入り、実際の供述とは違ったものになることも多い。だから、上司の意図に沿わない調書をつくっても、必ずボツにされる。なにより、まずは筋書きありき。検事たちは尋問する際も、筋書きどおりの供述になるよう、テクニックを弄して誘導していく。

こんなことは、大阪の特捜部では経験したことがなかった。私も手練手管を弄して、自分の描いた筋書きに被疑者を強引に追い込んでいたが、それはあくまで現場の捜査検事の見立てである。それが違うとなれば、いくらでも軌道修正してきた。東京のように、尋問もしてない上役の検事が、事実関係について手を入れるなどありえない。こうなると、もはや捜査ではない。よく検事調書は作文だといわれるが、こんなことをやっていたら、そう批判されても仕方ないだろう。冤罪をでっち上げることにもなりかねない。だから、私は東京地検特捜部にいても、このシステムには従わなかった。やはり異端児なのかもしれない。

「いや、私は大阪流でやります。あんたは実際に尋問したわけじゃない。そんな人の言うことなんか聞けるか」

そう突っぱねてきた。気が強いせいもあるが、多少の良心があったからかもしれない。いや、出世欲がなかったからかもしれない。捜査で名をあげたいとは思っていたが、別に検察庁で昇りつめたい、とはまったく思わなかった。東京の特捜検事はそこまでして出世したいのだろうか、とも思った。

東京の特捜部は百パーセント管理型である。マスコミと会うことから調書づくりまで監視される。その結果、伸びる事件がしぼんでしまったり、事実とは逆の方向に事件がつくられたりする。上役への報告そのものが、事件の捏造につながる気もした。

平和相銀事件はわれわれ検事にとっては、後味の悪い事件だった。そして私は、少しずつ、検事としての限界を感じ始めるようになっていったのである。

うやむやになった平和相銀事件と住銀による平和相銀の吸収合併工作。それは、のちにイトマン事件の火ダネになっていく。

三菱重工CB事件

「また田中が好き勝手やっているよ」

東京の特捜部に不信感を抱いてからというもの、部内からそんな話が耳に入るようになっていた。もうこれからは自分でつかみ、掘り起こした事件しかやるまい。そう心に決め、事件にのぞんだ。上役から押しつけられた事件では、わざと出来の悪い調書しか取らないようにし、事件から逃げていた。そんななか、見つけたのが、三菱重工CB事件である。

「それにしても死人まで出して、あの馬鹿が」

この事件では、さんざん非難を受けた。勝手に動く私への反感もあったのだろうが、大阪流の発想が、東京の連中にはわからなかったのだろう。

「財界」という老舗の経済誌がある。検事時代には、この手の経済誌や情報誌を定期購読し、情報源のひとつとしてよく読んだ。一九八六年一二月、そこに山一證券の植谷久三会長のインタビュー記事が、掲載されていた。それが三菱重工の転換社債（CB）事件に取り組むきっかけになる。

三菱重工は、この年の九月八日付けで一〇〇〇億円という途方もない転換社債を発行し、資金調達していた。言うまでもなく、転換社債は、発行する会社にとっては、あくまで社債なので借金である。もっとも、通常の社債と違い、単純な借金でもない。それは、社債を買った投資家にとって、償還期限が来た段階で社債を株券に転換できる点だ。投資家は償還時、会社側に社債分の借金返済を要求するか、あるいは、社債を株に換えてそのまま保有することができる。社債を株に換えるときの値段を転換価格といい、通常、投資家は償還期限が来た段階で債券の転換価格より株価が上回っていれば、社債を株券に転換する。

たとえば償還期限が五年、一〇〇円の転換価格の社債だと、五年後に投資家は利子を含めて一一〇円返してもらえる。だが、この時点で株価が一二〇円になっていれば、株券に換えてそれを持っていたほうが得だ。あるいは、現金が必要なら株券を売ったほうがいい。逆に、そうなれば会社側にとっては、借金を返済しなくて済む。発行会社にとっても便利な仕組みだ。とりわけ株価が右肩上がりだったバブル期には、このCBの発行が流行った。三菱重工の転換社債発行は、ちょうどその走りにあたる。転換社債による経済犯罪は、戦後一度も例がなかった。

くだんの記事で、山一證券の会長がインタビューに答えていたのは、三菱重工が発行した転換社債の幹事証券会社だったからだ。幹事証券とは、企業が株式や社債を発行する際、株式や社債の購入者を決める世話役みたいなものである。幹事証券は何社かあり、なかで最も主導権を握っている証券会社を主幹事と呼ぶ。このときは野村證券が主幹事で、山一はサブの幹事証券だった。

ところが、三菱重工の転換社債発行にあたり、野村は山一に汚れ役を押し付けていたらしい。インタビューで、山一の会長がその恨みつらみを話している。しかも、驚いたことに、それがまるでみずからの犯行を告白しているようなものなのである。転換社債の一部を総会屋に横流ししていた、と自白していたのだ。

これは「親引け」と呼ばれ、間違いなく商法違反の利益供与にあたる。そう踏んで、ひとりで少しずつ調べはじめた。すると、思ったとおり、いやそれ以上の事件の全貌が見えてきたのである。

内偵捜査段階では、まず総会屋のなかに協力者をつくらなければならない。それで、以前に毎日新聞の社会部記者から紹介された、元大物総会屋にあたってみた。

餅は餅屋である。そこから、四人ほどの別の現役総会屋を紹介してもらった。論談同友会や防共挺身隊の幹部連中、大阪の古手総会屋である山富などに話を聞いていった。すると、五〇人近い総会屋が、三菱重工のCBを買っているというではないか。金額にすると、総会屋に流れた転換社債は一〇〇億円にのぼっている。

これはすごい事件になる――、思わず興奮した。

転換社債は、購入金額を振り込んで二週間すると市場ができる。株価と連動し、社債そのものが上がったり下がったりするわけだ。三菱重工のCBの値上がりは、すさまじかった。一口一〇〇円の転換社債が、二週間後には二倍を超える。瞬く間に二〇八円三〇銭になっていた。

「実はわれわれには、最低でも一人あたり五〇〇〇万円分のCBの割当がありました。おまけに三菱はそれを買う金まで面倒みてくれた。三菱重工の口利きで旧三菱銀行から金が出るんです。だから、こんなおいしい話はなかった」

取り調べをした総会屋たちは、口々にそう打ち明ける。一五人から調書を取り、まずは利益供与の事実を確定していった。

そのなかには、こう話す者もいた。

「検事さん、この件は、われわれが儲けているわけじゃないんだ。金はわれわれを通じて、政界の大物議員にかなり流れている。たとえば中曾根先生なんか……」

土台、総会屋に対する利益供与だけで一〇〇億円というのも大きすぎる。その裏には何かあると思っていた。が、案の定というか、これで合点がいった。

三菱重工をはじめとする三菱グループは、防衛庁とのかかわりが深い。自衛隊の施設や設備を製造、納入するケースが多いとも聞いていた。その防衛庁と企業をつなぐパイプ役となってきたのが、自民党の防衛族議員である。

一〇〇〇億円もの転換社債は、防衛族議員に対する政界工作のために使われた可能性が濃厚になってきた。現に、取り調べた総会屋たちの口から出た議員の数は、二〇人にものぼった。いずれも防衛族ばかりだった。これは防衛庁をめぐる一大疑獄事件になる。最終的な捜査の狙いをそう定め、さらに調べを続けようとした。

事件としては、それほど難しくない。まずは利益供与事件で総会屋とともに、三菱重工や三菱銀行の幹部、山一の担当者を引っ張り、そこからガサ（家宅捜索）をかければ、何とかなる。そう自信を深めた。しかし、そこに思わぬ事態が起きたのである。

転換社債発行に関する山一證券の責任者は、副社長の成田芳穂だった。大企業ではありがちだが、ある意味、組織の犠牲者ともいえる。次期社長といわれた専務の行平次雄には、汚れ役をさせられないという社内の判断から、成田が三菱重工からの指示どおり、一手に総会屋への転換社債割当を取り仕切っていた。成田にとっては、自分の会社の会長が、雑誌インタビューで総会屋への利益供与をばらしてしまったようなものだから、目も当てられなかったに相違ない。ことが発覚した一二月以降、会社から自宅待機を命じられていた。

そこで、年が明けた八七年一月一六日、彼を検察庁へ呼んだ。旧成人の日の一月一五日の前日、自宅に電話した。

「三菱重工の転換社債の件についてうかがいたいので、ご足労いただきたい」

彼はすでに観念している様子で、一六日午後四時に検察庁へ出頭する手はずになっていた。

「成田さえ落とせば、事件が固まる」

私はそう副部長の馬場俊行へ伝えた。馬場は特捜部特殊直告班における直属の上司にあたる。東大出の馬場は、司法試験の成績もトップで検察庁に入ったキャリア組だ。法務省からロッキード事件のときに検察庁に呼び戻された超エリートである。

ところが、呼び出した当日になっても、成田本人が現われない。どうなったのか。不安になっていると、そこへ事務官から連絡が入った。

「大変です検事。成田が自殺してしまいました」

その日の午後二時、彼は自宅で首を吊ってしまったのである。取り調べ予定のわずか二時間前のことだ。遺書もあったが、そこには「私は潔白だ」と走り書きされているのみだった。

これが事件におけるひとつの転機になる。明らかに風向きが変わった。以来、検察上層部は次第に消極的になっていく。

しかし、検察庁が及び腰になった理由は、それだけではない。そこにはもうひとつの要因があった。三菱重工の顧問弁護士、江幡修三の存在である。江幡は、かつて検事総長まで務めた大物ヤメ検弁護士だった。弁護団には、他に錚々たる検察ＯＢもいる。

「どうも三菱はやりにくい。難しそうだ」

そんな声がどこからともなく、聞こえてくるようになっていった。その流れをつくったのが三菱重工の弁護団だとは察しがついたが、上層部はますます及び腰になっていった。

「転換社債は必ず値上がりするとは限らない。だから利益供与や賄賂とは言い切れない」

そういう声が聞こえはじめた。現に総会屋は儲けているのだから、そんなはずはない。だが、重要被疑者の自殺という事態も重なり、どうにも旗色が悪い。私自身、どうすればいいか、迷った。

「田中君、頑張ろうよ。なんとかもう一度立て直そう」

馬場副部長が励ましてくれたが、事態を挽回するには、世論を味方につけなければならない。そこでふたりで思いついたのが、川合昌幸論文だった。川合は法務省刑事局付けの後輩検事で、正義感が強い。そこで頼んだ。

「『商事法務』に、利益供与についての論文を載せてくれないか」

「商事法務」とは商法の専門誌であり、ここに書かれる主張や論評は、捜査方針における検察庁の一定の指標になる。

〈転換社債の「親引け」の依頼と利益供与罪〉

川合はこう題して、以下のような内容を明確に書いてくれた。

〈転換社債は購入すれば利益が確実に期待できるのだから、それを購入できる地位を与えたこと自体で、ただちに『財産上の利益』を供与したということが可能である〉

ところが、ここでまた横槍が入った。特捜部長から最高検検事に異動していた、河上和雄の論文である。河上論文は、川合論文とまったく正反対の趣旨だった。

〈利益供与禁止規定の限界〉

要するに、「転換社債は儲かるとは限らないので利益供与にはあたらない」という従来どおりの主張。それも川合のときと同じ、「商事法務」に掲載されている。まさしく、こちらの捜査の邪魔をしているかのような論文だったのである。

そんなことを言い出したら、株はどうなるのか。後にリクルート事件で賄賂と認定された未公開株だって、ひょっとすると公開後に上がらないことだってありうるではないか。なにより、当時の転換社債で下がったものはないし、実際に二倍に高騰しているのである。

「上の言っている理屈はよくわからん。なんでこんなやりやすい事件をやらせないのか」

副部長の馬場はそう憤っていた。実際、そのとおりだと思う。

総会屋や政治家へ流れた一〇〇億円にのぼる転換社債は、無記名だからそれ自体を見ても、誰のものかわからないような仕掛けになっている。しかし、現実は社債を購入するとき、金が山一の口座に振り込まれているのだ。その口座を調べれば、簡単に賄賂を受け取った人物を特定できる。誰にどれだけ割り当てたのかは、総会屋や山一をはじめ、三菱重工の関係者を逮捕し、家宅捜索して徹底的に調べれば、容易に判明するはずだった。にもかかわらず、検察の上層部では、捜査の入り口にあたる利益供与事件の段階でシャットアウトしてしまったのである。

悔しかった。煮えくり返るほど、腹もたった。この事件は身内からの妨害が多すぎる。

「特捜部長を務めたOBまで、捜査を妨害するとは、いったいどういうわけか。事件は、身内に寄ってたかってつぶされてしまった」

そんな思いがいまも消えない。日本のトップ企業や政界、さらに検察も含めた官界が織りなす鵺《ぬえ》のような世界。そのなかで検事を続けることの限界か。だが、それでもまだ俺は独自で捜査を続けると、息巻いていた。

さすがに、上層部もこんな事件は止めろ、とはあからさまには言えない。しかし、事実上、捜査できないようにする。別の事件を担当させ、こちらが先だから手を離せ、というのが検察上層部の常套手段だった。地検には告訴・告発案件がひっきりなしに持ち込まれるので、常にその処理に追われている。その事件を押し付けられるわけだ。それをやられると、どうしようもないし、誰がどうストップをかけてきたのかもハッキリしない。東京地検特捜部にいながら、内なる敵と闘わなければならなかった。

「見えない敵といったいどう闘えばいいのか」

私自身、いつしかそんな愚痴を同僚にこぼすしか、できることがなくなってしまったのである。

最後に手がけた苅田町長汚職事件

「田中検事ですか、初めまして。私は苅田町の町長をしている沖勝治というものです。用件については、お聞きになっておられるかと思いますが、ぜひ一度相談に乗っていただけませんでしょうか」

北九州の苅田町という小さな町から、こんな電話がかかってきたのは、一九八七年二月末のことである。小倉にいる知り合いの川口弁護士からの紹介だった。

「田中、ちょっと事件になりそうなものがあるんだ。よければ調べてみてくれないか。苅田町の新しい町長の沖さんから頼まれたんだが、相談に乗ってみてくれないか」

川口は、私と司法修習で同期であり、検察を辞めてから弁護士をしていた。その顧問先のひとつが、福岡県京都郡にある苅田町の新町長だったのである。この町長が、前任の尾形智矩町長のときの不正を調べて川口へ伝え、さらにそこから私のところへ、相談が持ち込まれたわけだ。

警察と同様、検察庁には管轄があり、従来なら福岡の事件は福岡地検の担当となる。東京地検が担当することはない。しかし尾形は、この前年七月におこなわれた衆参ダブル選挙に出馬して初当選し、すでに代議士の国会議員バッジをつけていた。となると、話は別。国会議員相手なら、地検特捜部の出番だ。しかも、事件の内容が、

「住民税を盗み、それを裏金としてプールしてきた」

という奇想天外なものだった。税金が絡んだ汚職事件に発展する可能性がある。おもしろい、そう考え、沖町長の相談に乗ることにし、事件の捜査に着手することを決めた。そのために、告発状を用意させることにした。刑事事件の捜査では、よく使う手法である。告発状を受けたから捜査を開始せざるを得ないという手順を踏むわけだ。そうすれば、特捜部としても捜査をしやすい。

実際、新町長の沖から聞いた話は、川口弁護士から聞いていたとおりだった。町長からそれらの話

を聞くと同時に、資料を取り寄せた。

通常、市町村の住民税は、前年の所得税に基づいて算定される。そのため所得税より遅れて課税されることになる。サラリーマンが課税対象なら、市町村役場が、各自の勤めている会社や事業所へ納付票を交付し、納税分が給料から天引きされる。会社側が天引きした税金をとりまとめ、市町村へ納める仕組みだ。各市町村は、それをもとに税収の課税台帳と決算書を作成し、県庁に報告する。

ところが、調べると、北九州市の小倉に会社のある、住友金属苅田寮の住民税が、すっぽり抜けていた。従業員がたくさん住んでいるので苅田町役場に住民票はある。なのに、誰も税金を一円も払っていないのだ。これでは、まるで幽霊が住んでいるようだ。

いまどきそんな話があるか。最初は信じられなかった。しかし、町役場で帳簿を巧妙に操作することによって、長年、税金を誤魔化してきたらしい。

町では、課税台帳や決算書について、表と裏のふたとおりの書類を作成していた。つまり、裏で住友金属苅田寮の住民税を課税しておき、福岡県に報告する表の決算書では、住んでいないものとして、帳簿からそっくり抜きとり、税収計算をしていた。そうして、まんまと住民税だけをネコババしていたのである。それがどこに消えているか。町では、裏口座をつくって、そこへネコババした住民税をプールしていたのである。まさしく住民税の泥棒である。

盗まれていた住民税は、総額で実に一億一〇〇〇万円にのぼっている。

資料をもとにこれらを整理したうえで、こちらで告発状の原案をつくってやった。段取りどおり、この年の三月二二日、町長に上京させ、正式に町長名の告発状を地検に提出させたのである。そうして、私たちは捜査に着手するため、福岡に飛んだ。福岡地検小倉支部を拠点にし、本格的に捜査を始めたのである。

捜査のパートナーとして、たまたま大阪から異動になって東京地検特捜部に赴任したばかりの後輩の検事、黒田修一に同行してもらった。黒田なら、大阪での付き合いも長く、気心が知れているので心強い。

いったいネコババした住民税は、どこに使われているのか。それを調べなければならなかった。そして、町の出納長や会計課長を次々と取り調べ、裏帳簿や裏口座の存在も突き止めた。帳簿を見ると、意外に細々とした使い道が多い。たとえば漁業補償や住民への見舞金などが目立つ。そのなかで、大きな金の流れがあった。裏口座から一度に五〇〇〇万円もの金が引き出されている。その時期を見ると、尾形の衆院選直前なのである。選挙資金として、ネコババした住民税を使ったに違いない。誰が見ても、そう考える。

苅田町の出納長や会計課長は、われわれの調べに対し、のらりくらりと供述を曖昧にし、捜査が硬直状態に陥りかけていた。だが、もはやここまでわかっているのだから、勝負をかけなければならない。そう考えた。そこで、勝負に出た。われわれは出納長の寝込みを襲おう。キーマンの本格捜査に着手したのである。

原則として、検事や刑事の取り調べは、午前一〇時くらいからである。だが、相手を呼び出し、その時刻まで待つあいだに心の準備ができてしまう。だから、わざと抜き打ちで取り調べることにした。管理のうるさい東京でこんなことをやったら、何を言われるかわからないが、そこは出張先のこと。むろん東京にいる馬場副部長には報告せず、事務官に命じて、早朝五時に取調室に到着するよう、迎えにやらせた。

「これは何や」

裏と表のふたつの帳簿を目の前に突きつけながら、出納長にそう尋ねた。寝込みを襲われた彼は、狙いどおり。

「えっ、これは町の帳簿ですが……」

こう、どぎまぎしながら答えた。

「ほう、両方ともそうか」

「はい」

「ということは、茹田町では同じ時期の帳簿がふたつもあるんかい」

「金の出入りば、正式に経理処理できんときもあったとです。ですけん、こっちは……」

出納長はだんだん苦しくなる。こうして追い詰めながら、最後にたたみ込んだ。

「こっちは裏帳簿やろうが。ここにある五〇〇〇万、これは何に使《つこ》うたんや」

すると、ついに観念したように自供した。

「選挙に金ばかかるけん、ていう尾形町長の指示で……。それで仕方のう、ここから出金ばしたとです。それは、間違いなかです。銀行の担当者に言うて、金ば持って来らせました」

銀行の担当者も同じことを話し、それらを調書におさめた。明らかな横領である。これはいける——、そう思った。

「いけまっせ。しっかり調書にもサインさせてますから」

意気揚々と副部長の馬場へ電話で報告し、調書を東京へファックスで送った。それがまだ一二時をまわったばかり。従来の取り調べ開始時刻である一〇時から二時間しかたっていない。

「調書、もうできたのか」

副部長は驚いた声をあげた。もっとも、実は予定より五時間も早く調べを始めているのだから、できあがっていたわけだ。

「ええ、早いでしょう」

そう嘯きながら、胸を張った。しかも、この取り調べでは、さらなる掘り出し物があった。こうつけ加えた。

「実は、尾形が裏口座から引き出した五〇〇〇万円というのは、森喜朗のところへ渡っとるみたいでっせ。森は安倍派の事務局長ですやろ。それで、どうも派閥の選挙公認料として渡したみたいです」
尾形は当時の安倍派から衆院選に出馬していた。受話器の向こうの馬場の顔がほころぶのがわかった。
「そうか、なるほど。それはいい話だ。ご苦労さん、ご苦労さん」
ここまではよかった。

天の声

もともと、この事件を扱うにあたり、懸念はあった。地検の捜査も警察と同様に管轄がある。法律で定められているわけではないが、担当部署はたいてい事件の発生場所と被疑者の居所によって決まる。このケースは、犯罪発生、被疑者の住所が、ともに福岡県の苅田町だから、ふつうなら捜査の管轄が福岡地検小倉支部となる。そこで、苦肉の策を練った。

東京地検で逮捕してしまえば、被疑者の居所が東京拘置所となる。犯行の訴えを提起するときには、犯人の居所エリアである東京地裁へ起訴するため、逮捕さえすれば、東京地検で事件を扱うことが可能になるわけだ。そのためには、横槍が入る前にすばやく逮捕にこぎつけなければならない。

それともうひとつ大事なのは、事件を最初に手がけたのが東京地検であると、はっきりさせておくことだ。そこで、地検特捜部に宛てた告発状がものをいう。前述したように、苅田町の事件では、まず最初に沖町長から告発状を出させた。それには理由がある。

特捜部の検事が告発状を受理すれば、地検の事務局によって事件番号が与えられる。事件番号は正式に捜査するという証明のようなものだ。いったん番号が与えられると、記録が残るため、ふつうなら事件をうやむやにできないのである。

地検では、告発を待って捜査を始めるケースが多い。それは、こういった理由による。三菱重工CB事件のときは告発ではなく、独自に内偵していったので、それがなかった。そこには、それなりの事情があった。事件番号をもらえば、どうしても検察内部で捜査状況が漏れてしまう。あのような政治がらみの事件では、特にそこに気をつけなければならない。どちらを選ぶか、は検事の判断だ。しかし、三菱重工CB事件では、結果的にそれが裏目に出て潰されてしまった。その轍を二度と踏みたくない。だから、今度は告発状を出させたのである。

こうして正規のテーブルに載せ、町の出納長による重大な証言調書まで取った。あとは逮捕するだけのはず、だった。ところが、ここから事態が急変する。

福岡地検小倉支部での出張捜査を終え、同僚の黒田検事とともに帰京した。

「さすが田中君やな。よくやった、よくやった。あとはいよいよ、だな」

意気揚々と引き上げてきた私たちに対し、馬場副部長もそう労ってくれた。正直、悪い気はしない。いよいよ本格捜査がはじまれば、応援の検事も必要になる。

「誰がいいかな」

黒田検事とそんな呑気な話をしていた。自分で育てた事件が日の目を見る。さすがに嬉しかった。

この直前、東京地検特捜部では、それまで二班しかなかった捜査体制を三班に改めていた。現在の特殊直告一班、二班、それに財政経済班という捜査体制が整っている。直告班は告訴告発を受けて捜査をするケースが多く、財政経済班は脱税事件など、もっぱら複雑な経済事犯を扱う。特捜部である以上、いずれも政官界が絡んだ疑獄事件の摘発を目指すのだが、国会議員の汚職事件を扱うのは直告班であることが多い。私は二班に拡充されたばかりの直告一班の一員として、尾形議員の逮捕を担っている、そんな自負もあった。

そういう矢先の出来事だった。

「この事件は、福岡地検へ移送することになった。だから、引き継ぎを頼む」

福岡から東京へ戻って、わずか五日目のことだ。事件を担当している一班の検事五人が馬場副部長に呼ばれ、突然こう告げられたのである。ショックだった。移送とは事件そのものを別の地検に任せるという意味である。

「ここまで来て、なぜ移送なんですか」

もちろん食ってかかった。だが、副部長はこうなると逃げを打つ。

「いや、僕にも、理由はよくわからないんだ。遠隔地で捜査に不自由だから、福岡地検に移すということなんだがね。とにかく決まったことなんだよ」

いくら食い下がっても無理なのは、これまでの経験で身にしみていた。ゼネコンの談合事件でよく「天の声が下る」という。建設会社が工事の受注で揉めると、業界に影響力のある政治家が鶴の一声でお気に入りの業者を指名するという意味だ。捜査の現場にも、まさしくこの「天の声」が存在する。この事件を担当している私ら一班の検察も、しょせん行政の一機関にすぎない。だから捜査にも、ある程度政治的な配慮が必要なのは、理解できなくもない。だが、こんなに簡単につぶされてはたまったもんじゃない。

「こんなことではやってられん。俺は検事を辞める」

馬場副部長に向かって怒鳴った。手掛けた事件をわけもわからず次々とつぶされる東京地検の魍魎《もうりょう》とした世界には、もはや我慢できない。本気だった。

他の検事たちが、私を支持してくれ、副部長と激論になった。福岡移送の不当性を申し立て、あげくのはて、これでは全員辞めるしかないとまで言って、上層部の翻意を迫る。だが、いったん下りた上からの指示が覆るはずがない。悔しかった。副部長の部屋を出て、ドアを蹴飛ばして立ち去った。

このとき、副部長から「僕も悔しいんだ」と慰労された。その言葉は決して偽りではなかったと思う。反面、副部長が上層部と結託して事件をつぶしたのも、事実ではないか。それがエリートの生き方なのだろう。組織や上司にしばられて自分を殺していく。私の方が勝手なことをやっていけるだけ楽だとも思った。馬場副部長は、この事件からほどなくして亡くなった。

ただし、上層部の命令だろうがなんだろうが、簡単に引き下がるつもりはない。一班の検事たちも同じ気持ちだった。そこでまず、一班の検事全員で、上層部への抗議を示すための残業拒否をはじめた。全員が午後六時になると、一斉に退庁する。子供っぽい抗議の仕方ではあるが、検察庁では意外に効果を発揮するのではないかと思ったのだ。

特捜の検事は、朝九時半頃に出庁し、夜は一一時頃まで仕事をする。休日もほとんど出庁する。東京の特捜部には年間一二〇〇件の告発が寄せられる。その調査と担当の事件をこなすには、それくらい働かざるを得ない。残業拒否をすると、これらの作業が大幅に遅滞してしまい、仕事に支障をきたすからだ。この残業拒否をしばらくつづけた。

その一方で、苅田町の有力町民に頼んで、東京高検の検事長への捜査促進の陳情をしてもらった。東京高検は東京地検の上部組織である。その上部組織に訴えて、その圧力で地検特捜部に捜査継続を促そうとしたわけだ。

ところが、苅田町民が高検に二度目の陳情をおこなった一九八七年（昭和六十二年）の六月二九日、遠藤要法務大臣が視察先の札幌での記者会見で、苅田町事件はすでに福岡に移送済みであると発表。まさしくこちらの狙いを察知した上層部に、先手を打たれたのである。

こうなると、もうどうしようもない。それまで捜査に協力してくれた苅田町の町民に、私の非力をひたすら詫びるしかなかった。

この苅田町事件には後日談がある。事件を福岡地検で担当したのは、それまで東京地検特捜部にいた横田という検事だった。このころ福岡へ異動になり、公安部に配属されたばかりの検事だ。本来、告訴・告発を受けるのは刑事部の仕事である。にもかかわらず、東京地検特捜部出身の公安検事に事件を担当させたのは、それなりの意図があるとしか思えなかった。ありていに言えば、東京地検の上層部として、気心が知れているかつての部下に、阿吽《あうん》の呼吸で事件をつぶさせるためだったのだろう。

のちに、自民党清和会の顧問弁護士になってから、ある大物代議士にこの事件のことを聞いたことがある。清和会は、現総理の安倍晋三の父、安倍晋太郎を領袖に仰いでいた。このとき、その代議士は言った。

「田中先生、あのときはようやっとりましたな。清和会中の評判でした。事件がこのまま大きくなれば、どうしようかと」

北九州の片田舎でまだ検挙もされていない事件が、中央政界で評判になっていたという。容疑のかかっていた元苅田町長は、それだけ中央政界と関係が深かったという証左ではないか。横領された苅田町の住民税が、清和会事務局長の森喜朗への裏献金だったのではないか、と睨んだ捜査は、結局、とりかかることすらできなかった。

弁護士になってからのこと。懇意にしている政治家の秘書から、こんな話も聞いた。当時の第三次中曾根内閣の官邸サイドが、ある著名な司法ジャーナリストを介して伊藤検事総長に圧力をかけていたという。もちろん真偽は定かではないが、あり得る話だと思った。なぜなら、実は事件の福岡移送が、伊藤検事総長直々の指示だったからである。むろん異例中の異例だ。

当時の中曾根は、清和会の安倍晋太郎と経世会の竹下登を、後継首相として競い合わせながら政権を維持していた。両派の微妙なパワーバランスの上で政権を維持してきたともいえる。捜査の最終ターゲットに据えていた森喜朗は、その安倍派の重鎮である。仮に森が失脚すれば、中曾根にとって政権基盤のパワーバランスが崩れる。それを憂慮したのではないか、とも勘ぐってしまった。

そして案の定、福岡地検へ事件が移送されたあと、捜査はあっけなく終わった。

「私は何も知りません」

福岡地検における取り調べで、出納長はこうひと言だけ供述し、あとは否認で通した。そうして、刈田町事件は終焉を迎えたのである。

事件がつぶされる理由

平和相互銀行事件、三菱重工CB事件、そして苅田町事件——。どうにも釈然としない、腹立たしい顛末ばかりだった。なぜ、検察最強の捜査組織である東京地検特捜部が、まともに事件にできないのか。

検察庁は、同じ司法界の組織であっても、行政機関から独立している裁判所とは、そもそも性格が違う。検察は法務省の一機関であって、日本の行政機関の一翼をになっている。だから、事実関係と証拠関係だけで判断できる裁判所と違って、検察は行政組織として国策のことも考えなければならない。しぜん、時の権力者と同じような発想をする。実際、検察エリートは国の政策に敏感だった。

しかも、当時の検察上層部は本庁の法務省の官僚を長年務めた者が大半。本来、検事ではなく官僚。松尾前検事総長もずっと法務省にいて、現場の捜査などほとんど経験していない。財務省の次官が検事総長になったようなものだ。権力者の発想になるのは当然だともいえる。そのときの国の体制を護持し、安定させることを専一に考える。だから、そもそも検察は、裁判所に較べると、はるかに抑止力が働く組織なのである。

その抑止力が働きすぎると、マスコミから政治的な圧力があったのではないかと批判されるが、実態は違う。時の権力と同じ発想で捜査を指揮するから、国益に反すると判断すれば内部で自制する。それがマスコミには腰砕けになったように映るのだろうが、その多くは、自発的に捜査をやめるのであって、圧力によるものではない。

裁判官には共産党的な左志向を持つ人も少なくないが、検察官には、そんな人間は一人もいない。被疑者に人権がある、などと本気で考えている検事もいない。検事はみな傲慢であり、被疑者に対しては、「俺が権力だ。俺の言うことを聞け。呼び出されたら、何をおいても、ハイッと言って馳せ参じて来い」という発想である。こうした傲慢さは、霞が関の官僚全体にあるが、検察官はことさらその傾向が強い。

最近、「国策捜査」という検察批判がよくなされるが、そもそも基本的に検察の捜査方針はすべて国策によるものである。換言すれば、現体制との混乱を避け、ときの権力構造を維持するための捜査ともいえる。だから、平和相銀事件や三菱重工CB事件のような中途半端な結末に終わることが多い。本格的に捜査に突入すれば、自民党政権や中曾根派が崩壊したり、日本のトップ企業である三菱重工が傷を負う怖れのあるような事件は、極端に嫌う。

どだい検察エリートは官僚であって、検事ではない。自己保身を旨とする官僚は、危ない橋は渡らない。政界や財界の中枢がからむような事件には、腰が引けてしまう。そんな官僚たちに政界や財界を掻き回すような捜査のゴーサインを求めるほうが、無理だったのかもしれない。

大所高所から事態を俯瞰し、国の体制を護持し、安定させる。それを専一に考えることは、国の行政組織である検察上層部としては、あたり前の発想だろう。しかし、そのための捨て駒にされたのでは、たまらない。伊藤検事総長が「巨悪は眠らせない」と豪語した以上、国民はそれを期待する。私自身、そんなせんない期待を抱いていた。

もっとも、捜査が沙汰やみになるのは、こうした国策による要因だけでもない。検察内部での先輩、後輩の私的な人間関係も、意外な影響を及ぼす。三菱重工CB事件が暗示したように、最高検の発言が、現場の捜査に与える影響はことのほか大きい。それは、ときに捜査への圧力になる。

最高検は法権力の最高機関である。ここの検事たちは、退職を控えた高齢者が多く、検察OBたちとの交流も深い。捜査対象の三菱重工には、元検事総長をはじめとする錚々たる検察ＯＢが顧問弁護士として雇われていたが、そのＯＢから接触があれば、どうしても、先輩に花を持たそう、先輩の顔を立てなければならない、と考えてしまう。定年間近の最高検の検事にとって、退官後の生活の心配もある。定年後の大半の検事は、俗に「ヤメ検」と呼ばれる弁護士として生計を立てていくことになるが、ＯＢに顧問先を紹介してもらう。そのときのため、実力者のＯＢに貸しをつくっておこう、という思惑を抱く検事も少なくない。

先輩のヤメ検弁護士たちは、それぞれ実力ＯＢを中心にした、いくつかのグループを形成している。退官後は、親しかった先輩のグループに身を置く。ＯＢたちは、現役検事時代からの人間関係を引き継ぎ、そこで暮らす。よくいえば、家族的な関係のなかで利益を分配しながら生きていくということだろうが、その先輩、後輩のきずなは、一般の世間に較べてもかなり強い。これは検事も含めた役人に共通する生き方でもある。

よほど大きな事件は別だが、一般的な普通の事件では、こうした先輩、後輩の私的な人間関係によって、捜査の行方まで左右されることが少なくない。検事の世界はすこぶる狭いため、どうしてもそうなるのだろう。これも、検察捜査のもうひとつの現実である。

かつて大阪地検の特捜部に配属された私は、どんなことでもできるように自惚れていた。特捜検事は「正義の最後の砦」だとも自負してきた。

しかし、その自信や自負心が、検事として年月を重ねていくにつれ、ことごとく崩れ去っていった。と同時に、それまでの検察庁のやり方や仕組みに対する不満が、抑えきれなくなっていった。検事には、法務省キャリア、閥閥を後ろ盾にするエリート、たたき上げの捜査検事という三種類があるが、仕事の大半は、われわれたたき上げの検事が担っている。しかし、それを手柄にするのは、キャリアや閨閥エリートばかり。出世の材料にするのも彼らばかりだ。あげく自分が手塩にかけて手掛けてきた事件が潰される。そんな現実を見ていると、なにやらアホらしくなってきた。

「あまりにも不平等ではないか。一生、こんなことをやっているのかな。検事という職業は、本当に生涯を賭けるほどの仕事なのだろうか」

大阪にいると、まわりがみなたたき上げの捜査検事だったから、それほど不公平感を痛切に感じたことはなかった。とくに東京地検に配属されてから、そんな不満が募ってきた。それは、幼いころから貧乏で学校の勉強もろくにできなかった者の僻みかもしれない。子供のころはそれほどエリートや金持ちをうらやましいと思ったことはなかったが、社会に出てなお馬鹿にされるのは嫌だった。昼間の高校に進学できなかった私が、中学校時代の親友に対して引け目を感じ、こちらから避けるようになったときのような惨めな思いはしたくない。ふと、そう思った。

なぜか、これまで取り調べてきた被疑者のことが頭に浮かんだ。彼らのなかには、撚糸工連事件の小田清孝のような苦労人が多い。そうして、むしろ彼らにシンパシーを覚えるようになっていった。もはや差別されるのも、差別するのも嫌だった。私は、明らかにやる気を失っていた。

ある贈収賄事件の顛末

その事件の被疑者は、ある不動産会社の社長や専務たちだった。私は社長を取り調べ、専務を後輩検事に任せていた。東京拘置所のなかで、彼らの事情聴取をつづけていた。が、なかなか口を割らない。そんなとき、被疑者である社長の夫人が、病に倒れてしまったという。末期ガンで危篤状態に陥り、慶應病院に入院した、と聞かされた。

「夫人が亡くなる前に、せめて一週間だけでも拘置所から出し、看とらせてやってほしい」

社長の弁護士から、勾留の執行停止が申し立てられた。それなら執行停止を認めてやったほうがいい。そう思い、特捜部の部長、副部長と相談し、認めた。といっても、表向き、病院で自由に面会させるわけにはいかない。そうして面会日を決め、正午から夕方五時まで、病室で夫婦が会えるように手配した。病室では、監視役として二人の事務官が付き添う、という条件もつけていた。

しかし、いくら被疑者とはいえ、長年連れ添った夫婦が、今生の別れになるかもしれないのである。事務官の監視つきの面会では、あまりに可愛そうな気がした。そこで、事務官といっしょに社長を病院に連れて行き、玄関先で言った。

「積もる話もあるやろう。だから、アンタひとりで病室へ行け。夕方五時になったら、事務官と一緒にここへ迎えに来るから」

むろん社長は驚く。

「え、本当にひとりで行っていいんですか」

「ワシはアンタを信用しとるから、いいんや」

彼は深々と頭を下げ、病院のなかへ消えて行った。事務官が耳元で囁いた。

「検事、逃げたらどうされるおつもりですか。やはり、私がこっそり付いて行ったほうがいいのでは……」

そんなことをしたら、意味がない。

「いやいや、いいんだ。万が一のときは俺が辞表を出せば済むことやろう」

不動産会社の社長夫妻が病室にいたのは五時間。こちらも、やることがない。パチンコ屋に行って暇をつぶしたり、本屋で立ち読みをして時間をすごした。そうして夕方の五時に慶應病院の玄関前に行った。そこには誰もいない。逃げられてしまったか。ふとそう思った。

それでも、病室には行かなかった。どのくらい待っただろうか。なかから男が出てきた。真っ赤に目を腫らしている。

「検事さん、本当にありがとうございました。おかげさまで最後の女房孝行ができました」

こうして拘置所へ連れ帰った。

この不動産業者には、土地取引をめぐる汚職事件の疑いがあったが、取り調べはあまりうまくいっていなかった。だが、この面会以後、事態は変わる。

「検事さん、ありがとうございました。つきましては話したいことがあります。二〇〇〇万円を渡しました」

不動産会社の社長は、農林大臣経験者の大物国会議員に保安林指定区域の解除を頼んだ。その代償として二〇〇〇万円の賄賂を渡していたという。それをみずから自供したのである。おまけに、こうまで言った。

「この件は、専務もよく知っていますから、聞いてみてください」

農林大臣だと、保安林指定区域解除の職務権限がある。しかも、贈賄側の会社社長が、ここまで証言しているのだから事件としては非常に筋がいい。綺麗な贈収賄事件だ。そこで、専務を取り調べていた一期後輩の特捜部の検事へ、指示した。

「いい事件になるから、聞いてみろ」

社長が白状しているのだから、専務も落としやすい。結果、彼は専務の自供調書を取ることができた。

ところが、驚いたことに、後輩検事は私に黙ったまま、主任検事と副部長のところへ調書を持っていったのである。突然、副部長から呼び出され、叱責された。

「田中君、専務がこんな自白をしている。君はいままで何をやっていたんだね。社長からの供述は、取れていないのか」

後輩検事は、手柄をひとり占めにするため、私を通さずに上司に報告していたのだ。そんなこととはつゆ知らず、副部長に呼び出されたわけだ。さすがに頭にきた。

「なんで、俺に一言もなく上司に報告に行くんや。それが、どれだけひどいことかわかっとるんか」

そう後輩を怒鳴りつけた。一緒に拘置所に通い、おたがいに情報交換しながら取り調べをしてきたのに、抜け駆けするとは許せない。私は副部長にも言った。

「あんな汚い奴とは、これ以上いっしょに仕事をしたくありません」

だが、副部長は反論する。

「田中君、それは君が間違っている。何事であれ、まずは上司に報告するのが正しい」

そんな馬鹿なことはない。もちろん捜査上の指揮系統は守らなければならないが、捜査の現場ではもっと臨機応変に対応しないと、立件できる事件もできなくなる。

「それは違う。大阪では、同僚や部下を大事にしろ、必要があれば上司を騙してでも事件に取り組め、と教えられてきた。それが捜査現場というものでしょう」

そう言って、大喧嘩した。拘置所に副部長を呼び、事務官たちの前でわざと大声を出した。

「それでも私が間違っているというなら、テレビ討論でもしましょうや。そうすれば、どっちが正しいか、白黒はっきりするでしょうよ」

苅田町事件のあとでもあり、いいかげん検察の体質にうんざりしていた。もはや、辞める決心を固めていたから、ここまで言えたのかもしれない。また、ちょうどこのころ母が脳梗塞で倒れてしまった。それも影響していたかもしれない。

両親は、長崎の平戸で夫婦ふたり暮らしをしてきたが、脳血管障害で臥せっていた父が亡くなり、看病疲れからか、母も同じように倒れてしまったのである。急遽、平戸から兵庫の家に呼び寄せることにした。それで、休みをもらうことにしたのだが、あまりにも腹が立ったので、上司に意地悪をした。

「この調書は、アンタの言うとおり二〇〇〇万円を議員に渡した、と書いとるやろ。ワシはこれからしばらく休みをとるから、代わりの検事が来て、ここに署名しろ、と言うはずや。でも、絶対に署名したらアカンで」

そう社長に言い残して休暇に入った。言ってみれば、嫌がらせだ。だが、そうでもしなければ、腹の虫がおさまらなかったのである。そうしておいて、副部長に報告した。

「私はこれから休みをとらせてもらいますが、どうにも本人が調書に署名しません。だから、あとはお願いします」

社長は義理堅く、私の言葉を守ってくれた。だから、他の検事では調書に署名させられるわけがなかった。

とはいえ、事件は事件だから、そのまま放っておくわけにもいかない。そこで、仲のよかった新聞記者に事件のあらましを伝えておいた。

「ワシが休んどるあいだ、タイミングを見計らって、この件を書いてもいいぞ」

記者にとっては特ダネである。事件は新聞の一面トップをデカデカと飾った。すると、案の定、東京にいる副部長から泣きが入った。

「今の段階で新聞にここまで書かれたら、事件にできなくなる。どうすればいいか」

調書に署名していないのだから、無理もない。私は冷たく言った。

「そんなこと私に言われても困りますな。新聞に記事が出たのは、副部長の情報管理が悪いんではないですか」

結果、この事件は立件されなかった。だが、私はそれでもいい、とさえ思うようになっていた。

是が非でも事件を組み立てていく、という気力が失せてしまった。一九八〇年、巨人軍の王貞治が、三〇本もホームランを打っていながら引退したとき、「三振しても腹が立たなくなったから」と理由を言っていたが、それと似ているかもしれない。もちろん、あの人ほど偉大ではないけれど、被疑者に嘘をつかれてもカーッと燃えるものがなくなっていた。以前だったら、どんなことをしても嘘をひっくり返してやろうと、思ってきたが、どうでもよくなっていったのである。

単身赴任し、仕事にすべてを擲《なげう》ってきた検事生活。それはいったい何だったのだろうか。

苅田町事件がつぶされた二カ月後の一九八七年八月、私は東京地検に辞表を出した。ところが、東京地検からは、「辞表は受け取れない」と慰留された。「来年の四月になれば恩給がつく。せめてそこまではいたらどうか」とも諭してきた。辞表を出したことが、大阪の特捜部にも伝わり、大阪からも「辞表は撤回せえ。大阪に戻って来い」と言ってくれる。

「田中検事がそちらへ行かれた直後は、これで安心して朝寝ができると言っていた大阪のワルどもが、このバブルに乗って、朝寝どころか、さんざん悪さしとるんですわ。是非こっちに戻って来られて、連中をあげてください。僕も捜査に加えて」

かつて一緒に仕事をした大阪の事務官たちからも、こんなありがたい慰留があった。

「何がなんでも大阪に帰って来いよ。あまり東京に長居すんな」

大阪から東京に異動するとき、土肥特捜部長から言われた言葉を思い出した。温かい心づかいが胸に響く。それでも、決意は変わらない。こう慰留を断った。

「私の気持ちは、もう切れているんです。もう捜査に燃えない。そんな私が特捜部にいたら、迷惑でしょう」

一九八七年八月。私は東京地検から大阪地検に戻され、同年一二月、検事を辞めた。検事生活一七年目のときのことである。

第六章　ヤクザと政治家

専用エレベーターを使って最上階へ上がると、目の前にインペリアルスイートルームの入り口があった。そこに、真っ黒いスーツを着込んだガードマンが、ふたり並んで立っていた。用件を告げ、案内される。ドアをあけてもらい、なかに入ると、豪華な部屋が広がっている。広さ一〇七坪。三五三平米もあるホテルオークラ自慢の最高級スイートルームだ。

関西から上京すると、必ずここに宿泊する人物がいた。名前を中岡信栄という。最上階のワンフロアーを借り切って、昼間から陣取っている。この部屋を訪ねてくる人たちに会うためだ。ホテルへ呼ばれると、この部屋の訪問者たちと何度も出くわした。派閥「清和会」（現・町村信孝派）の領袖でもあった元外相、安倍晋太郎も、そのひとりだ。言うまでもなく、いまをときめく首相、安倍晋三の父親である。

「先生、国会たいへんでっしゃろ。まあ、ゆっくりしておくんなはれ」

国会会期中の多忙な合間を縫って訪ねてくる安倍に対し、中岡はいつもそう気を使いながら、出迎えた。深々としたソファーに腰かけ、安倍が礼を言う。

「いつも、すまんね。助かるよ」

そんなやりとりをしながら、私もそばに座って雑談をする。おかげで私も、すっかりこの大物議員と親しくなった。政治オンチの中岡に代わり、国会や政局について安倍の話し相手をする。いつしか、それが私の役目のようになっていた。

「なるほど、なるほど。そうでんな」

会話を聞きながら、中岡が笑顔でうなずく。それが一定のリズムをつくり、妙に会話が弾んだ。

そうやって、他愛もない会話をしていると、ときに別の客がやって来ることもあった。たとえば、竹下登だ。

いわば、自民党の両巨頭による密談である。永田町の目と鼻の先にある虎ノ門のホテルオークラは、政治家にとって、こっそり国会を抜け出すには、うってつけだったに違いない。最上階にある広いスイートルームが、格好の密談場所になっていた。さすがにふたりがそろうと、われわれは席を外す。スイートルームには、いくつも部屋があり、そこでふたりきりで話すのである。

政治家たちにそんな場所を提供していたのが、中岡信栄だった。私が彼と知り合ったのは、バブル景気が急激に膨らんでいった一九八八年二月ごろ。五えんやという大衆焼鳥屋から身を興し、一代でホテルやゴルフ場、ノンバンクまで手にしていた。

「先生、アンタ、検事時代に俺を狙うとったらしいな。ええ度胸しとるわ」

これが初対面のとき、彼の口から私に対して向けられた最初の言葉だった。東京地検特捜部を去ったすぐあとのことである。

「自分らが取材に行っても、一〇万とか二〇万の小遣いをくれはるんです、中岡さんは。近畿財務局の連中には、相当なカネが渡っとるみたいでっせ」

知り合いの大手新聞記者から、こんな情報を聞いて動き始めたのが、捜査を始めるきっかけだった。中岡は、大阪市内で焼鳥の五えんやを始め、大当たりした。店には、近畿財務局長をはじめ、大阪府や府警、国税局が出入りし、接待を受けていた。なかには、百何十万円もする本間ゴルフ製のフルセットをプレゼントされた者までいる。

その中岡の率いる五えんやグループに、巨額の使途不明金があるのをつかんだ。実にそれは、七年間で三五〇億円にのぼっていた。

「この人物を洗うとおもろい」

ちょうど東京地検に転勤になる前、私は中岡を内偵捜査した。すこぶる豪快な人物だった。中岡は、松下電器の社員食堂で働いていたところを松下幸之助に認められたという。そこから包丁一本で焼鳥屋を出店し、五えんやチェーンを築いていった。実業家としてリゾートホテルやノンバンクの「ＥＣＣ（イージー・キャピタル・アンド・コンサルタンツ）」などを率いるかたわら、政官界との幅広い人脈を作った。政界では、自民党の安倍晋太郎や竹下登のほか、玉置和郎、村上正邦と親しく、野党でも、民主社会党元委員長の春日一幸や公明党元委員長の矢野絢也らと付き合いがあった。官界では、接待汚職のときに有名になった旧大蔵省の中島義雄元主計局次長や、田谷広明元東京税関長らとの交友関係が評判になったこともある。

そうしたことから、中岡の使途不明金の行方を追及していけば、大変な汚職事件になるのではないか、とにらんだのである。

このころ、私はちょうど大阪府知事の岸昌の捜査に追われていたため、中岡の件についてはある程度事務官に任せていた。ところが、内偵を進めていくと、検察庁とのつながりまで出てきたのである。とりわけ彼と親しかったのが、元仙台高検検事長の田村彌太郎だった。

田村は検察庁を退官後、中岡のところのノンバンク「ＥＣＣ」の顧問弁護士にもなっている。歴代の大阪高検検事長が、就任すると彼のところへ挨拶に行く慣習があったほど、検察内では影響力のある人物だ。中岡は、そんな大物検察幹部をバックにしていた。

検事を辞め、中岡と最初に会ったとき、「ええ度胸しとるわ」と誉めてくれたのは、そんな検察庁内部の人脈を知っていながら、捜査を進めていたからだろう。もっとも、この内偵捜査も、大阪府知事のときと同様、東京へ転勤になったため沙汰やみになってしまった。

対面した中岡はこうも言った。

「もともと、わしを狙うとるんがどんな男か、見てみたかったんや。で、アンタが検事を辞めたいうんで、会ってみよう思うたんや」

もっとも、かつての被疑者対検事という関係ではない。むしろ、彼とはすぐに意気投合した。いわゆるバブル紳士との最初の出会い、と言っていいかもしれない。私は、中岡から安倍晋太郎を紹介され、彼が率いていた派閥、清和会の顧問弁護士にも就任した。ホテルオークラのインペリアルスイートルームで、政治家連中の密会を目撃するようになったのは、こうした経緯がある。オークラの最上階では、政局の節目節目で実力者たちが密会してきた。リクルート事件のときもそうだった。

リクルート事件は、不動産子会社「リクルートコスモス」の未公開株譲渡による汚職として知られる。いわゆる旧労働省ルートと旧文部省ルートの政官界汚職だ。学生向けの就職情報誌を発行するリクルートは、青田買いと揶揄された大学生の就職制度について、政治家や官僚から有利な情報を得るべく、盛んに働きかけていた。旧労働省や旧文部省が業界にどのような指導をするのか、リクルートは喉から手が出るほど欲しかったわけだ。その情報提供の代償として、国会議員や官僚に値上がり確実なコスモスの未公開株を渡していたわけだ。

だが、むろんグループを率いる江副浩正が政治力に頼ろうとしていたのは、これだけではない。意外に思われるかもしれないが、リクルート事件では、農水省関係の利権が隠れた捜査の焦点だったのである。もう一つの大きな利権、それが保安林の指定解除を巡る議員への賄賂だった。

国内でゴルフ場やスキー場をつくろうとする開発業者は、必ずと言っていいほど、この保安林の指定解除問題に直面する。そもそも農水省がそれを許可しなければ、開発できないのだ。そこで、業者はしばしば農水省に影響力のある国会議員を頼ってきた。それがリクルート事件でも顕著に現れていた。結果的に封印された汚職事件である。

中岡が面倒をみてきた安倍派は、その自民党農水族の牙城である。

スキーが趣味の江副は、グループの事業としてリゾート開発に力を入れてきた。なかでも、岩手県の安比高原リゾートの開発には、ご執心だった。そこで頼ったのが、清和会の農水族議員やその秘書連中だった。繰り返すまでもなく、ポイントは保安林指定の解除だ。少なくとも、東京地検特捜部は、コスモス株が渡っていた安倍派の農水族議員の秘書たちに対し、保安林問題との関係を洗い出そうとした。なかでも、ターゲットは農水大臣まで務めた加藤六月《むつき》である。

中岡との関係から安倍派の顧問弁護士になっていた私は、このとき加藤の弁護を頼まれた。検察時代とは反対に、議員の弁護人として、検察側と対峙する格好になったのである。

東京地検は、明らかに農水行政に絶大な影響力を持つ安倍や加藤ら、大物代議士の摘発を狙っていた。それをどう切り抜けるか。実はそれが、弁護士としての私の初仕事だったのである。まだ若かったころ、検事として四国の保安林をめぐる汚職疑惑を追及してきたことがあったが、それと正反対のことをしているのだから、検察側もやりにくかったのではないか。

結果として、農水行政にまつわる贈収賄の摘発は見送られた。なにか特別な裏技を駆使したわけではない。だが事件は、安倍と加藤の秘書による政治資金規正法違反というところに落ち着く。特捜部が、保安林指定の解除問題と未公開株譲渡との因果関係を解明できなかっただけのことだと思っているが、検察庁の幹部とはしこりが残ったかもしれない。

「田中先生のおかげで助かりました」

安倍派の議員からはこう感謝されたが、以来、弁護士として検察と対峙するケースが増えていった。やはり、私が顧問先から期待されるのは、ヤメ検としてのノウハウだ。それは弁護士としての仕事だと割り切らざるをえないのである。

宅見勝若頭のフランス日帰り渡航

「先生、フランスへ日帰りしたんは、俺だけとちゃうやろか」

射殺された山口組の元若頭、宅見勝組長が生前、よく冗談交じりにこう話していた。

〈宅見組長外為法違反事件〉

朝日新聞大阪社会面夕刊の「ニュース三面鏡」に事件のことが掲載されたのは、一九九二年九月九日。このとき宅見組長から相談を受けた私は、フランスへ治療に行かせることを思いついた。当時の記事をめくってみると、次のように書かれている。

〈宅見勝組長の外為法違反事件は、世間を驚かせた拘置の執行停止や出国など一連の経過で事実関係の不透明さを残したまま、八日、略式起訴でとりあえず終結した。異例の展開のなかでも、組長側が出国を求めた際、フランスの病院に入院予約があるという虚偽の申請書類を大阪地裁に提出し、これに弁護士や医師らが関与していたことが、関係者の間に波紋を投げかけた。刑事事件の立件こそ見送られたものの、職業倫理上の問題を残すとともに捜査当局や裁判所のチェックの甘さも浮き彫りとなった。

宅見組長の出国が決まった後、山口組の渡辺芳則組長らが宅見組長のフランス滞在予定に合わせるように欧州旅行を計画していたことが分かった。捜査当局は急きょ国際刑事警察機構（ＩＣＰＯ）を通じて仏政府に通報、宅見組長の入国は阻止された。渡辺組長らの旅行も結局キャンセルされた。執行停止中に出国が認められるのは極めて異例で、大阪地裁の判断や反対意見をつけなかった大阪地検の出方に首をかしげた司法関係者は多かった〉

他紙もおおむね似たような記事を掲載し、大騒ぎになったものだ。が、ここには、書かれていない事実がかなりある。間違いとまでは言わないが、裏話はつきものだ。実は、宅見組長のフランス逃避行は、あの安倍晋太郎事務所がずいぶん助けてくれたのである。

宅見組長は、この前の年の一二月、カナダのバンクーバー市内に自宅を購入しようと、四〇万カナダドルを現地へ送金した。日本円に換算すると、四六〇〇万円ほどになる。これが外為法に触れたのである。そして翌九二年七月三〇日、大阪府警防犯特捜隊が彼を逮捕する。大阪地検へ身柄が送検され、大阪地裁が一〇日間の勾留を認めた。このとき弁護士として勾留停止、釈放を頼まれたのが私だった。正確には、検察時代の後輩が彼の弁護人となっていたが、陰でサポートしていたのが私である。そこでまず、宅見組長の持病である糖尿病、肝臓病の悪化を理由に、勾留執行の停止を大阪地裁に申し立てた。

ヤクザは刺青のせいで皮膚呼吸ができず、肝臓を悪くしているケースが多い。彼も肝臓疾患を抱えていたため、勾留の執行停止が認められ、八月四日に釈放された。大阪市内の病院はなかなか受け入れてくれないので、大東市に入院させた。だが、二四時間マスコミの監視にあい、休養どころではない。そこで、いっそのこと海外の病院に入院させてしまおう、そう思いついたのである。

となると、渡航許可はむろん、まずは向こうで受け入れてくれる病院を探さなければならない。といっても、そんなツテはない。困った。そのとき頼んだのが、安倍事務所だったのである。

どうせ頼むなら、ヨーロッパの病院がいいと思い、言った。

「安倍先生、フランスあたりで、肝臓病治療のいい病院知りませんか」

驚いたことに、安倍晋太郎は細かいことは聞かず、秘書に言っておくと、快く引き受けてくれた。外務大臣を務めていた実力者だけあって、さすがに海外には顔が利く。さっそく駐仏日本大使に話をしてくれた。そうして大使がみずから大物ヤクザが入院する病院を探してくれたのである。

「世界的な肝臓病治療の権威が見つかりました。田中先生の事務所へ、病院から直接案内が届くと思いますので、処理してください」

安倍事務所の秘書からこう連絡があり、フランスの病院から直接エアメールが届いた。「ディアコネス病院」というところからだ。手紙はフランス語で書かれ、診察の日時まで書かれてある。それを翻訳し、渡航の許可を得るため裁判所に提出した。これが大阪地裁に認められ、フランスへの渡航許可がおりたのである。この大物代議士の迅速な手配に、ずいぶん感謝したものだ。

のちに、この裁判所への書類は、偽造だと報じられた。だが、日本の大使からの紹介なのに、そんなはずがない。ことが大きくなったため、捜査当局や裁判所がそう言わざるをえなかったに過ぎなかったのである。

そもそもフランスでの療養を思いついたのは、単なる世間話からだった。

「田中先生、五代目が海外に行かはった経験がないさかい、いっぺんうちのお父さんといっしょに行こう、いう話があるんよ」

この年の前年、宅見夫人からこう言われたことがあった。繰り返すまでもなく、五代目とは山口組の渡辺芳則組長のこと。お父さんとは宅見組長本人だ。夫人はことのほか亭主の身体のことを心配していた。だから当時はこう言っていた。

「もしかしたら、お父さんから頼まれるかもわからんけど、身体が悪いんやさかい、先生も言うこと聞いたらアカンよ」

そうして彼が逮捕勾留されたとき、ふとこの言葉を思い出したのだ。それで、安倍晋太郎に頼んでみようと考えたのである。むろん、ヤクザの渡航相談ということも話している。にもかかわらず、快く引き受けてくれた。驚く、というより、なにかしら懐の深さを感じたものだ。

安倍晋太郎は優等生タイプで、私などからすれば、面白味に欠けるところがあった。しかし、さすが派閥を率いる領袖だけはある。実に大胆な一面も兼ね備えていた。

安倍晋太郎の祖母は、私の故郷である平戸・松浦藩藩主の係累で、明治天皇の教育係をつとめたこともあったという。たしかに彼には殿様の子孫らしい鷹揚さがあった。宅見組長の渡仏に力を貸してくれたのも、そんな鷹揚な性格のなせる業だったのかもしれない。

そうして、成田からフランス行きの航空便を予約し、あとは向こうに飛ぶだけというところまで来たのである。ところが、ここで問題が発生した。

「日本のマフィアの親分がやって来る」

現地のマスコミがそう大騒ぎし始めたのである。おまけにそれが日本にも伝わってきた。話が広まり、日本の新聞記者も騒ぎ出す。急遽、五代目は渡仏を取り止めざるを得なかった。

「田中先生、もういいですわ」

宅見組長も、そう言い出した。だが、向こうへ行ってしまえば、何とかなる。せっかく、手配してくれた安倍代議士にも申し訳が立たない。なんとか宅見組長を説得し、飛行機に乗せた。

入院予定は、この年の八月二〇日から三〇日までの一〇日あまり。一九日、成田からパリのシャルル・ド・ゴール空港へ向け、日航機で飛び立った。現地時間の午後五時過ぎ、無事にパリに到着したという。それを待ち構えていたのは、現地の報道陣だけではなかった。フランスの警察当局が待機し、そのまま空港で足止めされてしまったのだ。空港警察は八時過ぎになって入国拒否を決定。飛行機のなかに三時間以上も閉じ込められた末、日本へトンボ返りしてきたのである。これが、宅見組長フランス日帰り渡航の顛末だ。

〈宅見組長、出国申請に虚偽の記載　仏病院には入院予約なし〉（一九九二年九月四日　朝日新聞大阪夕刊）

当時の新聞は、この事件を派手に扱った。

〈外為法違反の疑いで大阪府警に逮捕され、病気治療を理由にフランスに出国した暴力団山口組ナンバー2の宅見組組長、宅見勝容疑者（56）側が大阪地裁に提出した出国を求める申請書類に、現地の病院から入院の承認を得ているという事実と異なる記載をしていたことが四日、明らかになった。捜査当局が国際刑事警察機構（ＩＣＰＯ）を通じて照会したところ、病院側が「予約しているのは診察のみ」と回答があった。申請書類を作成していたのは組長の代理人を務める弁護士。病気を理由に拘置の執行停止を受けたうえ、事実と違う内容の書類で出国した経過が捜査の対象として新たに浮かんだことになり、大阪府警、大阪地検は再収監した。宅見組長や関係者から事情を聴いている〉

要するに、当地のディアコネス病院には、入院許可ではなく診察するだけの予約しか入っていなかったという。だが、わざわざフランスくんだりまで行って入院もせず、その日のうちに診察だけを済ませて帰る人間がいるだろうか。これをもって裁判所への申請書類の偽造となっているのだが、揚げ足取りもいいところだ。だいいち入院するためには、まず診察が前提なのは当たり前であり、そのあとに入院するのが通常の医療行為ではないか。

繰り返すまでもなく、そもそも外務大臣経験者やフランス大使まで動いてくれ、入院許可ひとつとれないわけはない。ただし、こちらとしても、書類が偽造と言われても反論できない事情もある。下手に反論して、安倍代議士の名前が出るとヤブヘビになりかねないからだ。

それどころか、実は宅見組長の渡仏については、検察庁にも根回しを済ませていた。そのため、こうなってから幹部に挨拶に行った。

「こんな不細工なことになってしもうて、すみません」

〈書類の偽造に関し、刑事処分も検討〉などという大袈裟な報道もあったが、そんなことができるわけがなかった。関係者はみな、この大物ヤクザのフランス行きを了解していたのである。ところが、それが表沙汰になり、大騒ぎになったから急遽、取り止めさせた。それだけのことなのである。現に、帰国の際、フランス政府の関係者から、こうメッセージが添えられていた。

「次にフランスに来るときには、ちゃんと迎えます」

「フランス日帰りは俺だけや」と笑い飛ばしていた当の本人は、翌年、極秘裏にパリへ行き、グッチ製の革張りの煙草入れとライターを土産に買ってきてくれた。

ひと月一〇〇万円の顧問料

一九八七年一二月、検察庁の退職金八〇〇万円を手にした私は、明くる年の二月、大阪経済法律事務所という名で弁護士事務所を開いた。たまたま特捜部出身の元検事が弁護士事務所を探していたので、二人で事務所を立ち上げた。当初は共同の法律事務所ということになっている。といっても、事務所の開設費用はほとんど彼が出してくれた。神戸の資産家の家柄に生まれ、両親の不動産を担保に銀行から六〇〇〇万円借金してくれたのである。事務所開設費用の内訳は、敷金として一五〇〇万円、内装費二〇〇〇万円、備品や書籍類に一〇〇〇万円から一五〇〇万円といった具合だったろうか。それで六〇〇〇万円のほとんどが消えた。

事務所は、床面積にして六〇坪ほどの広さがあった。当時は屋根裏部屋に毛が生えた程度の粗末な弁護士事務所が多かったなかで、かなり豪勢だったと思う。そこに、弁護士が二人だけ。副検事だった事務員一人を加え、女子事務員三人を雇い入れた。検事を辞めたばかりにしては、かなり贅沢だったが、別に怪しいスポンサーがいたわけではない。

大阪経済法律事務所というネーミングは、同じ検察庁のOBが、東京経済法律事務所という名で弁護士事務所を開いていたため、その名前にちなんだ。特捜部時代は経済事件を扱うことが多かったし、弁護士になってからも経済相談が多いと思われたので、その名前がピッタリだと思ったのである。事務所の場所も、北浜の大阪証券取引所のすぐそばに置いた。

弁護士としての船出ということもあって、事務所開きもおこなった。大阪地検時代の先輩や同僚、事務官たち、捜査でかかわりのあった警察、国税局職員、マスコミ関係者、さらに特捜時代の情報源たちも駆けつけてくれ、事務所開きは三日間にわたって、大盛況のうちに終わった。

この事務所開きで驚いたのは、祝儀の総額が六〇〇〇〇万円ほどになったことだ。しかも、なかには一〇〇〇万円の祝儀を持ってきてくれた人が三人もいた。その一人が食肉業者「ハンナン」の浅田満会長である。浅田会長とは面識がある程度の関係にすぎなかったのだが、わざわざ事務所開きにも足を運んでくれた。強面で知られる浅田会長だが、むしろその気配りには感心させられる。一〇〇〇万円の祝儀にしても、他の参会者に気づかれないよう、そっと手渡してくれたものだ。その後、私はハンナンの顧問弁護士になる。

この祝儀を目の当たりにして、生の経済、現場の経済の実態を改めて思い知らされた。

特捜時代は、何十億、何百億のカネがからむ事件を扱ってきた。人が他人に大金を渡す裏には、自分を利するための何らかのよこしまな思惑がある。そう考えてきた。では、この事務所開きの祝儀はどうか。そこにこれだけの大金を積む思惑があるとすれば、特捜検事として多少有名だった田中とつながりをつけておく、という目的だろう。そんな程度のことのために、こうも無造作に巨額のカネを出すものなのか、と正直驚いた。と同時に、これがあのころの彼らの金銭感覚なのだろうとも思ったものだ。

事務所開きをした八八年初めといえば、バブル経済がピークを迎える直前である。前年には、東京都内の地価が八五パーセントも高騰し、坪あたり一億円以上の土地まで登場した。マスコミは「狂乱地価」と書き立てた。翌年になってこの狂乱地価はさらに地方にも波及していく。県庁所在地の最高路線価が、二三・六パーセントも上昇したのが、この八八年だ。その地価高騰を支えたのが銀行だった。銀行が地上げ屋にじゃぶじゃぶ融資したおかげで、彼らは銀座やキタ新地の高級クラブで豪遊する。彼らが一度に何百万も飲み代を払う姿を何度も見かけるようになった。

ことに大阪では、九四年に開港予定だった関西国際空港の建設に沸き返っていた。

「先生の事務所は手狭でっしゃろ。そう思うて、今度うちで建てるビルに事務所を用意させてもらお、思いまんねん」

ある顧問先のディベロッパーの社長が、関空の近くに高層ビルを建てるという。その最上階に三〇坪の個人オフィスをつくり、それを私にプレゼントすると言うのだ。彼は、実際に設計図まで持ってきた。結局、バブル崩壊でビルは完成しなかったものの、当時の不動産業者や建築ディベロッパーは、それほど威勢がよかった。

キタ新地の料理屋やクラブなどは、いつ行っても客が一杯でろくに入れない。満席の高級クラブへ特別に入れてもらおうと、担当のホステス全員に一〇万円単位のチップを渡す客まで珍しくない。なかには、昼間ホステスとヘリコプターで北陸や淡路島あたりに行ってうまい魚を食べ、そのままクラブへ直行する客もいた。ホステスの同伴出勤に付き合うためだ。

大学生までもが、クリスマスイブに高級ホテルのスイートルームで恋人と一夜をすごす。戦後、「豊かさ」のみを求めて疾走してきた日本人が行き着いたカネまみれの時代。それがバブルという時代だった。

表社会も裏社会も、追い立てられるように札びらを切って「豊かさ」を享受していた。そんなときの事務所開きだったのだから、六〇〇〇万円の祝儀も、とりたてて驚くことでもなかったかもしれない。

事務所は開業早々、相談のための訪問者が並んだ。前の年の一二月に発売された「文藝春秋」の〈特捜検事はなぜ辞めたか〉という特集記事で、取り上げられたおかげらしい。ただし、あまりありがたくはなかった。

記事は、三菱重工のCB事件や苅田町長の汚職事件について、捜査を打ち切られたときの状況が詳しく書かれていた。ずいぶん持ち上げてくれたものだ。おかげで、

「あなたは正義感の固まりのような方です」

そう言って、事務所にやって来る相談者が列をなした。

「助けてほしい。無罪にしてください」

拘置所や刑務所から、刑事事件の被告人や受刑者のそんな手紙が、事務所に山ほど届いた。どんなことでも相談に乗ってくれる、何でもしてくれる、まるでスーパーマンのように思って相談して来るのだ。なかには、嫁との折り合いが悪く、ノイローゼ気味になっているおばあちゃんまでいた。明らかな原因があって訴訟に負け、どう見ても勝ち目のないケースなども少なくない。それでも、訪ねてくる相談相手を無下には断れなかった。弁護士生活は、そうしてスタートした。

弁護士といっても、やはり民間企業や個人事業主と同じである。しょせん顧問先やクライアントがいなければ、収入にならない。だが、私の場合は運がよかった。仕事をとるのに、それほど苦労した記憶がない。

前述した五えんやの中岡信栄のように、人づてに事務所を訪ねてくる人が絶えなかったからだ。それらの大半は、大阪・東京の両特捜部時代に捜査のターゲットにしていたり、情報源にしていた連中だった。撚糸工連の理事長だった小田清孝もその一人だ。誰からともなく私が弁護士事務所を開いたと聞いて、そういう人たちが訪ねてきた。

彼らは企業に顔が利く。債権の取立てなどを企業から頼まれることも多い。そうしてさらに自分の知り合いの企業を紹介してくれ、瞬く間に顧問先が増えていった。

最初に共同で事務所を開設したヤメ検弁護士は、間もなく東京で仕事をすると言ってこの大阪経済法律事務所を離れた。そのため、ひとりになったが、収入はあっという間に増えた。弁護士開業一年目にして、顧問先企業は一〇〇社を優に超えた。一社あたり一〇万円として、顧問料だけでひと月に一〇〇〇万円以上入る。ひとりで弁護士事務所を運営していて、一〇〇〇万円の収入というケースは、今でもめったにないだろう。

私は刑事事件専門で、民事事件は扱わなかった。もともと民事事件に弱いということもあったが、やはり依頼人の人生がかかる刑事事件にやり甲斐を感じた。それに、特捜時代の経験もあって、刑事事件に関しては日本一の弁護士になれるという勝手な自負もあった。

顧問先や懇意の人から民事事件を頼まれることもけっこうあったが、その場合は依頼人と相手側の弁護士を説得し、妥当なところですべて和解にもっていく。民事の揉め事では、相手としてヤクザが登場するケースも多い。だが、それもほとんど話し合いでケリをつけた。法廷で弁護してないのだから、報酬は取れない。すべて無料で相談を引き受け、裁判所に行ったことは一度もない。だから、周囲からは「裁判所に行かない弁護士」と皮肉られていたものである。

弁護士としては、カネをめぐって争う民事事件の方が実入りが多い。弁護士報酬が二億、三億という事件もある。刑事事件はせいぜい数百万円から一〇〇〇万円程度の報酬で、こちらの持ち出しのような事件もある。だが、刑事事件にこだわった。それでも、弁護士開業の翌年には、高額所得者のランキング入りし、弁護士としてはトップクラスの収入を得るようになった。

なにも特別なことをやったわけではない。

「田中のところへ相談に行けば、気持ちの上でも安心できるし、一生懸命やってくれる」

弁護士になるに際し、依頼人からこう喜ばれる仕事をやろうと思っていただけのことだった。「よし、まかしとけ」。そう言って依頼を引き受けた以上、こちらも性根を入れて弁護に当たらなければならない。一生懸命やったと思う。結果だけは出した。たいていの依頼人には喜んでもらえた。そのことで、また顧問先が増えていった。

要は、われながらよく働いたということに尽きる。一年三六五日働きづめで、休んだことがなかった。朝は八時に事務所に出て、その日の仕事の段取りをつけた。それが終わるころに事務員が出勤してくる。そのあたりからひっきりなしに電話が入る。進行中の事件の打ち合わせもあれば、新規の弁護依頼もある。夜も、顧問先との打ち合わせがある。打ち合わせといっても、一言二言いえばすむことで、実際は顧問先からの接待である。

それでも、深夜一二時頃には必ず事務所に戻った。事件は昼夜を問わず起こる。当時はまだ携帯電話が普及してなかったから、留守番電話を聞くために事務所へ帰らなければならなかった。事務所には、私の留守のあいだに受けた事務員からの伝言のメモがたまっている。夜中にそれを読んで、必要があればすぐ電話する。

土曜日曜も有効に使った。朝八時から事務所に出て、深夜まで裁判所に提出する書面を書き、事件の依頼人たちと打ち合わせをした。そんな生活をつづけた。

こうして弁護士になってみて、宮仕えの検事は楽だったと、つくづく思った。個人経営の弁護士の仕事は、事務所の運営から事務員の管理、顧問先からの法律相談まで、すべて責任は自分の肩にのしかかってくる。これは、経験したことのないことだった。が、その一方では、なにかと束縛や押さえつけが多かった検事の仕事と違い、自分自身の意思と決定だけで動ける弁護士の仕事に充実感を覚えていた。怖いくらい順風満帆な弁護士生活のスタートだった。

山口組五代目との会食

「検事を辞めるなら、私はもうついていけません。別れさせてください」

家内からそう宣告されたのは、私がまだ東京地検特捜部に在籍中のことだった。このとき長崎の平戸でひとり暮らしをしていた母が脳梗塞で倒れ、家内が私のいない兵庫県の家に引き取ってくれていた。家内は私が東京へ単身赴任しているあいだ、家で子供たちを育て、妹とともに母の看護をしてくれていた。私は休暇をとって兵庫県内の家に戻った。そのとき検事を辞める決心をしていたのである。検事を辞めようと思ったのは、母の看護のために金が必要だと考えたからなのだが、家内には、それが理解できなかったのかもしれない。ひとり家庭を守っていた彼女のところへ、浮気を吹き込む嫌がらせ電話があって以来、なんとなく夫婦関係もギクシャクしていた。

「検事のままでどこが悪いの？　検事として悪者をやっつけ、弱い人を助けてきたじゃない。おカネはなんとかなる。弁護士になっておカネを持ったら、ろくなことはないわよ」

司法試験を目指した貧乏学生時代からともに苦労してきただけに家内は、私の性格をよく知っている。強いところも弱いところも。カネを持てば、すぐに使う。女遊びも心配していたのだろう。だが、結局、家内の言うことを聞き入れず、弁護士になった。以来、ずっと別居したままだ。

実際、顧問先がみるみるうちに広がり、今までに見たこともないような収入を得るようになったが、顧問先がどこでもいいというわけではなかった。どうせ検事を辞め、弁護士をやるなら、検事時代のように束縛はされたくない。そこで、企業なら社長と直に会える会社でなければ顧問にはならない、と決めた。

大企業では、たいてい法務部が顧問弁護士の窓口になる。法務部の社員が、資料を持って弁護士事務所にやって来て打ち合わせし、それを会社に持ち帰って社長や専務などの経営トップへ報告する。だから、顧問弁護士が直接社長の話を聞くことができない。それではつまらない。そう考え、顧問契約を結ぶ際、社長と直接打ち合わせできるかどうか、を条件にしたのである。

総会屋などは、株主総会の関係から顔見知りの上場企業が多く、彼らから大企業の顧問契約の話も来た。また、顧問先になっている上場企業の取引先からの紹介もあった。旧大和銀行や旧三和銀行、松下電器、サンヨーなどとの顧問契約の話もあるにはあった。が、みな法務部が会社の窓口なので断った。

大企業で顧問先になったのは、オーナー社長のワンマン経営者がやっている会社だけ。スーパーのニチイや洋服の青山、鶴見製作所、イズミヤくらいだろうか。

社会的に認知されている大企業より、多少世間の評判のよろしくないところのほうが、付き合っていておもしろい。そうやって顧問先を決めていった結果、しぜん社会の裏側を歩いている人たちからの依頼が増えていったのである。

ヤクザ、ならず者、と呼ばれている連中でも、そのトップになると、腕力だけでは通用しない。ヤクザの組長といっても、カネや力だけでは人間の心をつかむことはできないし、組員をまとめることもできない。それが次第にわかり、却って彼らの人間的な魅力に惹かれていった。

彼らと話していると、社会勉強になるところがずいぶんある。世間で言われるところの東大や京大卒のエリートは、往々にして、その行動パターンが知識の域を出ていない場合が多い。本を読めばわかる範囲でしか行動しないが、彼らは違う。自分自身の体験から人をコントロールする術を学んでいることが多い。それだけに話に新鮮味があり、また説得力もある。人に対する独特の細やかな気配りや配慮を見せる。それはヤクザに限らず、あまり世間体のよろしくない職業の人たちにも同じことがいえた。ソープランドのオーナーや地上げ屋などにも、似たような部分がある。だから、付き合っていておもしろい。そうやって付き合っているうち、いつしか私の周囲はアウトローと呼ばれる人たちが多くなったのである。

なかでも、私ともっとも親しかったひとりとして、暗殺された山口組若頭の宅見勝組長のことが取り沙汰されてきたと思う。しかし、実は山口組のなかで最初に会ったのは、五代目の渡辺芳則組長である。ちょうど、弁護士になろうとしていたころだ。友人のヤメ検弁護士が、渡辺組長に「田中と会っておいたほうがいい」と推薦してくれたらしい。友人は、関東の稲川会の顧問弁護士をしていた。二〇〇五年五月に亡くなった稲川会の土肥会長と渡辺組長は、あの世界でいうところの兄弟分である。そうした関係もあり、私を推薦してくれたのだと思う。

「田中、五代目が会いたいと言っているが、一度会っておいたほうがいいと思うよ」

突然、そう電話がかかってきて会談が持たれた。こちらも、日本一のヤクザの親分とはどんな人物か興味がある。なかば好奇心も手伝って、すぐに了解した。こうして山口組本家のある神戸市内の料亭を指定され、そこへ出かけた。

山口組の組長ともなれば、どこへ出かけるにも、警固にひと苦労する。むろん会談場所の料亭は、神戸でも一、二を争う高級日本料理屋だったが、その日はまる一日貸切りだった。わずか一、二時間の会食のために、一日中他の客を入れないのだ。

「東京のほうから、一度先生に会ってみたほうがいいんやないか、と言われましてね。それで、お忙しいところご足労を願ったんです」

こう頭を下げ、丁寧に挨拶する。東京のほうというのは、稲川会の会長のことだと察しがつく。雑誌なんかで見ると、和服姿が多いので、そうかと思ったら違った。仕立てのよさそうな背広を着こなしている。たしかに貫禄があった。

といって、ドスを利かせた声ではなく、穏やかに話す。話し方も理路整然としている。

「五代目、やはりこれだけ大きな組織をまとめあげるのは大変でしょう」

そう水を向けると、静かに口を開く。

「先生、物事にはバランスというものがあるでしょう。山口組はこれ以上、大きくなりすぎてはいけません。そのように考えています。この世界も、ひとつの組だけが飛び抜けていたら、いいことないんです」

相手をまるごと呑み込むような目をしている。

「やはり警察も目を光らせているでしょうからね」

こう尋ねると、言葉を足す。

「ことさら警察と対立する時代は、もう終わった。昔と比べたら抗争も少なくなっています。これからは共存共栄していかなければ、われわれが生きていくのも難しいでしょうね」

話題は、政治や経済にも及んだ。

「田中先生、いまの政治家はだんだんスケールが小さくなっていくような気がしませんか。これではダメやね。他人のために命を捨てられるようなスケールの大きな政治家は、もうおらへんのでしょうか」

こんな雑談をしながら、二時間ほどで会食は終わった。

「これから弁護士をやっていこうと思っていますので、ひとつよろしくお願いします」

そう挨拶をして別れた。穏やかでありながら、迫力がある。やはり強烈なインパクトのある人物だった。

マンション一棟に匹敵する賭けゴルフ

一日のゴルフで家一軒分のカネが動く——。バブル時代には、そういわれた賭けゴルフを何度も目撃したものだ。実際、数千万円の札束がゴルフ場に持ち込まれていた。

弁護士になり、私がヘリコプターを購入したのは、税金対策のためだった。なにしろ、顧問料だけで、ひと月に一〇〇〇万円以上入ってくるのだから、税金を納めるのも大変なのである。顧問先やその関係者からもらったプレゼントは数え切れない。私は時計の収集が趣味だったが、弁護士になってから四カ月ほど経ったころ、バセロンというイタリア製の高級腕時計をもらってビックリしたことがある。ざっと五〇〇万円はする代物だ。それを無造作にポンとプレゼントしてくれるのである。のちに家にドロ棒が入り、貴金属を全部盗まれてしまったが、時計のプレゼントだけでも三〇個は超えていた。それも一個あたり数十万円から数百万円の代物である。

金銭感覚が狂うのは無理もなかったかもしれない。やはりあのころは舞い上がっていたのだろう。

ヘリは七億円で購入した。それを五年で償却すれば、年間一億円以上の経費が認められる。それであんな高いものを買ったのだが、そもそも必要はなかった。顧問先の連中も、競い合うようにヘリコプターを購入し、それでゴルフ場へ連れて行ってもらっていたので、自分のヘリを使う機会そのものがあまりないのである。

マムシと異名をとったアイチの森下安道もそんな顧問先のひとりだった。彼とはしょっちゅうゴルフに行った。アイチという社名の由来は、愛知県の背広の仕立て屋から成りあがり、金融業に転じたことによる、と聞いている。森下は仕手筋やバブル紳士、暴力団関係者にいたるまで、アングラ社会の住人に頼りにされた。一方で、その取り立ての厳しさから「マムシの森下」とアダ名されていたわけだ。

彼との出会いは、後輩検事の検察OB、小林英明弁護士からの紹介だった。すぐにアイチの顧問弁護士になってほしい、と要請があり、彼の相談に乗るようになったのだが、森下はほとんどのバブル紳士と顔見知りだ。私が数多くのバブル紳士の顧問先を引き受けるようになったのも、森下からの紹介が多い。

アイチに出入りしていたのは、住友グループの商社「イトマン」元常務の伊藤寿永光《すえみつ》や「大阪府民信用組合」理事長の南野洋、リゾート開発「アイワグループ」を率いた種子田《たねだ》益夫、「大阪日日新聞」代表の北村守、仕手筋「コスモポリタン」総帥の池田保次、それにあの許永中もいた。彼らは全員、自前のゴルフ場を持っていた。みずからもゴルフにはまっている者が多く、仲間内で毎週ゴルフを楽しんでいた。お互いのゴルフ場を渡り歩く、いや飛び回るといったほうが正確だろう。みなヘリコプターを持っていて、一日のうちにゴルフ場を二軒、三軒と回ることもあった。私もヘリを持っていたが、迎えにきてくれるので使うまでもない。

ゴルフ好きという意味では、森下がいちばんだったかもしれない。江東区の木場にアイチの専用ヘリポートがあり、そこから首都圏のゴルフ場へ向かう。茨城や千葉でも、二〇分ないし三〇分あれば到着するので、すごく楽だった。そうして森下としょっちゅうゴルフをしたが、そこで彼の知り合いを引き合わされたことも少なくなかった。

ゴルフの腕で、抜きん出ていたのは伊藤寿永光だった。まさにプロ級の腕前だ。北村や南野も玄人はだしだったが、伊藤にはかなわない。それに比べると、私や許永中は初心者みたいなものだった。なぜか、アイワグループの種子田だけは、ゴルフをしない。それでいて、ゴルフ接待が得意で、自慢のゴルフ場へ接待してくれる。少し変わった人物だった。

種子田が率いていたアイワは、旧社名「丸益産業」というリゾート開発会社だ。種子田は、出身地の宮崎県で養豚事業を始め、その後、金融業やゴルフ場開発で財を成した。ひところ演歌歌手、石川さゆりのパトロンとされ、騒がれたこともある。

種子田は、アイチなどの街金融から資金調達する一方、破綻した国民銀行なども金主のひとつにしていた。旧国民銀行は故・小佐野賢治が設立した銀行だが、二〇〇〇年四月に破綻し、金融管財人の手によって融資の実態が解明された。そのなかで、種子田のグループ企業への融資に関し、石川が融資の連帯保証人となっていたことが発覚。種子田が石川の彼氏ではないか、と騒がれたわけだ。そして旧国民銀行の債権がRCC（整理回収機構）へ移ると、RCC側が種子田、石川の両人に対し、八〇億円の返還請求までおこなった。二〇〇三年三月、東京地裁が石川に二億二〇〇〇万円の賠償を認める判決を下している。

そのかたわら、種子田は在日韓国人系の金融機関「東京商銀信用組合」の特別背任事件を引き起こした。東京商銀によるアイワグループに対する三〇億円の不正融資が発覚し、二〇〇一年一〇月、東京地検特捜部が彼を逮捕する。結果、アイワグループは倒産したが、保釈されたあと、本人はときおり銀座で飲んでいるらしい。

バブル当時、アイチの森下の紹介でこの種子田と知り合い、顧問弁護士を引き受けるようになった。あのころの種子田は、地元の宮崎交通や宮崎銀行の大株主でもあり、なにしろ羽振りがいい。アイワグループのゴルフ場に建てたクラブハウスもものすごく凝っていた。クラブハウスを和風建築にしたい、と言い、わざわざ京都から宮大工を呼んで建てさせたほどである。地元では、このクラブハウスのことを迎賓館と呼んでいた。

種子田は面倒見のいい、気配りのきく男だった。彼が最初に事務所にやってきたときのこと。「つまらんものですが、これ奥さんへのプレゼントです」

と言って、包装紙に包まれた小さな箱を渡された。私にではなく、女房へのプレゼントというところに気配りを感じたものだ。それが、大阪ロイヤルホテルに入っていたピサの時計。五〇〇万円くらいする代物だ。これにはびっくり仰天した。

顧問先だった大和銀行系列のノンバンクが、あるゴルフ場に融資して三〇億円以上も焦げついた一件を相談されたことがある。ゴルフ場の経営についてはよく分らないところがあったので、種子田に聞いてみた。すると彼は、

「先生の顔を立てないといかん。後のことはこちらが引き受けます。だから、法的手続きは先生がやってくださいよ」

と言って、焦げ付きを肩代わりしてくれたのである。しかも、私にも弁護士報酬で儲けさせようとしたのだ。弁護士報酬は肩代わりした金額の二パーセント、七〇〇〇万円にもなった。そういう付き合い方をする人物だった。

「田中先生、たまにはこちらへ遊びに来てください。ゴルフでもしながら……」

しょっちゅう宮崎から電話がかかってくる。自分自身はゴルフをやらず、酒も飲まない。だが、接待するのが大好きなのである。

「では、週末に迎えに行きますから」

そう言うと、週末には宮崎から大阪までヘリで迎えに来る。それに乗って、四国の上空を旋回し、宮崎に向かう。そんな贅沢なゴルフを何度も経験した。

こんな連中だから、むろん賭けゴルフである。それも賭ける金額が並みじゃない。それぞれ、会社の秘書がゴルフ場までアタッシェケースに入った現金を運んでくるのだが、そこに札束がぎっしり詰まっている。少なく見積もっても、アタッシェケースには三〇〇〇万円ぐらいは入っていた。つまり、一回のラウンドで、ひとりあたり二〇〇〇万円から三〇〇〇万円を賭けるのだ。合計すると一日で数千万円、下手をすると数億円が飛び交う計算になる。さすがに私はそこまでできないので遠慮していたが、彼らはクラブハウスで平然とそんな大金のやりとりをしていたのである。

まるで、マンションをキャッシュで売ったり買ったりするような感覚の賭けゴルフだった。しかも、ワンラウンドでは済まず、「もう、ひと勝負やろうか」なんてこともしょっちゅうだ。となると、今度はアイワグループのゴルフ場のある宮崎から、森下が持っている関東のゴルフ場へジェットヘリで一飛びする。そこへ金を届けさせ、第二ラウンドをやるのだ。

私はイトマン事件で伊藤寿永光の弁護人になる。それを機に、許永中と親しくなるが、彼ともよくゴルフに行った。許は、赤坂東急ホテルの一階に葡萄亭ワインセラーという、政治家などの接待用の店を持っていた。そこには一本五〇万円、一〇〇万円もする高級ワインが揃えてある。「究極のワイン」といわれるロマネ・コンティは、当時許が買い占めており、ロマネ・コンティのなかでも最高級品を、ゴルフの帰りに葡萄亭で何本も飲んだものだ。

こうした顧問先とつきあっているうちに、私自身、すっかりバブルに染まっていった。顧問先からの接待といっても、いつもご馳走になるわけにはいかない。三回に一回くらいはこちらが支払う。その支払いのため、財布のなかには常に一〇〇万円以上入れてあったが、二、三人で飲み食いすれば、一晩で空になる。そんな日々を送っていた。

弁護士報酬も破天荒だった。バブル当時は不動産業が花形で、ディベロッパーが大阪中を地上げし、マンションやオフィスビルを建てていた。なかでも羽振りがよかったのが、「末野興産」「朝日住建」、「富士住建」といった新進の不動産業者だ。いずれも私が顧問弁護士になったところだ。その勢いは凄まじかった。ビルの屋上には「末野興産」の社名入り広告が掲げられ、ある意味、当時の大阪の産業文化をつくったともいえる。

地上げやビル建築を生業とする不動産ディベロッパーは、地場のヤクザや無理難題を言い立てる住民たちとの交渉をいかにうまくこなすか、が成功の鍵を握る。大手不動産会社には、ぎりぎりの交渉ができない。その役割を担い、急成長したのがバブル時代の不動産ディベロッパーである。汚れ仕事を引き受けるだけあって、こうした会社の社長連中は中卒のたたき上げだったり、ときには元ヤクザであったりする。そうでなければ、力勝負ができない。

たとえば、朝日住建には松本喜造という社長がいた。若いころは実兄とともに山口組傘下の白神組の舎弟になり、のちに足を洗ってマンションを主とする不動産建築業に転身した人物である。松本はそんな経歴に似付かわしくなく、長唄の愛好者で、大阪の花柳界では粋人として有名だった。建築業を始めたころは、廉価のマンションを細々と建てているだけだったが、大手商社「伊藤忠」が元請けとなって資金面を支えたことにより、急成長する。バブル最盛期の九〇年には、業界第二位のマンション建築業者になっていた。

バブル当時の銀行は儲かるとなれば、どこにでも融資したが、さすがに朝日住建のような社長の前歴の会社のメインバンクにはならなかった。儲けたいのは山々だが、世間体もあるという腰の引けたところがあったのだ。そんな銀行に代わって、資金を出したのが大手商社であり、のちに問題になった住専（住宅金融専門会社）である。いわば、成り上がり企業のメインバンク代わりだ。それればかりか、バブル時代の大手商社は裏社会と結託して不動産を買い漁り、ゼネコンに売り込んだ。そんな伊藤忠をバックにした朝日住建は、飛ぶ鳥を落とす勢いだった。

社長のカネ遣いも豪快そのもの。キタ新地の高級クラブでいっしょに飲んでいると、

「ちょっと中座させてもらって、商談に行ってきますんで、ゆっくり飲んでいて下さい」

と、そそくさと出て行くこともしばしばだった。そして、二〇分ほどで戻ってきて言う。

「おかげさんで、三〇億で地上げの話がつきました。これでビルがまた一棟建ちます。ついては、先生に契約書をつくってもらいたいんですが、五〇〇〇万でどうですか」

地上げ関係の契約書の報酬など、数十万円か、せいぜい一〇〇万円くらいが相場なのに、五〇〇〇万円も出すという。そんな弁護士報酬は、本来ありえない。

「こんな無茶な報酬は受け取れん。契約書は、そっちでつくったらええやないですか」

そう断ろうとしたが、向こうもあとに引かない。

「国に税金払うぐらいなら、先生に使うてもらいたいんですわ。契約書が駄目なら、せめて契約の立ち合いということで、お願いできませんやろか」

立ち合いとは、弁護士が取引に同席するという意味だ。たしかに、そのほうが契約書の信用性が増す。だが、それもせいぜい五分か一〇分程度のものだ。それだけで数百万円の報酬。そんなパターンもあった。大阪の人間は国に税金を払うぐらいなら、知り合いに儲けさせたほうがいい、という意識が強い。

いま振り返ると考えられないが、あのころは一万円が百円のような感覚でしかなかった。

いちど東京へ向かう新幹線のなかで、一〇〇〇万円の現金を入れたバッグを盗まれたことがある。しかし、さほど惜しくはなかった。むしろ慌てたのは、バッグのなかに入れていた弁護士バッジや裁判資料の紛失だった。バッジは再発行してもらえばいいし、裁判資料はつくりなおせば済む。にもか

かわらず、現金のことよりそちらの面倒のほうが気になった記憶が強い。それくらいの金銭感覚だった。

バブルで一番の蕩尽王

私はバブル紳士といわれた怪人物たちと、たいてい顔見知りだったといってもいい。なかでも、カネ遣いの荒さという点では、五えんやの中岡信栄がナンバーワンだった。

東京のホテルオークラだけではなく、大阪のＥＣＣ本社の会長室も、よく訪ねた。会長室の立派な机には、大きな袖袋があり、そのなかを何度も見た。そこには、封筒がぎっしり並んでいる。中身はすべて現金だ。封筒は大きさが異なり、一〇〇万円入りや二〇万円入りという風に分けられている。中岡は、訪ねてくる客に必ずその封筒を手渡す。まるで、名刺を渡すような気安さで、ポンと渡すのである。新聞記者なら二〇万円入りの封筒、私には一〇〇万円入りの封筒という具合だ。

「わしは儲けとるから、いらん」

そう何度断っても、押し付けてくる。

「ゼニはなんぼあっても、邪魔になることはないやろが。はよ持っていけ」

そんな調子だ。会長室ではたいてい法律上の相談を受けていたので、多いときには一日に二回も三回もそこを訪ねる。だが、彼はその度、こう言って一〇〇万円の封筒を押し付けるのである。それでいて、何を要求するわけでもない。

こんな調子だから、会長室では、しょっちゅうたかりに来る有名人を見かけた。京唄子や横山ノックなど、名だたる芸能人たちが日参していた。彼らには、一度に三〇〇万円から五〇〇万円、ときには一〇〇〇万円くらい渡していたようだ。

前述したように、上京したときは、その場所がホテルオークラのインペリアルスイートルームになる。一度上京すると、一週間ほど居続けていたので、かなりの人数が訪ねてきていたようだ。安倍晋太郎や竹下登などの政治家だけではなく、高級官僚もよく見かけた。旧大蔵省では主計局次長の中島義雄や東京税関長だった田谷広明、国税庁の矢野といった幹部たちが、勉強会と称して集まっていた。むろん、官僚の立場を考慮した建前にすぎない。

中岡は貧乏のどん底から成りあがり、ろくに字も読めなかった。彼にとって、この国を動かしている政治家や官僚との交わりには、格別の思いがあったに違いない。とりわけ、この国で最も優秀な頭脳集団といわれてきた大蔵省の幹部連中たちと親しくなることは無上の喜びだったようだ。だから、見返りを求めない。

もちろん、彼らにも例の現金入り封筒を渡していたのは間違いない。主計局次長だった中島へ数千万円の現金を贈与したとしてマスコミで騒がれたが、それも事実だろう。彼らはみな、中岡のことを「会長、会長」と呼んでいた。傍から見ても、ずいぶん親密な関係だった。顧問弁護士の私にさえ、一日に何度もカネをくれるのだから、言わずもがなだろう。

中島義雄と田谷広明は、東京協和・安全という二信組事件でも、接待汚職疑惑が取り沙汰された。ノーパンしゃぶしゃぶ接待が暴露され、まるで好色漢扱いされた。タカリ屋のように指弾されたが、事実はそれだけでもない。むしろ中島は、その手の遊びを好む人間ではなかった。彼には病弱の子供がいて、その行く末を案じていた。中岡がことのほか中島を可愛がったのは、そんな同情からの面もある。

しかし、そこは単に人のいいタニマチではない。大蔵省の主計局次長といえば、検察庁の予算担当者であり、検察に対する影響力もある。いざというときのために、彼を抱え込んでおこうという思惑もあったに違いない。

苦労人の中岡には、接待ひとつとっても、妙に芸の細かいところがある。客の前にホテルのシェフを呼んで高級料理をつくらせて振る舞う程度のことは当たり前。贈り物をするにも、ひと工夫ある。そごうの外商部の担当社員を呼びつけ、さながら時計や宝石の展示会を開く。そうして来客の奥さんへ貴金属を選んでもらい、プレゼントしていた。プレゼントは、最低でも一人あたり数百万円はかかっていたと思う。

また、多忙な国会議員には入浴の準備をしていた。ホテルオークラのインペリアルスイートルームには、数人は入れる大きなバスタブがある。そこに牛乳を入れた牛乳風呂を沸かす。政治家たちには、ことのほかこの入浴接待が好評だったようだ。安倍晋太郎などは、わざわざ国会を抜け出してやってきては、一目散に真っ白い風呂へ飛び込んだ。

「いやあ、牛乳風呂はいいねえ。疲れがいっぺんにとれるよ」

そう大声で喜んでいた。

もっとも中岡の凄いのは、これだけではない。国会議員だろうが、大蔵官僚だろうが、ホテルのボーイだろうが、人を選ばず誰にでも金品を渡すのである。ホテルオークラのボーイにも、五万円、一〇万円のチップを渡していた。だから、用もないのにしょっちゅうボーイや黒服が部屋にやってきていた。しかし、彼はそうとわかっていながら、「ご苦労はん」と言いながら、そのつど五万円、一〇万円とチップを弾むのだ。成金にはえてしてケチが多いというが、彼はそんなところは微塵もなかった。

彼には女優の愛人がいた。その愛人といっしょに銀座のすし屋へ何度か行ったことがある。そこで例のごとく、一〇〇万円の札束が入った封筒を贔屓の板前に渡しておく。一応、前払いのつもりだが、いくら高級なすしを食べても、三人だから一〇〇万円もかからない。そこで一〇〇万円から正規の勘定を差し引いた残金が、板前へのチップとなる。そういう金の使い方をしていたから、中岡が東京に来るときには、一泊、二泊でも数千万円の現金を持ってきていた。

ゴルフにもよく誘われたが、これもまた無茶苦茶だった。たいてい二〇～三〇人を引き連れてゴルフ場に乗り込んだ。そこで豪勢に大盤振る舞いするのである。まずゴルフ場に到着すると、クラブハウスのゴルフショップの店員に向かって言う。

「店のもんは全部買い取るさかい、この人たちに好きなものを選んでもろて」

ゴルフウェアや帽子、シューズを片っ端から選ばせ、手にとらせる。さらにあらかじめ売店に特別な土産を用意させている。売店には最高級品の松茸などが用意され、帰りには土産を手渡される。中岡は、ゴルフをするごとに何千万円も使っていた。

中岡の率いる金融会社ECCは、拓銀（北海道拓殖銀行）をメインバンクにして湯水のように融資を引き出していた。そのせいで、彼は北海道にもよく出かけた。バブル最盛期には、札幌の繁華街、ススキノのど真ん中に、大阪の街を再現したビルを建てた。彼に誘われて見物に行ったが、なんとビルのなかには法善寺横丁を再現した路地まである。また、そこに五〇人ほどのホステスを擁する大阪風の高級クラブをオープンさせ、自分専用の宿泊施設までつくっていた。通常のホテルなら、三〇部屋分はあろうかという大スペースのワンフロアを使い、スイートルームにしていた。そういえば、生まれ故郷の平戸にヘリでいっしょに行った、俳優の川崎敬三も彼の紹介だった。中岡は、ワイドショーの司会で大人気を博していた川崎を芸能界から引退させ、自分のかばん持ちにしていた。のちに川崎は中岡が経営するホテルの総支配人となった。

結局、中岡の経営するECCは、バブル崩壊後の九三年に破綻した。拓銀の系列ノンバンク「エスコリース」から借り入れた二〇〇〇億円が焦げついたのである。それが大きな原因となって、拓銀が破綻し、中岡は「拓銀をつぶした男」と非難された。

私はたいていのバブル紳士と付き合ったが、中岡ほど無造作にカネをバラ巻いてきた人物はいない。おそらく、他人に渡した現金だけでも数百億円は下らないのではないか。

ホテルオークラのインペリアルスイートルームの別室には、政治家や企業の社長、芸能人たちがその恩恵にあずかろうと別室で待機していた。彼らは、まるで役所や病院の受付のように、辛抱強く待っていた。

「〇〇先生は、もう二時間もお待ちですが」

ときに、中岡の秘書が、彼に耳打ちすることもあった。だが、中岡は平気で隣の私と雑談をつづけた。た。こう言う。
「ちょっとぐらい、待たしといたらええ」

そんなときの中岡は、どこか晴れ晴れとした表情をしていた。世の中で尊敬され、鼻高々の人物や誰でも知っている有名人たちが、みな自分のカネの前に頭を垂れる。そこにタニマチとして無上の喜びを感じ、それをステータスと考えていたのではないか。

あれほど蕩尽する人物はもう二度と現れないだろう。どこか哀しい無茶苦茶ぶりではあったが、彼なりに突っ張りとおした人生だと思う。貧しい生い立ちを送った人間の哀しい性といえばそれまでだ。金の呪縛から逃れられなかった人生だともいえる。が、私も同類である。

日本にあぶくのような幻のカネがあふれたのは、一九八五年九月のプラザ合意がきっかけだとされている。米、英、西独、仏、日本の先進五カ国の蔵相・中央銀行総裁会議、通称G５が、この年、ニューヨークのプラザホテルで開かれたため、こう呼ばれてきた。ドル高で経済が落ち込んでいた米国の救済策だ。ドル高の修正のため、G５は協調介入を行うことで合意した。これにより、急激な円高が進んだ。

戦後、日本の高度経済成長を支えてきたのが、米国をはじめとする諸外国への輸出産業だったのは、疑いようがない。終戦四年後の一九四九年に一ドル三六〇円でスタートした単一為替相場は、七一年のニクソン・ショックを経て七三年の第一次オイル・ショックのときに変動相場制になった。以来、対米ドルレートの為替によって、日本の経済は一喜一憂しつづけていく。それはいまも変わらない。

とりわけプラザ合意のころまで輸出一辺倒だった産業界は、一気に進む円高により、大混乱になった。それまで一ドル＝二四〇円だった円が、一時は一二〇円という急激な円高になったため、大不況に陥る。輸出産業はこの苦境を脱するため、国内の工場を東南アジアなど海外の現地生産に切り替え、部品調達もそこからおこなうようになる。

産業構造そのものが変わっていった。輸出一辺倒だった日本経済に、内需拡大という言葉が生まれ、政府はその刺激策として、金融の緩和、つまり低金利政策に転じた。六回にわたって公定歩合を引き下げた結果、低金利のカネが日本国中に流れはじめる。中小の企業から個人事業主、とりわけ不動産屋が、巨額の融資を受けられるようになった。この急増したマネーサプライによって、土地や株が買われていくのである。土地や株は、投機対象になり、その資産額が急速に膨らんだ。すると、さらに投機が投機を呼ぶ。土地や株に対する金融機関の与信、つまり担保価値が急激に膨れあがっていくと同時に、資産価値も高まった。

ピーク時の日経平均株価は実に三万八九一五円。一坪一億円を超える土地が、全国に登場し、日本の地価総額を投入すれば、アメリカ全土の土地を二つ半買える、とまでいわれた。それほどまでの地価の高騰。それが、バブル景気である。

あぶく銭に浮かれた日本経済は、いわば国が選択した国策だったのだが、その政策に反応し、目端の利く連中がいち早く行動を起こした。その連中が、巷間言われるバブル紳士である。彼らは、暴力団やヤクザと手を組み、ときには財界人や高級官僚、国会議員を味方につけ、一気にのしあがっていった。

バブル紳士たちはみな、その行状がよく似ている。せんじ詰めれば、カネ中心の行動形態だといえる。とにかく、カネ、カネ、カネの日々だった。

彼らには、幼いころ貧困生活や被差別体験をした者が少なくない。それだけに、そこから脱出できた力の源泉であるカネを信奉した。だから、どんな手段を使ってでも、儲けるだけ儲けようとする。金儲けに関しては、貪婪でシビア、しかも有能だった。だが、その使い道となると、まるで分からない。中岡のケースがいい例だ。本物の金持ちはこんな馬鹿な蕩尽などしない。ひっそり暮らして、ひたすら貯め、必要なときにだけ使う。しかし、彼らにはそれができなかった。ひたすら儲け、ひたすら蕩尽した。やはり私も含め、それまでの人生のなかで見たこともないような大金をいとも簡単につかんで、狂ったとしか言いようがない。それは彼らほど極端でないにしろ、社会全体がそうだった。しょせんはあぶくであり、幻なのである。だが、それを本物と錯覚した。あのころは世間一般の人たちも、幻の札束の海に溺れていたのではあるまいか。大阪では、朝日新聞の屋上からヘリでゴルフ場への送り迎えをするサービスが受け、人気を呼んだ。ヘリの料金は、ひとり一万五〇〇〇円から二万円、一〇分でゴルフ場に着くというのが宣伝文句だった。ごく普通のサラリーマンまでゴルフをするのにヘリを使っていたのである。そんな時代だった。

国税と同和団体

山口組若頭の宅見勝組長と知り合ったのは、山口組の渡辺芳則五代目組長と会食してから一年後の八九年だった。このとき私は、日本という国が長年抱えてきた同和問題の根の深さを実感させられることになる。

宅見組長との出会いは、大西省二というニセ税理士が引き起こした事件の弁護人を引き受けたのがきっかけだった。古巣の大阪地検特捜部が、捜査していた事件でもあった。大西は、部落解放同盟と関係の深い大阪府中小企業連合会（中企連）で税務担当部長を務めてきた人物だ。言うまでもなく、部落解放同盟は日本最大級の被差別部落団体である。

中企連は、一九七三年八月、「中小企業と自営業者の営業と生活を守る」というスローガンを掲げて結成された。七六年、解放同盟大阪府連委員長から社会党の衆議院議員になった上田卓三を会長とし、現在、企業の経営者など四万人の会員が活動している。ちなみに上田は八八年一一月、例のリクルート事件で議員辞職に追い込まれている。

同和部落が日本一多い大阪では、差別反対運動が盛んである。その活動団体のなかに、部落解放大阪府企業連合会という団体があった。通称、大企連。六九年に施行された、同和対策事業特別措置法に基づく、大阪府の公共工事を請け負う土建業者が中心になって結成された団体だ。先の中企連は、それを全国展開しようとして拡大した団体だといっていい。

中企連の大きな役割のひとつに、会員企業の税務対策がある。国税局や税務署との交渉窓口となり、会員企業の税務相談に乗る。といえば聞こえはいいが、その実態の多くは、法律すれすれの脱税指南だった。それを一手に担っていたのが、大西らニセ税理士だったのである。

このとき大阪地検特捜部は、四人のニセ税理士を摘発した。うち三人が中企連の元幹部だ。なかでも、その中心人物として脱税工作を担ってきたのが大西である。

九〇年六月一九日、大阪地検は税理士法違反の容疑で大西を逮捕した。この事件の主任検事を務めていたのが、黒田修一だった。苅田町事件のときに北九州でいっしょに捜査した元東京地検の同僚検事だ。大西の知人がたまたま私の知り合いでもあったことから、私が弁護を引き受けることになった。それが山口組のナンバー2、宅見組長と出会うきっかけである。

大西のニセ税理士事件を摘発した特捜部の狙いは、むろん税理士を騙《かた》ったという税理士法違反だけではない。本当の狙いは、行政への圧力団体として影響力を行使してきた部落解放同盟の傘下団体として国税当局との癒着構造の解明である。その突破口として、捜査のターゲットに据えていたのが、大西と大阪国税局とのあいだに浮上した贈収賄容疑だった。

大西は二年間に一〇〇件もの脱税工作を請け負い、その報酬として五億円の収入を得ていた。特捜部では、大西がそれらの金を使い、税務署の幹部を接待漬けにしたうえ、職員へ現金を渡していた事実をつかんだ。大掛かりな税務署の汚職事件として、捜査を続けていた。そうして、一〇〇人もの税務署員が、大西に接待されていた事実が明るみに出る。

これは国税局にしても、頭の痛い問題だった。

「しゃべらんよう、なんとか大西に言うといてもらえませんか」

親しい国税局の人間が何人も私のところへやって来ては、こう泣きついてきた。

特捜部にいた検事なら、親しい国税局の幹部は何人かいるものだ。捜査上の関係から、そうなる。たいていの脱税事件は、国税局が査察に入ったあと、押収した資料をもとに地検へ告発し、逮捕・起訴という段取りを踏む。そのため特捜検事は、査察部の部長や次長たちと綿密な打ち合わせをしながら捜査を進めていく。いわば検察と国税の連携プレーである。しぜん仲のいい国税局幹部ができるわけだ。このときはそうした幹部たちが大慌てしていた。

接待だけならまだしも、贈収賄事件にでもなれば、幹部のクビが飛ぶ。当時の大阪国税局長は、竹下元総理の秘書官を務め、将来の次官候補といわれた人物だった。それだけに、なんとか食い止めたかったのだろう。まるで局全体が蜂の巣をつついたような大騒ぎになっていた。

なにしろ、国税当局に対する大西の食い込み方は、尋常ではない。本局はもちろん、各税務署へ恒常的にビール券や料理などの付け届けをし、接待を繰り返してきた。定期的に現金を渡していた相手も少なくなかった。幹部を含め、国税当局に何百人もの職員の協力者をつくっていたのである。

双方の関係は持ちつ持たれつだ。大西は、国税当局にとっても重宝する存在だった。そこには、同和問題と国税当局の密接な歴史が背景にある。大西が税務担当部長を務めてきた部落解放同盟傘下の中企連や大企連の会員企業の税務申告は、事実上ノーチェックとすら言われた。明らかな優遇措置だが、それには理由がある。

一九六八年一月、税務当局と部落解放同盟のあいだに「七項目確認」と呼ばれる取り決めが交わされた。ときの大阪国税局長、高木文雄が、部落解放同盟中央本部および大企連と交わした次のような取り決めだ。

〈同和対策控除の必要性を認め、租税特別措置法の法制化に努める。その間の処置とし、局長権限による内部通達によってそれにあてる〉

〈企業連（注＝大企連のこと）を窓口として提出される白、青色を問わず自主申告については全面的にこれを認める。ただし、内容調査の必要がある場合には、企業連を通じ、企業連と協力して調査にあたる〉

続いて、こう書かれている。

〈同和事業については課税対象としない〉

この協定のため、税務署は彼らに手が出せなくなる。これは当時、「大阪方式」と呼ばれ、これが全国的に広まっていく。

翌六九年一月には、大阪国税局長と部落解放同盟近畿ブロックとのあいだで、この大阪方式を全国に適用する、という約束が交わされる。以後、全国の解放同盟関係団体にこの確認事項が適用されていった。そして七〇年二月、「同和問題について」と題する国税庁長官通達が出される。なんと全国の税務署へ、以下のような指示がくだった。

「同和地区納税者に対し、実情に即した課税をするよう……」

七八年十一月には、大企連と篠田信義大阪国税局長とのあいだで「新七項目の確認」が結ばれる。このせいで長年、国税局にとって同和団体はタブーとなってきたのだ。

大西は、こうした同和団体と国税当局との貴重なパイプ役だったのである。

たとえば大企連や中企連の加盟企業が、所轄の税務署へ怒鳴り込む。クレームをつけられた税務署の職員が駆け込むのが大西である。大西は、そのトラブル処理を引き受けながら、企業側に有利な落としどころを探していく。ときに言うことをきかない税務署に対しては、マッチポンプをやる。

「税務署の言うことなんかに、耳を貸すな」

企業の社長にそう吹き込んであおる。必要があれば、税務署管内の末端の加盟員を扇動し、税務署で暴れさせる。税務署は困りはて、結局「大西さん、どうにかしてよ」と泣きつく。その直後に騒動はピタリと収まる。税務署はますます大西に頼る……、というわけだ。

大西は実にマメな男だった。カップラーメンやミカン、ビール券などを大量に買い込んで、残業している税務署員に届ける。あるいは、税務署の運動会にも大量の酒や食べ物を差し入れする。それらは幹部個人ではなく、課や部の単位ごとに差し出す。これだと、相手も受け取りやすい。税務署は大喜びしていたので、大西も堂々と付け届けをしていた。その一方、高級クラブで税務署幹部たちを連日のように接待する。そうして持ちつ持たれつの関係をつくりながら、蜜月関係を保っていったのである。

事件では、大阪国税局の現場の顔役だった二人の調査官へ、二〇〇〇万円以上の現金が手渡されていたことまで発覚した。明らかな贈収賄に思われる。マスコミも「ニセ税理士事件」の特捜部の狙いとして、この贈収賄の件を大きく報じている。だが、この事件には、捜査上の思わぬ落とし穴があった。そこを突くことを考えた。

「大西さん、あなたはこれまでどれだけ国税局の人間を接待し、誰にいくら渡したか、正直に検事に話すといい」

弁護人として大西から相談を受けたとき、私が指示したのはこれだった。

「えっ、どういうことですか。そんなことをしたら大変な事態になるのでは？」

案の定、彼はそう驚いて問い返してきたが、そうではない。

「いや、あまりにも接待や現金の提供が多いので、贈収賄としては立件できないんですよ。だから正直に話すことによって、検事は困るんです」

贈収賄事件では、渡した賄賂の目的がはっきりしないと罪に問えないし、公判を維持できない。このケースでは、大西と国税局の連中とのあいだで、あまりにも恒常的に接待や現金のやりとりがあったため、どの金を何の目的で渡したのか、立件できない。そこを突いたわけだ。

一般からすると、不自然だろうが、法律的に言えばそうなる。大西の脱税工作の大半は、二〇〇〇万円をもらったふたりの顔役の職務権限がおよばない別の税務署でおこなわれてもいた。となると、贈収賄が成立するかどうか、そこも法律的には微妙である。

そこで、気心の知れた黒田検事に会って、探ることにした。

「これは職務権限がはっきりせんよ」

そう伝え、こちらの弁護戦術を匂わせながら、黒田検事の反応をうかがう。すると、黒田検事も同じ思いのようで、まさに渋い顔をしていた。その一方で、こう言った。

「もし大西がこのまま起訴されたら、彼がカネを渡したり、接待した幹部のことを裁判で全部公表するよ」

むろん、これは国税局に伝わる。それを計算した上でこう話したのだ。

国税局は経済事件を扱う検察にとって、捜査上欠かせないパートナーである。むろん、贈収賄事件となれば、検察も収賄側の職員を公表しなければならないが、立件していない国税局の恥部を洗いざらい明らかにすることなどあり得ない。だが、いざ裁判になると、逆にこちらから暴露することもできる。前述したように、接待づけにし、賄賂を渡した対象者が多ければ多いほど、事件性は薄まる。

だから、それもできるわけだ。

だが、そうなると困るのは大阪国税局である。前代未聞の大量〝汚職〟が白日の下にさらされ、大阪国税局長などキャリア組が傷つくのも避けられない。大西に対し、「正直に検事に話せ」と指示したのは、そこまで計算に入れてのことだった。検事と国税両方に対する脅しのつもりだった。

長年、現場の叩きあげ検事をやったおかげで、検察の手の内はよく分かっている。情報も入っていた。自分で言うのも気が引けるが、もともとざっくばらんで庶民的な性格だから、検察、警察、国税関係者にけっこう人気があったと思う。その関係者たちからの情報で、検察や国税の動きをほぼ正確につかめていた。その情報も踏まえ、検察や国税に、いい落としどころを考えてくださいよ、と下駄を預けたのである。

事件の過程では、中企連の加盟業者「東京パブコ」グループやパチスロ業界組織「日本電動式遊技機工業協同組合」から、多額の政治献金が渡っていることも判明した。元警視総監の自民党参院議員、下稲葉耕吉や警察庁長官だった鈴木貞敏、元近畿管区警察局長の海江田鶴造らに、自民党員費やパーティ券代、事務所経費などの名目で、六三五〇万円もの政治献金が流れていたのである。

〈同和団体の組織を利用したこの種の脱税については、従来の税務当局の対応にも問題がなかったとはいえず、これがまた、本件各犯行の重大な背景事情となっていたことも否定できない〉

一審判決では、こうも指摘されたが、案外、検察が想像していた以上に大事件だったかもしれない。事件を立件させないため、国税当局は必死だった。刑事事件として脱税を検察へ告発する目安は、脱税額が五〇〇〇万円以上ということになっていたが、大西のそれは一億五〇〇〇万円を超えている。これでは脱税事件での立件はまぬがれず、公判で何が起きるか分からない。そこで、大西が高級クラブで税務署の職員を接待した飲食費を経費として認め、脱税工作の報酬として得たはずの五億円の収入も、その半分くらいを依頼主からの借金と認定した。脱税事件としての要件を満たさないよう、無理矢理脱税額を五〇〇〇万円以下に抑えたようだ。

結局、検察サイドは贈収賄事件と脱税事件の両方の立件を見送った。事件そのものは、中企連の大西省二というニセ税理士たちが引き起こした税理士法違反としてかたがついた。開かれた公判も一回だけ、懲役一〇月の有罪だが、三年の執行猶予付きである。こうして事件は、国税局関係者約三〇〇人を処分し、幕を閉じた。

予想できた判決ではあったが、私の気持ちは複雑だった。特捜部の後輩検事である黒田に手柄を立てさせてやりたいという思いもあった。だが、弁護士としては依頼人を守り抜かなければならない。

「この先もこうして古巣と対立するのか」

ふと、そう思った。

山口組ナンバー2

「先生、大したもんや。ほんまにお世話になりました」

部落解放同盟傘下の中企連税務担当部長、大西省二のニセ税理士事件のケリがついたとき、宅見勝組長から、たいそう感謝された。それが、山口組若頭であった宅見組長との最初の出会いである。宅見組長は大西のことを息子のように可愛がっていた。

ミナミの一等地にグレコという高級クラブを経営させていたが、そこの社長を大西に据えていたほどだ。宅見夫人も、大西省二の省の字をとって、「省ちゃん、省ちゃん」と、まるで身内扱いだった。大西も宅見組長のことをオヤジのように慕い、「お父さん」と呼んでいた。それだけに嬉しかったらしい。

宅見組長は、あれほどの事件で執行猶予に終わったことについて、信じられない様子でもあった。以来、私は大西や宅見組長と急速に親しくなり、三人でしょっちゅう食事をするようになっていったのである。
事件後には、よくミナミに連れて行かれた。事件は、企業の社長や裏社会の人たちから注目されていたようだ。やがて私自身も「あの脱税事件の田中弁護士」として、ミナミの有名人になっていった。解放同盟の上田卓三委員長をはじめ、幹部連中とも付き合うようになった。

四代目の竹中正久組長射殺事件を契機に、一和会が山口組を飛び出した。組が真っ二つに分裂し、数年にわたって凄惨な内部抗争を繰り返してきた。抗争による死者は二五人にのぼる。大西のニセ税理士事件はそんなさなかの出来事だった。事件の翌年に一和会が解散。五代目渡辺体制が発足した。宅見組長は山口組のナンバー2のポストである若頭に就任し、名実ともに山口組の屋台骨を支えていった。

山口組のような大組織では、組長は「君臨すれども統治せず」というスタンスを貫く。したがって、組の運営をはじめ、他のヤクザ組織との外交交渉から抗争の指揮にいたるまで、それらは基本的に若頭の統括にゆだねられている。しぜん、若頭は、組織のなかで絶大な権力を握ることになる。と同時に、日本最大のヤクザ組織である山口組の若頭ともなれば、裏社会全体の権力が集中し、それを掌握する。大西の事件で会ったころには、すでにオールジャパンの裏社会に君臨するドンと言われていた。

宅見組長は、山口組内でも経済通として知られる。その資金力には定評があった。宅見組は傘下に多数の企業舎弟や右翼・総会屋を擁し、その勢威は北海道から九州にまでおよんでいたが、息のかかったごく一般の会社も多い。宅見組は、表社会とも深い関係にある。たとえば大手商社やゼネコンが、大型工事を計画する際には、事前に宅見組長に話を通すのが習いになっていたようだ。とりわけ大阪では、宅見組長を無視できない。

もともと、建築業界とヤクザとの縁は、切っても切れない。大きな建築工事では、街のチンピラの強請《ゆすり》たかりからはじまり、工事の騒音被害を訴える地元市民の反対にいたるまで、必ずなんらかの妨害が入る。その妨害を防ぐため、建設会社は「近隣対策費」と称して工事受注額の三パーセントを地元の有力な組織に渡す。それが慣習化されてきた。

実際、大手商社がゼネコンに大型の建築工事を依頼するときには、「この物件は、宅見組に話を通していますから」というのが、なかば合言葉になっていたと聞く。宅見組が了解済みとなれば、アウトローの妨害がいっさいないということ。これで工事の安全が保証される、というわけだ。商社が、共同事業としてビッグプロジェクトにゼネコンを巻き込む際、宅見組の了解が大きな武器になった、とも聞いている。良し悪しは別として、それが現実だったのだろう。

直接的な地上げの依頼も多かったようだ。その理由はふたつある。開発プロジェクトを立ち上げるには、まず土地をまとめなければならない。が、なかにはヤクザが権利関係に絡んでいる複雑な物件も少なくない。その際、後腐れのない綺麗な物件として業者が手に入れるには、力のある大物ヤクザに頼むのが、いちばんてっとり早い。それがひとつ目の理由だ。

たとえば、ちょうどこのころ、南海ホークスのホームだった大阪球場が解体されることになった。大阪球場は、宅見組の本拠地であるミナミのそばにある。それまでは宅見組が球場の利権を握っているといわれていた。解体工事を進めるには、宅見組の了解を得なければならない。だが、もし宅見組長が球場の解体に反対したら、どうなるか。宅見組の威勢を怖れ、工事関係のダンプ一台ミナミを通れなくなる。当然、工事は頓挫する……。巷で、そんな話が面白おかしく語られていた。だが、これは笑い話ではない。現実にはヤクザ組織がそれくらいの力を持っているということだ。そのため、つい大物に頼る。

また、ふたつ目は効率の問題だ。バブル時代は、一坪あたり一〇〇〇万円だった地価が、翌日には一五〇〇万円になっているなんてケースはザラだった。つまり、地上げが長引けば長引くほど、土地を買う出費が莫大なものとなる。それを抑えるためにはできる限り短期間で地上げをしなければならない。その点、大物ヤクザに頼めばあっという間にカタがつく。要は、仕事のスピードが速い。ことに宅見組は不動産会社を傘下にもっていて要領をえている。地上げの依頼が多かったのも、うなずけるのである。

関西国際空港の一期工事の際、宅見組長が大きな役割を果たしたといわれる。ここでは莫大な建設工事の受注を争い、表社会と裏社会が入り乱れて工事に参入し、トラブルが多発した。そこで調整役に乗り出したのが、宅見組長である。おかげで、一期工事は無事に終了したとされる。逆に、関西国際空港の二期工事は難航した。その一因は、宅見組長が射殺され、仕切り役がいなくなったからだ、というのが、工事関係者の定説になっている。

ちなみに、一九八二年の火災事故で三三人の死者を出した東京・赤坂のホテルニュージャパン跡地の地上げにも、宅見組長が少なからず関与している。ホテルニュージャパン火災は、会社の乗っ取り屋として勇名を馳せた横井英樹の異常な経営合理化策による人災事故としてマスコミに痛烈に批判された。経費節減のために非常ベルのスイッチを切る、という常識はずれの効率化だったとされる。このいわくつきの物件の地下には、ニューラテンクォーターという日本一の高級ナイトクラブがあった。海外のトップスターのショーを売り物にし、各界の名士たちが集うこのクラブは、プロレスラーの力道山がヤクザ者に刺された現場でもある。

ホテルニュージャパン跡地は、都心に残された最後の一等地として脚光を浴びた。ピーク時の時価は三〇〇〇億円と言われる。バブル崩壊後、一〇〇〇億円を超える負債を抱えた乗っ取り屋の横井にとって、ここは虎の子の物件でもあった。横井は、裏社会の連中と結託し、金融機関が手を出せないよう、さまざまな仕掛けをほどこしていた。たとえばホテル内の権利をブローカーへ意図的に切り売りした。むろん、ブローカーには暴力団組織の息がかかっているケースも少なくない。複雑に入り組んだ権利関係は、金融機関では容易に整理できなかった。横井に融資していた千代田生命は、ホテルニュージャパンを何度も競売にかけたが、入札業者が現れない。いざ落札しても、どこから裏社会の手が飛び出すか、分からないからだ。

宅見組長は、このホテルニュージャパンのある部分の権利を譲り受け、入り組んだ権利関係の整理を頼まれたのだと聞いている。そうして九八年、千代田生命が六〇〇〇億円足らずで、自己競落し、解体作業がはじまった。いまでは外資系企業のビルがそびえ立っている。

「ほんま東京はしんどいですわ」

宅見組長は、こう笑いながら大物政治家との会合に招かれ東京に行っていた。重度の肝臓病を抱えていたせいだと思う。そう言いながら、東奔西走していた。

同じヤクザでも、ああいう大物になると、付き合っているといろいろな面で勉強になる。人間操縦術に長けているといえばいいのだろうか。それは単に周囲を力で押さえ込む、というものでもない。むしろ宅見組長には、相手に対するきめ細かい配慮や思いやりを感じた。神戸で生まれた組長は、幼いころに父親を亡くし、戦後の混乱のなかでずいぶん苦労したようだが、そんな苦労人独特の細やかさがあった。私の事務所にやって来るときは常にひとり。ボディガードの若い衆を外に待たせていたが、それも目立たないようにしていた。自宅にも何度か遊びに来たことがあったが、必ずひとりだった。

組長に代わって組織の前面に立つ歴代の山口組の若頭の多くは抗争で殺されたり、不慮の死をとげている。それだけに、こちらの方が気をつかうこともあったが、本人は恬淡としたものだった。山口組の若頭になるということは、殺されることも覚悟してなるということなのだろう、と思ったものだった。

宅見組長は、ミナミで内妻に高級クラブを経営させていた。大西の事件で親しくなった後、そのクラブに何回か飲みに行ったことがある。こちらとしては、食事をご馳走になっているお返しくらいに思って行っていたのだが、組長からこう言われた。

「せっかく来てもらっているのに悪いんやけど、もう店には来ないようにしてください。ああいうところに出入りしていると、先生の名前に傷がつきます」

その店は決して柄の悪い店ではない。企業のお偉方や芸能人なども来る高級クラブだ。もちろん、そんな堅気の社会的な地位のある人たちも、そこが宅見組長の内妻が経営している店だと承知のうえで飲んでいた。それでも、組長は私には来るなという。

「先生、もしヤクザが事件の相談に乗ってくれ、言うてやって来たら、宅見に言われとるから言うて断ってください。ヤクザが出入りしたら、先生の事務所の格が落ちます。その代わり、私と五代目に何かあったときだけは、よろしく頼みます」

そう言っていた。といっても、宅見組長や五代目の事件を扱ったのはそう多くはない。五代目の件で記憶にあるのは、九二年の事件くらいだ。

山口組五代目の逮捕劇

「田中先生、ちょっと聞いてくれませんか」

突然、宅見組長からの電話が鳴り、こう告げられた。

「どこからかけてきているんですか」

尋ねると、彼は言った。

「実は（兵庫）県警の取調室からなんです。オヤジが逮捕されたて聞いたんで、こっちへ飛んで来たら、この有様なんですわ」

事件は、山口組五代目の渡辺芳則組長が、和歌山県へゴルフに行った帰りに起きた。むろん、ゴルフ場への送り迎えは、五代目専用のヘリコプターだ。パイロットも決まっている。そのゴルフの帰り、ヘリはいつもの予定を変更し、朝日新聞大阪本社ビルの屋上に降り立った。そこから神戸の山口組本家へ車で戻った。どうやら、渡辺組長の気が変わったらしく、パイロットに頼んで、朝日新聞のヘリポートに降りたという。どこから調べたのかはわからないが、兵庫県警がここに目をつけた。まず、県警は機長を取り調べに呼んだ。

「もし、予定を変更して事故でも起きたら大変なので、本当は神戸に降りたかった。でも、山口組の親分から指示され反対すれば、命をかけるのといっしょです。だから従わざるをえませんでした」

機長は刑事にそう供述した。それを調書にし、機長に対する脅迫・強要罪で本格的に捜査を開始したのである。

宅見組長から、私の事務所へ電話があったのは、その渦中の出来事だった。

「県警としては検察庁から言われてオヤジを逮捕した、というんですけど、いくらなんでも、あんまりひどいのとちゃいますか」

電話の声はひどく興奮していた。すでに五代目は、県警本部の取調室で事情聴取を受けていたらしい。そこへ、怒鳴り込んだのである。県警本部も、まさかすんなり取調室に通したわけではなかろうが、警察としてはお粗末きわまりない。

もっとも、宅見組長の話では詳しい事情が呑み込めない。そこで、すぐに神戸地検の担当検事へ電話して、事情を聞いた。

「いったいどうなってるんですか」

実はこの逮捕劇には裏があった。

山口組の渡辺組長が、和歌山のゴルフ場に行ったのは、一九八九年一〇月二〇日のこと。四人の最高幹部といっしょにチャーターしたヘリコプターでゴルフ場へ向かった。阪急航空のヘリコプター

「アエロスパシアルＡＳ３５０Ｂ型」で、ゴルフ場と山口組本家近くのヘリポートを往復する予定だった。

このゴルフ当日、兵庫県警へタレコミがあったという。

「山口組渡辺組長ら最高幹部が、和歌山のゴルフ場から神戸のヘリポートへ向かった。そこには、拳銃を持ったボディガードが乗り込んでいるから、調べてくれ」

となると、銃刀法違反にあたる。すぐさまパトカーに乗った制服警官が、神戸のヘリポートに急行した。しかし、渡辺組長らが和歌山からの帰り、ちょうど神戸へリポート上空まで戻ったとき、パトカーに気付いた。そこで、急遽パイロットに行き先の変更を命令したという。その着陸先が、朝日新聞大阪本社ビルのヘリポートだったというわけである。

県警本部は、それらの情報をもとに、改めてパイロットを事情聴取し、五代目に出頭を要請したという。

しかし、この調べはかなり疑わしい。そもそも、捜査の時期があまりにもずれている。五代目への出頭要請は、ゴルフのプレー日から三年もたった九二年の六月だ。本当にタレコミから捜査を始めたのなら、それまで何度も逮捕するチャンスはあったはずである。少なくとも、ゴルフ当日に銃刀法違反の見込みでパトカーを緊急配備したというのだから、三年間も放っておくこと自体が不自然だ。ところが、三年もたって、突然、捜査を始め、五代目を逮捕しようとしているのである。

折しも、この年は新しく暴力団対策法（暴対法）の施行をひかえた時期にあたる。警察庁は、異例の山口組頂上作戦を展開中だった。頂上作戦は、一九六八年、入院中の田岡一雄三代目組長を恐喝容疑などで書類送検して以来、実に三〇年ぶりだ。それだけに、意気込みが違った。仮に暴対法の施行前に、日本最大の暴力団のトップを逮捕したとなれば、全国の警察の士気があがるのは間違いない。そこで、このヘリ事件を無理やり探し出してきたのではないか。そうして、渡辺組長に出頭を求めたのではないだろうか。そう思わざるをえないのだ。

事実、県警のつかんでいたのは、単に渡辺組長がパイロットに路線変更を頼んだというに過ぎなかった。銃刀法違反の証拠もなければ、脅迫・強要といえるほどの事実関係すらなかった。それでも県警は、強引に逮捕・勾留するつもりでいた。これは警察庁の思惑に沿った、あまりにも強引な捜査ではないか。そう思わざるをえなかったのである。

「いくら山口組の五代目が相手やからいうても、あんまりじゃないですか。これは」

宅見組長の電話を受け、神戸地検の担当検事に抗議した。

「うちとしては、どうでもいいんやけどね。そういう（強要・脅迫の）調書ができとる以上、身柄（逮捕・勾留すること）も、仕方ないのと違うかな」

担当検事は落ち着いて答えたが、とても納得がいかない。

「これだけの材料で逮捕し、勾留しつづけるのは、法的にも無理がある。どう考えてもおかしいのとちがいますか」

それは、最初から担当検事も承知しているはずだ。警察は逮捕状まで用意していたようだった。だが、それほど大そうな事件でもない。ここで無理やり突っ走ってあとで恥をかくようなことは避けたい。そういう心理も読みとれた。交渉の結果、渡辺組長に対する逮捕状は執行されず、夕方になって釈放されたのである。

当然といえば当然の結果であり、大したことはしていない。だが、それでも山口組からは、大感激された。これ以降、私は「五代目を助けた弁護士」と一躍有名になってしまう。ヤクザの世界で大事にされていったのである。

宅見組長の言ったとおり、以来、私が運営していた大阪経済法律事務所には、まったくヤクザが事件の依頼で来ることはなくなった。たまに訪ねて来るのは、宅見組長本人か、あるいは宅見組長から直接紹介された知り合いの山口組直参の親分くらい。事務所に電話をかけてくるときも、必ず親分本人たちが受話器を手にして、かけてきた。

「元気ですか」

時折、そんな電話があった程度で、ほとんどヤクザの出入りはなかった。宅見組長からは贈り物を何度ももらったが、中元や歳暮まで、若い衆を使い走りにすることはない。いつも必ず自分自身で品物を持ってくる。

「ちょっといいもんが入ったもんやから」

こう言って、手にワインを提げてひょっこり私の自宅にやって来たこともあった。ちょうど宅見組長が還暦を迎えた時期だ。なんでも還暦祝いとして、記念ワインをつくったらしい。

「恥ずかしいんやけど、これもろうてもらえませんか」

ワインのラベルに、毛筆で「宅見勝」と書かれている。もの凄い達筆だった。そんな気使いをしてくれたのをよく覚えている。

世間では私の事務所をヤクザの巣窟のように見ていたようだが、事実は出入りがほとんどなかった。むしろ他の弁護士事務所よりはるかに少なかったかもしれない。

ヤクザの習性

ヤクザはしょせんヤクザである。物事を強引に押し通し、世間から忌み嫌われる。しかし、物事の道理が本当にわかっていたら、ヤクザなんかにはならない。そういう人種なのではないだろうか。

「あたまがよかったら、ヤクザなんかやってられまへんがな」

彼らはそう笑いとばす。物心ついたときには、父親に負ぶさって博打場へ通っていた。そうやって育った人間は、心底博打が悪いことだとは思わない。極貧の家に育ち、子供のころからカツアゲで自活してきた人間も、強請、タカリは生きる術にすぎない、としか感じない。子供のころから喧嘩に明け暮れてきた人間は、暴力を悪だとは思わない。仲間がやられれば復讐するのが「道義」と考えているし、そうでなければ組織が維持できない。世間とは、違うものさしのなかでしか生きられないのである。

育った環境によって、ヤクザを稼業として、食っていくことしか考えられない人間になっている。そういう人生を歩んでいくケースが多い。言葉は悪いが、いわば生まれながらの犯罪者、という人たちが現実にいるのである。

本来、そういう人たちに対してこそ、社会に適応できるようなシステムをつくってやらなければならない。だが、現実問題として、彼らの多くはとり残される。育った環境や周囲からそれを身近に感じとる。そんな境遇にあって、唯一はいあがれると信じ込んでしまう道。それがヤクザの世界ではないだろうか。

さらに言えば、貧困や差別などのハンディを負ってきた若者にとって、ヤクザの親分になることはサクセスストーリーでもある。ヤクザが住む世間の裏側や、犯罪の匂いのするドブ臭い世界では、ヤクザは圧倒的な強者だ。

「たとえ殺されることになっても、強者になりたい。どんづまりの境遇から抜け出せるのなら、命を懸けて一発勝負をしたい」

この世界では、そう思いつめる若者が必ず出てくる。実際、検事時代もそういう若いヤクザをよく尋問した。ヤクザを含め、犯罪者には若いころから苦労してきた者が多い。その結果、欲望むき出しのケダモノのような者になったり、極悪非道で手がつけられなくなったりする場合もある。かと思えば、苦労した果てに、世間一般の人よりはるかに人間的に練れた者もいる。

育ちや人種によって差別される苦しさやいやらしさ、私にもそんな僻みがあった。それだけに、なんとなく彼らの気持ちがわかるような気がした。根っこは、そんな弱い人間が好きなのだろう。

だが、検事をやっているあいだは、悪を叩きのめすことだけに没頭しようとした。しかし、取り調べを終え、起訴・求刑する段階になると、なぜ、こんな事件を引き起こしてしまったのか、その原因や過程を考えざるをえなくなる。

検事と弁護士の違いは、要するに物事をどっちの側から見るか、という立場の違いに過ぎない。つまり、表から見るか、裏から見るか。むろん弁護士は被疑者側に立つわけだから、裏側から見て事件の本質を追求する。駆け出し検事時代は、検察こそ正義だと信じ、そんなことは微塵も考えなかった。しかし、強引に捜査の型にはめこんでいく検事より、弁護士の立場で事件に携わるほうがその本質に近づけるのではないか。次第にそう考えるようになっていった。

大阪に酒梅組という古い博徒の組織があった。組の縄張りは、同和地域として有名な西成地区、通称釜ヶ崎と呼ばれる日本最大のスラムである。日雇い労働者が集まる地域だ。そこは数十もの組事務所のあるヤクザの〝メッカ〟だった。犯罪者はむろん、倒産した会社の社長や借金苦で夜逃げした多重債務者などのホームレスが流れ込んでくる。ここに住民票を移すと、腕っこきの借金取りや強面の債権者でさえ取り立てを諦める、といわれていた。

以前の釜ヶ崎では、交番の目の前で覚醒剤を売買する者、女郎屋に娘を売りに来る親などを日常茶飯のように見かけた。暴力沙汰も絶えない。ヤクザ同士の抗争やリンチなどの流血事件が毎夜のように発生し、日雇い労働者の大規模な暴動事件も頻発していた。まさしく日本でいちばん危ない街。まるでどこからともなく汚水やゴミが流れ込んで漂うドブのように、脛に傷を持つ人間が街に淀んでいる。

こういう土地柄だけに、釜ヶ崎では賭博・開帳が半ば公認されてきた。それを取り仕切ってきたのが、酒梅組だったのである。堂々と博打ができる西成地区には、日本全国から博打好きが集まった。おかげで、バブルのころの酒梅組は、ショバ代だけで一晩に一〇〇〇万円もの実入りがあったという。足を運ぶ客は、ヤクザだけでなく、医者や中小企業の社長といった豊かな人種から漁師や百姓までいる。どうしても博打をやめられない人間は、どこにでもいるものだ。

そんな賭博の客や日雇い労働者を目当てにした売春も横行していた。街には女郎の置屋がズラリと並び、女の子が嬌声をあげて客を出迎える光景をよく見かけた。ショートでだいたい五〇〇〇円というのが相場だ。なかには、カネのない日雇い労働者相手専門の立ちんぼ、なんていう娼婦もいる。彼女はすでに七〇歳を超えている大ベテランだった。そうした非合法な商売すべてを取り仕切っていたのが、酒梅組の谷口政夫組長だった。

警察も、違法行為は十分承知している。たまに売春宿や賭場を手入れすることもある。だが、根こそぎ摘発することはない。そうすると、西成の経済そのものが成り立たなくなるからだ。それを警察も心得ているのである。あるいは、治安維持という側面もある。警察から見れば、この街の住人はヤクザ、犯罪者、敗残者など、社会のアウトローばかりである。その連中がみだりに大阪の街なかに出没して治安をみださないよう、悪所として半ば公認し、封じ込めておこうという意識も働いていた。そうした微妙なバランスで、街が成り立ってきたのである。

ここに君臨してきた谷口組長が逮捕され、私に弁護を頼んできた。逮捕容疑は和歌山県白浜にある別荘での賭博開帳である。起訴後の検察側の求刑は懲役四年だった。

だが、その裁判資料を仔細に読むと、どうもおかしい。たしかに組長も別荘にはいたが、賭場にはほとんど顔を出してないし、賭場のアガリを受け取ってもない。子分たちの小遣い稼ぎのための開帳だったのだ。そうした事実関係を克明に証明していった結果、判決では一年半の執行猶予をとることができた。現役の大物親分が執行猶予になることは滅多にない。

「信じられまへん。ほんまにお世話になりました。生涯恩にきます」

谷口組長は大感激していた。「御礼」と書かれた包みを開けると、一〇〇〇万円の現金がぎっしり詰まっている。以来、ずっと大事にされた。とにかく、いつまでも感謝されるのだ。

谷口組長が贔屓にしていたキタ新地の日本料理「神田川」にもよく誘われた。

「わしが、日本一の弁護士を紹介してやる」

と、知り合いに私の売り込みまで始める始末だった。ヤクザは、ときに一般社会では思いもつかないような人間同士の深い付き合い方をする。それだけ人情の機微に敏感なのだろう。

ヤクザ社会は、強い者が弱い者を食う弱肉強食の非情な世界である。本業の賭場では、賭場荒しに凄惨なリンチを加え、刃傷沙汰も絶えない。日雇い労働者の日当のピンハネもする。だが、トコトン干しあげはしない。何日も仕事にあぶれた労働者には、手配師が仕事をつけてやったりもする。釜ヶ崎では昔から、ここへ逃げ込んできた者の面倒をみるという伝統のようなものがある。だから、いったんここを離れた日雇い労働者が戻ってくるケースも少なくない。掃き溜めのような街ではあるが、そこには一定のルールがあり、そんな世界でしか生きられない人間もいるのである。

しかし、釜ヶ崎も、谷口組長が亡くなると、状況が一変した。代わって山口組が博打と売春の大きな利権を握り、街を牛耳るようになっていった。そうなると警察も黙っていない。取り締まりを強化しはじめる。結局、賭博や売春はすっかり街から鳴りを潜めるようになった。

それはそれでよかったのかもしれない。だが、博打好きの人間が博打をやめられるはずがない。そういう連中は、またどこかに集まり、そこで同じような街が生まれる。あるいは博打をするためのシステムが形成されていく。それが現実の社会なのだ。いまや東京や大阪などでは、高級マンションの一室で賭場が開帳されている、とも聞く。これがいいことかどうか。釜ヶ崎というスラムがつぶれたことにより、それまでそこに凝縮されていた非合法な行為が、一般の社会に拡散しているともいえる。

高山登久太郎会長との出会い

私は、京都にある会津小鉄会という大きな組とも付き合いがあった。関西の山口組、関東の稲川会や住吉会などとともに、警察庁が指定したいわゆる指定広域暴力団組織のひとつだ。構成員はおよそ三〇〇〇人。そこに高山登久太郎という会長がいた。山口組五代目や宅見組長と同様、彼との出会いもまた、かなり変わっている。一九八八年の夏ごろのことだ。

「何としても高山を捕まえたい。田中君、協力してくれんか」

懇意にしていた京都地検の刑事部長から呼び出され、こう言われたのがことのはじまりである。当時、京都では、地検に銃弾が撃ち込まれるという前代未聞の事件が起きていた。それが高山率いる会津小鉄会の仕業だ、と睨んだ地検では、面子にかけても、トップの高山会長を検挙しなければならない。それこそ躍起になっていた。

「ついては、大山という人物に会ってくれんか。うちの捜査協力者でもあるが、彼がネタをもっとるんや。土地がらみで高山に騙された、ていうことだから、ようよう話を聞いて、告訴状を作ってくれんか」

刑事部長はそう言う。東京地検特捜部時代の苅田町事件のときに説明したが、刑事事件の捜査では、関係者に告訴・告発状を出させるのが常套手段である。その際、あらかじめ関係者と検事が打ち合わせするのだが、次は被害者側の弁護士に告訴状を作らせる。それを頼まれたわけだ。刑事部長にとっては、検事出身で、かつ気心の知れている私だから、頼みやすかったのだろう。

「では、事情を聞いたうえでご報告します」

もちろん了承し、くだんの大山に話を聞いた。大山は、大日本工業という不動産会社を経営している実業家だった。京都の中心地に、もの凄い豪邸を構えている。自分が経営している会社に、京都府警や府の役人の天下りを数多く受け入れていることでも有名だった。

大山の話によれば、会津小鉄会の高山会長に土地を騙し取られたとのことだ。その際、脅されたので、脅迫・強要罪も成り立つのではないか、とも言った。

だが、どうも騙し取られたという話に説得力がない。そこで、かねてから知り合いだった会津小鉄会の知り合いの組長に、聞いてみた。さらに、この不動産取引に関する資料を持ってくるよう頼んだ。

この会津小鉄会の組長は園村嘉明といい、当時は会津小鉄会傘下の直系の組長だった。たまたま、この件を聞かされる少し前、弁護士として彼自身の事件の代理人を引き受けたことから、知り合っていた。それで、高山会長の件を調べるにあたり、頼みやすかったのだ。

園村と知り合ったのは、元検事総長の井本大吉弁護士から依頼された事件がきっかけだった。まだ弁護士を開業して間もない、八八年の三月ごろだったと記憶している。園村は滋賀県警に逮捕・勾留されていた。直接の逮捕容疑は、大津市内の建設会社から、用心棒代名目で四二〇万円の小切手を脅し取った恐喝罪。問題になったのは、京都府が発注する同和対策事業である。

園村の所属していた会津小鉄会では、京都府の同和対策事業の工事費用をピンハネしていた。建設会社の受注金額の三パーセントを抜くことが、半ば慣習化されていた。そうしたカネがなければ、あれだけの大組織を維持できないのだろう。いわば組の資金源だ。だが、警察当局は、それを恐喝と見て、園村たちを逮捕したのである。京都府警ではなく滋賀県警が事件を摘発したのは、表向き被害者の建設会社が滋賀にあったからだが、県警の本当の狙いは、会津小鉄会そのものであり、大津に住む会長の高山登久太郎だったに違いない。

結果、逮捕された園村は、なかなか保釈されなかった。それで、困った彼が、富田一夫という自分の友人に保釈手続きを頼んだ。その役割が私に回ってきたのである。

園村が保釈を依頼した富田は、毎日新聞のＯＢで、そのころ東京で情報誌を発行していた。そんな関係から、私も彼のことを知っていた。富田は、当初、事件の弁護人を井本弁護士に依頼したという。だが、同じヤメ検といっても、井本弁護士は元検事総長である。さすがに人脈はすごい。東大時代からの親友のひとりとして、福田赳夫元総理もいる。

井本元検事総長も、富田とは毎日新聞時代からの付き合いだったのだろう。彼が発行する情報誌の題字を書いていたほど、ふたりは親しかった。だが、やはり元検事総長ということもあり、ヤクザの事件では動きづらい。そこで、検事を辞めたばかりの私に白羽の矢が立ったのである。

富田が直接私に頼むより、元検事総長の大先輩から依頼したほうが効果的だと考えたのかもしれない。私は、有楽町の国際ビル一〇階にある井本法律事務所へ連れて行かれた。

「面倒みてもらえませんか」

富田に連れて行かれた井本事務所で、元検事総長はそう言った。会うのは、このときが初めてだった。が、大先輩にそこまで頼まれると断れない。快く園村の代理人になることを了承した。

といっても、それほど難しい役割ではない。単に裁判所から保釈の許可をとる、保釈弁護人が私の役目だ。ただし、そのためには検察側の了解が必要である。運よく、大津地検の担当検事が、たまたま私の検事時代の知り合いだった。それで、検事に掛け合ったところ、その日のうちに保釈になり、園村たちをはじめ、会津小鉄会の関係者たちはずいぶん喜んだ。

そんな関係があったから、会津小鉄会の高山会長に対する告訴状を作るよう要請されたとき、事情を調べるため、園村に頼んだのである。しかし、関係資料を読んでも、どうも腑に落ちない。というより、大山の話がおかしいのである。その資料を見ると、どう見ても大山が嘘をついているとしか思えない。

こうなったら直接、高山会長から話を聞いたほうが早い。

「いっぺん高山会長に会わせてくれんか」

そう園村に頼んでみた。言うまでもなく、園村にとって高山会長は親分である。そうして間もなく、彼が私の事務所へやって来た。それが会津小鉄会の高山登久太郎会長と会った最初である。

「先生、たしかに我々は嫌われもんのヤクザでっけど、いてる意味はある思うんです」

顔はいかつく、いかにもヤクザの親分といった感じだ。頬には、トレードマークの白髪まじりのモミアゲがある。彼は笑いながら話した。

「大山さんとは、こんな取引契約になってまんねや」

高山会長はそう言って、くだんの不動産の売買契約書をテーブルに置いた。それも本物だった。契約書類は、ほぼ完璧にそろっている。これでは、とても大山が詐欺で訴えることはできない。

高山会長は滋賀県大津出身の在日韓国人で、例の許永中とも親しい間柄である。滋賀には、雄琴《おごと》温泉という日本最大のソープランド街がある。そこの利権は莫大であり、彼はそれを手にしてのし上がってきたとされる。

日本のヤクザの親分のなかでも、何本かの指に数えられるだけあって、なかなかの人物だった。初対面以来、この大物組長とも、長い付き合いになった。右翼活動も熱心で、暴対法の施行の際は、マスコミを巻き込んで反対の大キャンペーンを張った。

「京都は古い寺がぎょうさんあって、修学旅行のメッカになってますやろ。でも、同和や在日韓国・朝鮮人も多うてね。はぐれ者もたくさんいてます。そんなやつらを野放しにしとったら、修学旅行どころではないでっしゃろ。それをまとめとるんが、わしらなんですわ」

と言う。ヤクザの親分の体のいい自己弁護ともとれるが、そうでもない。高山会長が言うように、世の中には、社会の規格に合わないはぐれ者がいる。ヤクザの世界は、その坩堝《るつぼ》のようなものだろう。その街のはぐれ者にとって、唯一怖い存在がヤクザの組である。ヤクザの組織が、はぐれ者たちをしばる役割を果たしてきたことも、たしかだ。

日本には、歴史的に貧窮民や無宿人、被差別部落民といった下層民が存在し、彼らが形成してきた社会の暗部がいまだに残っている。その象徴的な街が、東京の山谷、大阪の釜ヶ崎だが、全国にそうした暗部がある。そこでは、法による支配や保護がろくに及ばず、住民は長らく「制度外の民」という扱いを受けた。また、そうした社会では民を束ねる者が必要となる。その役割を果たしてきたのが、ヤクザだったといえる。彼らは地元の住民を搾りあげながらも、外の社会と折り合いをつけていった。警察でさえ、彼らに頼ってきた側面が強い。

生来、法や社会からはみ出したはぐれ者は、警察の言うことをきくはずがない。しかし、地元のヤクザの親分を無視するわけにはいかない。そこで、警察が手を焼くと、親分に頼んでくる。そういう奇妙な関係でこうしたアウトローの社会が成り立っているのだ。

高山会長の話では、地域のはぐれ者が度の過ぎたことをやったときには、親分や組の幹部が呼びつけるらしい。

「たいがいにせえ。これ以上、ヤンチャが過ぎたら、しまいには、殺《や》てまうど」

などといった調子で、どやしつけていたそうだ。いわばヤクザは、権力支配の補佐役を果たしてきた面もある。

高山会長が暴対法の施行の際、マスコミを巻き込んで大反対キャンペーンを張った背景には、そうした従来の権力とヤクザの関係を一切無視して、ただの犯罪集団として断罪されることに、ヤクザ界の長老として、憤懣やるかたない思いと危惧を感じていたからだと思う。

「極道が、こんな格好の悪いことをしとないんやけどな。そやけど、こんなアホな法律ができたら、ヤクザがマフィアになってまう」

よくそう言っていた。

暴対法の施行を機に、ヤクザの世界も様変わりした。バブル紳士などが全滅した後、いわゆるアウトローのなかでは、唯一、組の関係者だけが倒産整理で大儲けした。だが、暴対法で大きな打撃をこうむった。資金源を絞めあげられ、上納金を払えなくなったあげく、組を離脱する組員が続出した。高山会長が危惧していたように、組のしばりから解き放たれた元組員たちは、地下に潜って、より悪質化、秘密結社化していった。それも現実である。

ヤクザといっても何千人、何万人をまとめていくとなると、そこには規律やルールが必要になり、組長は規律を守っていくための力量も備えていなければならない。大物親分は、小さな詐欺や恐喝には手を出さない。高山会長に対する告訴は明らかなでっちあげだった。そこで、京都地検の刑事部長に報告した。

「あれはおかしな話でした。今後、大山のネタを使うときは、部長が直接あたらんと、騙されまっせ」

最初に京都地検に事件を持ち込んできた大山は、かなりの食わせ者だった。事件のネタをもらうのはいいが、若い検事だと騙されてしまう。そう進言したのである。それからしばらくして、京都地検は大山との関係を断ち切ったと聞いている。

山口敏夫の土下座

「田中先生、しばらくのあいだ置いてもらえませんか。お願いします」

事務所に入ってくるなり、あの小さな身体を真っ二つに折り、深々と頭を下げるではないか。あのときはさすがに驚いた。やって来たのは、そのフットワークの軽さから、かつて政界の牛若丸と異名をとった山口敏夫である。第二次中曾根内閣で労働大臣まで務めた代議士だ。何度か、いっしょにゴルフをしたことがあるが、あの身長で、長刀《なぎなた》のような長尺ドライバーを振り回す。豪快なゴルフだったが、こと金銭に関しては、まるで野放図なのである。

その山口敏夫が突然やって来たのは、国会が開かれているさなかのことだった。いくら身の軽さが身上とはいえ、代議士が連絡もなく大阪まで来て、唐突に事務所にあらわれるとは思いもしない。まして、いきなり「しばらく事務所に置いてくれ」はないだろう。しかも、事情を聞いてみると、借金問題でヤクザに追い込みをかけられているというではないか。

手には小さなボストンバッグを提げている。着替えでも入っているのだろうか。

「宅見さんに頼んで、追い込みを押さえてもらえないだろうか」

そう言うのである。

山口敏夫と知り合ったのは、五えんやの中岡信栄からの紹介だったと思うが、たしかな記憶はない。彼は旧イ・アイ・イーインターナショナルグループ代表の高橋治則とも親しく、ずいぶん面倒を見てもらっていたから、その関係で知り合ったのかもしれない。

バブル当時の山口は、選挙区の埼玉県でプリムローズカントリー倶楽部というゴルフ場開発を実弟にやらせていた。ところが、そこがオープンできずに困っていた。しかも、そのゴルフ場の開発にあたり、あらかじめ会員権を売りまくり、神戸の街金融業者からは多額の借金をしていた。彼が裏書きした手形が山口組の関係者にわたり、追い込まれていたのである。もはや彼は破産寸前どころか、身の危険すら感じていた。

そこで、私が山口組若頭だった宅見組長と親しくしていたのを知り、私の事務所にいれば安全だと考えたのではあるまいか。現に、そう言って私の事務所へやって来た。

山口敏夫らしいといえばそれまでだ。が、曲がりなりにも現職の代議士である。あまりにも節操がなさすぎる。かといって、追い返すわけにもいかない。憎めないところもある。とにかく人並みはずれて図々しいのである。

夜は大阪市内のホテルに泊まり、昼間はずっと事務所にいた。朝、事務所へ行くと、もう空いている机に座って、なにやら仕事をしている。知り合いのところへ片っ端から電話をかけ、商談をしているふうだった。まるで、古くからいる事務員みたいな顔をしているのだ。事務所を訪ねてくる顧問先の会社社長たちは、やはり一様に驚く。

「先生、あれは山口敏夫と違いますか。なんで、ここにいはるんですか」

そんな調子だ。また、私が所用で出かけるときには、必ずあとについてきた。私が机から立ちあがろうとするのを見ると、いち早く事務所から飛び出し、表通りのタクシーを止める。

「さあ、先生どうぞ」

そう言って私を後部座席に乗せ、そのあとに自分も乗り込んでくる。まるで秘書のようだ。いつしか、それが彼の役割になっていった。

「今日はどこに行くんですか。お供します」

そうやって、行く先々についてきては、先方に取り入ろうとする。文字どおり恥も外聞もない。顧問先に行っては、いっしょに写真をとって仲良くなる。なぜ、そんなことまでするかといえば、理由は簡単。たいていが借金のためだ。実際、私の顧問先から借金し、そのままトラブルになったケースまである。

あるとき、顧問先だった「洋服の青山」の社長と山口敏夫を引き合わせたことがあった。たまたま赤坂の料亭で、私と社長とふたりで食事をしていたときのことだ。そこへ女将がやって来た。

「別の部屋に山口先生がいらっしゃっています。よろしければご挨拶したいと言ってますが、いかがいたしましょうか」

断るわけにもいかない。しぶしぶ了解すると、本人が図々しく部屋に入ってきた。そこで仲居さんに指示する。

「僕の料理をこっちに運んできてね。いっしょに食べるから」

そう言うと、ずかずかと座敷に座り込んだ。そこで、調子よく言う。

「田中先生には日ごろからずいぶんお世話になっております。社長とはいつごろからですか。これを機会にお付き合い、ご指導のほどをよろしくお願いします」

そうやって知り合いになると、借金を申し込むのが彼の常套手段だ。「青山」の本社のある広島県の福山にまで乗り込んで、ちゃっかり五億円も借りていた。だが、案の定、借金を返さず、トラブルになる。トラブルになってようやくことを知らされたのである。

「社長、なんで山口敏夫なんかに、五億も貸すのよ。せめて貸す前に、わしにひと言だけでも相談してくれればいいのに」

こう言うと、社長は苦虫を嚙みつぶしたような顔をしている。

「先生、そうは言いますが、あんなにしつこい人は見たことがありません。会社の秘書室に座り込んで動かないんです。仕方なく、車で外に出かけると、そこにも乗り込んでくる。れっきとした代議士の先生ですし、ぞんざいに扱うわけにもいきませんでしょう。弱り果てて、つい金を貸してしまったんです」

そんな山口敏夫の居候生活は、一カ月も続いた。だが、自分のゴルフ場は、一向にオープンの目処すら立たず、借金を返すアテもない。もともと借金を返すつもりもなかったようなのだ。

仕方なく、宅見組長に頼み込んで、なんとかヤクザを止めてもらった。しかし、これでは、私のほうがたまらない。このままでは宅見組長に押さえ込まれたヤクザ者から、恨みを買ってしまうのがオチである。

「彼らに話を聞いてみたけど、これは明らかに山口先生が悪いよ。借金をつくったのは先生なんだから、返すのが当たり前やろ。このままだと、わしが恨まれるから、何とかせんとね」

そう彼を説得した。ゴルフ場の関係手形や株を持ち、追い込みをかけていたのは、山口組のなかでも最大の武闘派といわれる山健組系のある組長だった。数年前、東京駅の八重洲口で射殺された人物だ。もちろん、こちらも怖い。

「宅見さんといっしょに彼もここに呼ぶから、言い訳したらあかんで。とにかく平謝りに謝るんや。土下座しなはれ」

そうして、宅見組長に同席してもらい、話し合いの席を設けた。その場で彼に土下座させたのである。山健組系の組長は、宅見組長と私の顔を立ててくれた。

「わかりました。なら、田中先生のところへ手形を預けときますさかい。先生がいい言うまで取りには来ません」

もっとも、山口敏夫は土下座するのも平気みたいで、慣れている感じでもあった。そうやって、ようやく事務所から追い出したのをよく覚えている。

それから数年がたち、旧「イ・アイ・イー」グループの高橋治則による二信組事件が起きた。山口は、高橋が率いていた東京協和信用組合からも融資を引き出し、それが焦げ付いていたのである。こうした二信組の乱脈融資をめぐり、高橋と政界との関係がずいぶん取り沙汰された。高橋と親しい政治家として、中西啓介や小沢一郎、それに山口敏夫の名前があがり、山口は国会で証人喚問されることになる。山口については、すでに東京地検特捜部がターゲットにしており、実際、その後逮捕されてしまう。

実はこのとき、私は山口から弁護を依頼されていた。数人の弁護団を組み、対策を練ったものである。ところが、それでも不安だったのだろう。

「五えんやの中岡さんは検察幹部と親しいでしょう。中岡さんに頼んで、検察と取引してくれないだろうか」

そう言い出したのである。安倍派の議員とも親密にしていた山口は、中岡が検察に太いパイプのあることを知っている。そこで、検察内部だって腐っている、と法務大臣に質問状を書き、取引材料にしようとしたのだ。それで、自分自身が助かろうとしたのである。

山口はこの質問状を私に作らせようとした。しかし、それとこれとは話が別。さすがにそんなことできるわけがない。

「先生、いい加減にしなはれ。自分だけ助かるために、そんなことできるわけないでしょう」

そして、このことをきっかけにして、彼とは縁を切ったのである。

追い詰められた彼は、検察に対する恨みつらみを書き連ねた文書を、遺書と称してマスコミに公表する。あげくに滞在先のホテルで自殺を図った。だが、むろん命は助かった。それらも、単なる演出だったのではないか、そう疑いたくなるほど調子のいい人間だった。

国会議員といっても、世間で知られているようなスマートな面ばかりではない。同じ人間なのだから、弱いところもあれば悪さもする。ちやほやされる分、ある意味で、ヤクザや暴力団より性質が悪いことも多い。親兄弟や親戚が、議員の威光をカサにきて、勘違いしているケースも少なくない。

故・大平正芳元総理の長男は、大平財団という財団法人の理事長だったが、その息子が事件を引き起こした。事件の張本人は大平元総理の孫にあたる。その弁護を引き受けたことがあった。以前に覚醒剤の不法所持で執行猶予中だった孫が、またしても同じことをしでかしたのである。

著名人の子弟にありがちなケースだ。覚醒剤事件はとくにそうだが、なかなか立ち直れない。そこで、仕方なく、私の自宅の隣に彼が住むマンションを借り、二四時間監視していたのを覚えている。

また、森田一元運輸大臣の甥っ子の覚醒剤事件の相談に乗ったこともあった。森田夫人の妹の長男だったのだが、彼は電通に勤めていた。たまたま交通違反を起こし、車に積んであったクスリが発見されてしまったのである。ただし、事件は表沙汰にならなかった。

「伯父を呼ぶ」

警察官にそう言って難を逃れ、事件にはならなかったのである。

しかし、覚醒剤中毒だった彼がこのままですむわけがない。いつかまた事件を引き起こすのは、目に見えている。それで、相談を受けた私は、彼を済州島に連れて行って軟禁状態にした。一カ月もあれば、中毒症状は抜けると思い、女の子をあてがって治療したのである。

同じ覚醒剤事件では、中西啓介の長男が何度も逮捕され、有名になったが、知られていない事件はまだまだ腐るほどある。そんな彼らを見ていたら、ヤクザ者と大差ないと思わざるをえない。

大阪の私の事務所に山口が居座っていたとき、彼がこう言ったことがある。

「先生も私もいっしょですね。同じようにバッジを持っている。私は国会に行かない代議士だし、先生は法廷に行かない弁護士。仲良くやりましょうよ」

彼らしい冗談だが、私があまり法廷に顔を出さなかったのは、戦略のうちだ。法廷外で決着をつけたほうが効率がいいからである。ヤクザに追い込みをかけられ、逃げ回っていた彼とはちがう。そう腹が立った。

ヤクザと政治家。表裏一体といったら言い過ぎかもしれない。が、日本の政治や経済の現場で、両者は密接な関係を保ってきたのも事実である。それが最も顕著にあらわれたのが、バブルの時代だったのではないだろうか。バブル紳士の多くは、暴力団と組んでさまざまな経済事件を引き起こしてきたが、その裏で国会議員や官僚、財界人が暗中飛躍していたケースも少なくない。だが、その事実のほとんどは、結局、明るみに出ることはなかった。

私は、そんなバブルといわれた時代の主役たちの弁護を数多く引き受けてきた。そこで、日本という国のなかに存在する暗い闇を幾度となく垣間見てきた。

第七章　バブル紳士たちとの甘い生活

バブル期は、もっとも仕手筋が活躍した時代でもあった。

バブル期に名を馳せた仕手筋には「兜町の帝王」と呼ばれたコーリン産業（のちに光進と改称）の小谷光浩、「兜町最強の仕手集団」と呼ばれた誠備グループの加藤暠という二人の大物がいるが、仕手筋の走りは、「コスモポリタングループ」を率いていた池田保次だろう。私はのちに小谷と加藤の顧問弁護士になるのだが、池田とは敵対する相手方として対峙した。弁護士になった一九八八年（昭和六十三年）のことだ。

池田は、大阪に本社のある東証一部上場の環境設備メーカー「タクマ」の株を買い占めていた。豊田自動織機や東海興業など、すでに数多くの仕手を手がけ、その名前は知られている。タクマの経営陣は、戦々恐々としていた。池田のことは前述したが、山口組系の元組長から仕手筋に転身した変わり種である。大阪では、リンカーンを乗りまわすヤクザの元組長として、その名前が通っていた。バブルの初期に梅田の一等地、曾根崎にあるわずか半坪ほどの土地を一億円で買い取り、話題になったこともある。が、なにより広く世間にその名を轟かせたのは、目黒にあった「雅叙園観光ホテル」の株買い占めだろう。

雅叙園観光ホテルは戦前、帝国ホテルなどと並び称されたほどの名門ホテルである。創業者である松尾国三の本業が、演劇や演芸の興行だったことから、戦後、いち早くホテルへジャズのイベントを取り入れた。終戦後、ホテルは進駐軍の社交場になり、日本におけるアメリカンジャズの発祥の地とまで呼ばれるようになったという。

その一方、松尾は「千土地興行」という興行会社を設立。大阪で「新歌舞伎座」を運営したほか、「奈良ドリームランド」や神奈川県の大船に「ヨコハマドリームランド」などの遊園地までつくっていった。それが、雅叙園観光ホテルの姉妹会社「日本ドリーム観光」となる。ピーク時のドリーム観光の資産は、七〇〇〇億円とも八〇〇〇億円とも言われた。「雅叙園観光ホテル」と「日本ドリーム観光」は姉妹会社であり、お互いの会社で株を持ち合っていた。ドリーム観光側にとっては、ホテルが親会社にあたる。

仕手集団「コスモポリタン」を率いる池田は、そこに目を付けた。日本ドリーム観光の大株主である雅叙園観光ホテルの株を買い占めれば、ドリーム観光の資産を思いのままにできるわけだ。

折しも、創業者の松尾国三が他界し、創業家の内紛が起きた。池田はそれに乗じて雅叙園観光ホテルの株を買い占め、ドリーム観光の経営権を握ろうとしたのである。ちなみに、このとき池田を資金面でバックアップしたのが、イトマン元常務の伊藤寿永光や大阪府民信用組合元理事長の南野洋だった。私はのちに彼らとも縁ができるが、それは後述する。

やがてホテルの主導権争いは、池田についた専務と松尾の未亡人の対立に発展していく。このとき未亡人側が池田への対抗策を相談した人物が、元警視総監の秦野章である。元山口組系組長対元警視総監という前代未聞の場外乱闘だったわけだ。

未亡人側の秦野は、ドリーム観光の役員として警視庁OBを就任させると同時に、検察OBの弁護士を起用した。そのひとりが、鈴木裕一弁護士だった。以前、私に小谷を紹介した友人の検察OBだ。そうして、私も彼らとともに池田への対抗策を講じるようになっていったのである。

池田は、雅叙園観光ホテルに続いて、環境設備メーカー「タクマ」株の買い占めに触手を伸ばす。あげく、彼の息のかかった人物を役員にしろ、と迫ってきた。私はそうして、タクマ、雅叙園の両問題の相談に乗るようになったのである。

この渦中、池田が総会屋とともに雅叙園観光ホテルの株主総会に乗り込み、未亡人側を追及する、という情報が入った。未亡人側の経営陣は、元山口組系組長の仕手筋に完全に恐れをなしている。なんとかガードしなければならない。そこで、私も総会に出席することにした。会社の重役たちが居並ぶ株主総会の会場の壇上で待ち構え、池田を迎え撃とうとしたのである。

案の定、池田は総会屋たちを先導して乗り込んできた。私は壇上に立ったまま言った。

「おい池田、騒ぐなよ。わかっているな。騒げば、すぐに逮捕させるからな」

池田とは知らない仲ではなかった。裏社会に通じる情報源として、大阪地検時代に何度か会い、話をしたことがある。

「田中検事やないか。ほうか、弁護士になったんやな。でも、なんで顧問弁護士が壇上におるんや。おかしいやないか」

そう嚙み付いてきたので、やり返した。

「総会屋対策に決まっとるやないか。なに寝ぼけたこと言うとるんや」

さすがにおとなしくなり、無事総会は終わった。すると、今度は手のひらを返したかのように、懐柔策に出てきたのである。

雅叙園観光問題が膠着状態に陥るなか、池田とは、タクマ株のことで話し合う機会が増えていった。

「なんで、タクマ株なんぞをこんなにぎょうさん買うたんや」

そう池田本人に聞いたことがある。どうやらそれほど大した理由はないらしい。池田は言った。

「たまたまですんや。新地でよう行く店（クラブ）があってね。そこの目の前にタクマの本社がある。たまたま目についたから、買うてみるか、てなもんですわ」

だが、その割には、相変わらず強引に息のかかった人間をタクマへ迎え入れるよう迫ってくる。

「役員になるんは、わしのようなヤクザやないんでっせ。上場会社におった、まともな人を送り込みますさかい、頼みますわ」

だが断固として拒否した。そうやって揉めているあいだ、彼自身も焦りはじめた。おそらく、雅叙園観光ホテルとタクマの両方の仕手戦を同時に手がけることになったため、資金繰りに行き詰まっていたのだろう。

池田は窮地に陥っていた。八七年一〇月一九日、「ブラックマンデー」と呼ばれたニューヨーク証券市場で株の大暴落が勃発し、ニューヨーク市場の平均株価が二〇・二パーセントも大暴落した。それに連動して東京市場の株価が三八三六円も暴落し、池田が担保として差し入れていた株の価格も大暴落したのだ。私のところに入った情報では、池田は借金に狂奔していた。暴力団金融からトイチの利子で借金したり、ある組長に額面一〇億円の手形を一億円で割り引いてもらったりしていた。はては、従業員にまで借金していた。

そうして起死回生の最後の勝負としてはじめたのが、タクマ株の買い占めだったのである。池田はタクマの発行済み株式の三六パーセント強を押さえた。これに対し、タクマの弁護団は第三者割当増資を実施した。

「増資はコスモポリタンの持ち株比率を下げるのが狙いで、不公正である」

池田はこう新株発行の差し止めを大阪地裁に申請するが、却下される。池田の焦りは想像に難くない。そして、ついに現ナマ攻勢に出てきた。

「先生、ひとつよろしく頼んまっせ」

そう言って、何度も事務所にやって来はじめた。その都度、二〇〇〇万円、三〇〇〇万円と現金を持ってくるのである。

「誰も見てしまへんがな。ふたりだけやから、わからしまへんで。今の株価より下がらんかったらええから、どこか安定株主に、わしの株を引き取ってもらうようにしてくれまへんか」

そう持ちかけながら、金を渡そうとする。もちろん断った。

「お前とわしは敵対しとるんやぞ。そんなもん受け取れるわけないやないか」

検事時代からつきあいのあった池田の心中を察すると、複雑な思いがあったが、こちらもタクマの代理人である。情に流されるわけにはいかなかった。ところが、敵もさるもの。そう簡単には引き下がらない。

あるとき、「ピアジュ」というクラブに行くと、きれいな娘がいやに熱心に口説いてきた。

「田中先生、ずい分辣腕やて有名ですよ。ヘリコプターまで持ってはるんですてね。いっぺん乗せて。私に乗ってからでもええから」

こう甘えてくる。たしか愛子という名前だった。私も男だから、もちろん悪い気はしない。実際、弁護士になってからはよく遊んだ。しかし、地元のキタ新地やミナミなんかでホステスと寝たら、それこそどこから情報が漏れるかしれない。だから、遊ぶなら銀座、と決めていた。それで、彼女の誘いを断り続けていた。

数年後、その愛子とばったり東京で会ったことがある。赤坂のホテルニューオータニのラウンジで偶然見かけた。愛子は銀座のクラブで働いているということだった。

「実は、いまだから言えるんですけど、あのころ、私は池田さんから先生を口説くように頼まれてたんです。五〇〇万円もろうて」

コーヒーを飲みながら、彼女は打ち明けた。

「なに、ホンマか」

さすがにそこまでとは驚いた。

「池田さんは『田中と寝ろ。それで何でもいいから話を聞きだせ』と言っていました。そのネタを使って、タクマの顧問（弁護士）から引きずり降ろすとか、何とか、言っていたわね」

目の前の女性を眺めながら、あのとき寝なくて本当によかった、とほっと胸をなでおろした覚えがある。そして、彼女はコーヒーを飲み干し、つけ加えた。

「それで、池田さんにいつカネを返せと言われるか、ずっとドキドキしていたんです。ああいう人ですやろ。何をされるかわからへんし。でも、いなくなって、いまは正直ホッとしています」

仕手集団「コスモポリタングループ」を率い、数々の上場企業を震撼させた池田保次が失踪したのは、一九八八年八月のこと。ブラックマンデーの翌年である。一気に資金繰りに窮した池田は、忽然と姿を消した。この失踪に関しては、資金トラブルを巡る逃亡説から暗殺説まで、いまも諸説が飛び交っている。

いわば彼は、私の敵だった。だが、どこか憎めない人物でもあった。なにか通じる部分があったような気がする。普通なら、交渉の最中、こちらに嫌がらせをするところだったろうが、池田は私に対しては、ヤクザのえげつない手口をいっさい使ってこなかった。

もし、生きていても、目の前にいる彼女を責め立てるような真似はしなかったに違いない。ふと、そう思った。すると、なぜか彼女がうっとうしくなった。

「もういいから、はよ店に行け」

つい彼女に、はき捨てるように冷たく当たってしまった。

マスコミ関係者に聞いた話では、池田は失踪する直前、新大阪駅の東京行きのホームに見送りにきた運転手に、こう言ったそうだ。

「東京へ行ってくる。いいから、もうここから帰れ。もう後ろを振り向くな」

それが、池田に関する最後の情報だった。それを聞いた夜は、ひとりで酒を飲まずにはいられなかった。池田に引導を渡したのは、自分かもしれないとも思った。

その後、池田は生きたままドラム缶にコンクリート詰めにされ、大阪湾に沈められたという噂が流れた。折しも、豊田自動織機の仕手戦を手掛けた見学次男が、運転手とともにドラム缶にコンクリート詰めされ、大阪湾で発見された事件が起きたことにより、池田も同様に見られたのだろう。あるいは、同じく豊田自動織機の仕手戦で名前のあがった日本土地の木本一馬は、夫人とともに割腹自殺をとげている。そうした事件の背後には、常にアングラマネーの存在が囁かれてきた。実際、ヤクザのなかには、仕手筋に注ぎ込んだ投資を回収できず、自分自身まで身動きがとれなくなっていた連中も少なくない。むろん、相手を殺したところで投資が返ってくるわけではない。だが、それでも、こうした事件は起きるのである。まさしく池田の資金源のなかには、こうした裏社会の人間がいたのは間違いない。

そして、池田保次の失踪後、事件の火種は残った。慌てたのは、雅叙園観光ホテルの仕手戦のために二七〇億円もの資金を融通していた伊藤寿永光、それに仕手戦に相乗りしていた許永中たちだった。そして、この雅叙園問題がやがて、イトマン事件となって火を噴くのである。

「兜町の帝王」小谷光浩

たまたま、コーリン産業の顧問弁護士に就任した矢先の出来事だった。

「ちょっと、用足しに行って来ますから、休憩しましょう」

そう言って席を外したのが、小谷光浩本人だった。コーリン産業はのちに光進と社名変更するが、小谷はその代表である。小谷は、航空測量の国内最大手企業だった「国際航業」を乗っ取り、仕手筋として破竹の勢いだった。例の村上ファンドが、日本初の敵対的企業買収と称して、電子機器メーカー「昭栄」株の公開買付け（TOB）に乗り出したのは記憶に新しいが、いわば小谷はその元祖みたいなものだ。いうなれば、村上世彰やホリエモンの大先輩かもしれない。

国際航業の乗っ取り後、次に小谷が狙ったのは、「東洋酸素」という燃料会社の株だった。すでにかなりの株を買占め、株価は高騰していた。そこで、株仲間を呼び集め、この先株をどう買っていくか、検討していたのである。私は、光進の顧問弁護士として、法律的な見地からその打ち合わせに参加していた。会議の最中、小谷がトイレに立ったので、手持ち無沙汰にしていた。

なかなか帰ってこないので、ついでに私も用を足そうとトイレに行った。すると、トイレの少し先の廊下に彼がいた。公衆電話からどこかへ連絡している。

「東洋酸素を売ってくれ」

受話器に向かってそう話しかけているではないか。相手は出入りの証券会社の担当者に違いない。たまげた。会議では、ついさっきまで仲間に東洋酸素の株を買うよう頼んでいたではないか。そうしておきながら、自分自身はさっさと売り逃げようとしているのである。

これには呆れた。相場の世界は狐と狸の化かし合いだといわれるが、仲間まで裏切らないといけないとは。というよりも、仕手筋の本性というか、人間性を見たように思える。株の世界のこととはいえ、やはり、結果的に彼とは合わなかった。

小谷との出会いは、日経平均株価が史上最高値の三万八九一五円をつけた翌八九年のことだった。すでに「兜町の帝王」とか「一度の相場で二〇〇〇億を動かす男」などと称され、仕手筋として絶頂の時期だった。

弁護士が顧問先を見つけるのは、知り合いからの紹介であるケースが多い。弁護士同士で顧問先を紹介し合うことも少なくない。

小谷の場合は、企業の弁護活動を手広くやっているさくら共同法律事務所の河合弘之弁護士が顧問をしていたが、かつてそこに私の友人のヤメ検弁護士がいた。のちに東京経済法律事務所を開設した鈴木裕一弁護士で、彼から小谷を紹介されたのである。

大和証券出身の小谷は、七〇年にコーリン産業を設立し、急成長した。旧住友銀行のバックアップを受けて、都心の地上げを成功させたことから、成りあがる。いわば彼を育てたのが住銀であり、「住友は心のふるさと」とみずからその関係を公言していた。そこから相場の世界へ舞い戻り、仕手筋として名を馳せるようになる。

八七年、東証一部上場の「国際航業」株を買占めて経営に乗り出す。

「日本で初めて本格的なM&Aに成功しました。これは冷徹な資本主義の数の論理です」

そう豪語していた。まだM&Aなんていう言葉さえ知られていない時代。小谷は、敵対的企業買収を成功させた日本人の先駆者でもある。

私が出会ったのは、国際航業を買収した二年後の八九年だった。国際航業の資金を仕手戦に流用し、私物化しているのではないか、と世間から批判を浴び始めたころだ。東京地検も彼を狙っていた。

実際、調べてみると、トータルで二〇〇億円近い金が、彼のところへ流れている。会社からの融資の形をとってはいたが、書類上でも担保は三〇億円分しかない。せいぜい五〇億円ほどの価値だった。自分自身がオーナーになった会社から、これだけ担保価値が不足した融資を受けていたら、背任や横領に問われかねない。となると、借金を返済するか、追加担保を入れるか、だ。

「そうしなければ、特捜部から逮捕されますよ。追加担保のために持っている財産をすべて出せますか」

こう聞くと、小谷は必ず担保を差し出すと言うので、顧問に就任し、その作業にとりかかった。繰り返すまでもなく、担保さえ入れておけば、背任には問われないと踏んだからだ。

そのとおり、小谷は追加担保をつくってきた。こちらの思惑どおり特捜部は、背任での立件をあきらめざるをえなかった。だが、これはそう楽ではなかったらしい。小谷自身、資金繰りに窮し、担保づくりはかなり四苦八苦していた。この国際航業への追加担保づくりのために始めたのが、藤田観光の株価の吊りあげだったのである。

仕手筋が狙った企業の株を買いあげる場合、それまで持っている株を証券金融会社の担保に入れて資金調達する。たいていの株はどこかの金融会社の担保に入っているので、手元には残っていない。小谷が国際航業へ追加担保として入れるのは、やはり株式でしかないが、問題は金融会社の担保からどうやって抜き出すか、である。それが先決なのだ。そのためには、担保価値をあげるしかない。たとえば証券金融から一億円借金するとして、一〇〇円の株価を一〇〇万株担保として預けているとする。実際は担保の掛け目は、最低でも六掛けとか八掛けなので、もっと預けなければならないが、それはこの際、考えない。で、担保の株が二倍の二〇〇円になれば、その価値は二億円分になり、担保に入れておく株数は半分で済み、五〇〇〇株を証券金融会社から引き出せる。つまり、それを国際航業への追加担保として差し入れることができるのである。

そのためには、担保に入っている所有株を吊りあげなければならない。そうして小谷は、藤田観光株に絞って株価を吊りあげ、一週間で二〇〇億円の利益をあげたのである。

ところが、これが株価操作ではないか、と評判が立つ。国際航業に対する背任罪で立件することをあきらめた特捜部にとっては、もっけの幸いだったに違いない。再び色めきたったのである。

特捜部が狙っていたのは、藤田観光株に関する株価操作ならびにインサイダー取引だった。そうして九〇年七月、証券取引法違反の疑いで、小谷は東京地検特捜部に逮捕されたのである。

このとき「実は田中も小谷と組んで株価操作で儲けているのではないか」と噂が立った。これらの事実を知ったのは、もっとあとのことであり、それはありえない。私は彼の弁護を引き受けた。だが、そこからまた、ひと悶着ある。

逆恨みされた暴行事件

「とにかく怖いんです、取り調べが。検事さんがなにか気に食わないことがあると、すぐにものが飛んでくるんです」

　小谷の逮捕後、光進の幹部社員たちは特捜部に呼ばれ、連日取り調べを受けていた。事情聴取の最中、光進の経理部長が検事を怖がり、こう泣きついてきた。

「飛んでくるて、なにがや」

　そう聞くと、彼は言う。

「六法全書とか、捜査資料とか。検事さんがそれを顔めがけて投げつけるんです」

「そんなもん、怖がっとってどうするんや。俺なんかのときはそんな程度やなかったで。そのくらい辛抱せんか」

　まだ検事や検察に対する愛着が残っていたのだと思う。むしろ、問題が起きないよう経理部長のなだめ役に回っていた。

　ところが、そうして取り調べがつづけられると、事件が起きた。

「いま取り調べが終わったところなんですが、歯が痛くてグラグラするんです。取り調べはさっきまで延々とつづいていたんですが、しまいに怒った検事さんから殴られてしまったんです」

　経理部長から自宅に電話がかかってきた。すでに真夜中の一二時をまわっている。

「えっ、どのくらい殴られたんか？　なんでそこまで」

　と尋ねた。

「調書にサインしろと言うので、読んでからにします、と答えたんです。すると、いきなり殴ってきたのです。こぶしで二発。それで歯がグラグラするくらいになってしまった。もう痛くて仕方がないから、明日、病院に行ってきます」

　私はすぐに特捜部へ電話を入れた。小谷の事件の主任は、偶然にも横田検事だった。検事時代に私が手がけた苅田町事件のとき、福岡地検に派遣されて事件を引き継いでつぶしてしまった、あの一期下の特捜検事だ。ただし、むろんこれは苅田町事件とはまったく関係ない。

「本人が殴られたと言って病院に行くけど、担当の調べ官に十分注意しとってよ。調べ官を代えてもらわんと、本人は出頭せんかもしれんよ。気をつけてやってください」

それだけを横田検事に言って電話を切った。

だが、ケガは思ったより重かった。翌日、経理部長が虎の門病院で診てもらったところ、すぐに入院しなければならないという。アゴの骨がはずれ、歯も折れていた。アゴをギプスで固定したままなので、食事は流動食しかとれない。それほどの重傷だった。

経理部長の退院後、ケガの状況をおさめた写真と診断書を病院からもらい、特捜部へ持って行った。それを渡した相手が、石川達紘特捜部長の直属の部下の副部長だった。石川部長は、私の東京地検時代、撚糸工連事件の担当副部長として、現場の指揮をとった優秀な検事だ。もちろん偶然ではあるが、なぜか私は、この人と折り合いが悪い。

「この件については、マスコミに流れないようにはしますけど、検察庁でも二度とこんなことが起きないように注意してください。石川部長にもきちんと報告しておいてください」

と副部長に告げた。実際、こんなことを表沙汰にはしたくない、というのも私の本音だった。

しかし、ここからことが複雑になっていく。逮捕され、窮地に陥っている小谷としては、この件を検察庁との取引材料にしようとしたのである。

「この際、暴行の事実を公表すれば、事件そのものをつぶすことができるのでは。これを材料にして検察と取引してもらえませんか」

拘置所の小谷がそう言ってきた。だが、そんな話には乗れない。

「暴行と事件はまったく別々のものだから、そうはいかない」

だが、断っても、彼らは納得しない。

「それなら、田中先生には頼みません。われわれの手でやります」

経理部長がそう言い出した。そうして海部内閣の法務委員会へ持ち込んでしまった。あげく、それが国会で取りあげられたのである。

こうなると、こちらの立場がない。検察庁には外部にはもらさないと約束していたし、小谷は小谷で、私のことを検察側のスパイのような目で見る。小谷側からは、裏切り者呼ばわりされる始末だった。

「田中弁護士はしょせん検察の味方だから」

という声が光進の内部に充満し、検察庁からはこう言われた。

「国会に持ち込んだのは、田中だろう。田中が検察を辞めた腹いせにやったに違いない」

おまけに、このせいで経理部長を殴った担当の検事は懲戒解雇、石川特捜部長は訓戒処分になる。地検の吉永祐介検事正まで訓戒処分を受ける羽目になり、石川特捜部長となると、そのあと、東京地検の次席検事から静岡地検に左遷されてしまう。

「静岡への転出は、やはり暴行事件の訓戒が尾を引いている。田中さんのせいで、もう達紘さんも将来はなくなったな」

そんな噂が流れた。検察内部の逆恨みを買ってしまった。

「おまえ、あまり派手なことをすると、ひっかけられるぞ。気をつけろ」

そう心配してくれる元同僚もいた。検察のことを暴露すると、なにかしら理由をつけられ、しまいには逮捕されるぞ、という意味だ。

まさか、そこまではすまい、とあのころはあまり気にもしなかった。しかし、このときの検察の恨みが、のちに意外な形であらわれるのである。

結局、検察と小谷の両方から逆恨みされ、九一年春、私は小谷から弁護人を解任された。

その二年後の九三年一二月、光進の経理部長が問題の検事を特別公務員暴行陵虐致傷罪で刑事告訴する。と同時に、国を相手どり、六〇〇〇万円の損害賠償請求を提訴した。裁判は、三〇〇万円の賠償金で折り合いをつけ、双方が和解して終わった。が、検察側の敗北には違いない。一方、小谷自身はといえば、〇三年に懲役七年の実刑が確定し、現在は塀の中で暮らしている。

現在も生きつづける仕手筋

ボロ株を安値で買っておいて、株価を吊りあげ、高値で売り抜ける――。いまもむかしも、プロの株取引の基本は変わらない。

「私はプロ中のプロを自任していた。そのプロにもミステイクはある。それを反省しなければならない」

二〇〇六年六月五日、東京地検特捜部に逮捕される当日、村上ファンドの村上世彰はみずから記者会見を開いて、こう釈明した。一月のライブドア前社長、堀江貴文につづいて、あの村上まで逮捕されたのだから、世間が騒いだのも無理はない。だが、この逮捕劇では、特捜部独特の捜査テクニックがものをいった、と私は見ている。

村上や堀江は、基本的なところでバブル時代の仕手筋とそう変わらない。わけても、村上はそうだろう。逮捕容疑となったニッポン放送のインサイダー取引では、ホリエモンや宮内亮治ら、ライブドアの幹部によるニッポン放送株の大量買いをあらかじめ知ったうえで、自分自身も株を買っていたという罪だ。株価があがることを想定できていたことが、インサイダー情報にあたる。証券取引法一六七条違反だ。おまけに、自分だけがさっさと売り抜け、濡れ手で粟の三〇億円を簡単に手にしていたという。だが、本来インサイダー取引は立件するのが非常に難しい。

まず第一は、ライブドアが大量買いをするという事実を知っていたかどうか。それを立証しなければばならない。文字どおり、インサイダー情報である以上、事実は関係者しか知らない。にもかかわらず、東京地検がそれを立証できたのは、ホリエモンの側近中の側近である宮内取締役の証言のおかげである。そこには、ある種の私怨があった、と聞いている。

村上がフジサンケイグループのニッポン放送株を買い始めたのは、二〇〇四年の秋から。と同時に、彼はホリエモンたちに同じように株を買うよう、そそのかしている。

「私自身、堀江さんたちにニッポン放送株を買ってもらえたらいいな、とは思っていました。私と同じ考えを持ってもらえたら、と……」

本人も記者会見でそう述べていた。これは仕手筋が、仲間を募るのと同じ行動である。

ニッポン放送はフジテレビの親会社でもあった。そこで村上は、ホリエモンたちをそそのかした。

「ニッポン放送株を買い占めることにより、フジテレビを支配できる、いっしょに経営権を握ろう」

案の定、甘言に乗せられたライブドアは、ニッポン放送株を買い占めていき、翌〇五年一月中旬以降、株価がうなぎのぼりにあがっていく。この間、村上が株を売り抜け、まんまと儲けを出している。これも従来の仕手戦とそっくりだ。

が、仕手戦は、仲間や周囲を騙して売り抜けたらいい、という単純なものでもない。誰にババをつかませるか、その絵をどう描くことができるか、がポイントなのである。結果として、ライブドアは損をしたわけではない。というよりむしろ、フジテレビにニッポン放送株を引き取らせて一〇〇〇億円の大儲けをしている。ババをつかまされたのは、間違いなくフジテレビである。

だが、日本経済にとって、村上や堀江などというどこの馬の骨かわからない連中に天下のフジが騙されるとは、許されることではない。実際、捜査の端緒はフジサンケイグループ側からの告発だった、と聞いている。そこで利用されたのが、ライブドアの宮内亮治だったのではないか。〇六年一月、ライブドアの粉飾決算事件でホリエモンとともに逮捕された宮内は、堀江からも裏切られ、検察に協力した。

「おまえ、結局得をしているのは村上だけだろう。ニッポン放送のときにも仕組まれ、売り抜けているのは村上じゃないのか」

取り調べの検事からそう諭され、村上とのインサイダー情報のやり取りを白状したのではないか。実際、ニッポン放送株を買うようにそそのかされたあげく、村上だけは売り抜けて世間の批判をかわしている。検事の言うとおりだ。それで、自白し、村上を逮捕できた。少なくとも私はそう見ている。

村上ファンドの摘発は、ライブドア事件がなければありえなかったに違いない。そのライブドア事件とは、有価証券報告書の虚偽記載ならびに風説の流布に過ぎない。近鉄バファローズの買収を仕掛けていたライブドアが、経常赤字ではいかにもまずい。そこで、決算期を越えた翌月の収益を前倒しして前期の収益とし、経常黒字に粉飾したという虚偽記載。これは「期ズレ」といって、金融機関から融資を受けるため、よくおこなわれる。もうひとつの容疑である偽計、風説の流布は、関連会社「ライブドアマーケティング」の株価をつり上げるために、虚偽の企業買収計画や黒字を装った関連会社の決算短信を公表したというもの。これも従来なら、あれほど大袈裟に逮捕するほどの罪ではない。

マスコミには、カネ儲けをするためなら何をやってもいい、という昨今の風潮に警鐘を鳴らすために事件化したといった論調を見受けるが、検察がそんな迂遠な動機から立件したとは思えない。体制の一翼を担う放送局を、ホリエモンのようなうろんな輩に握らせるわけにはいかない、という検察上層部の判断があってこその立件だったのだろう。

ライブドアの実業部門は、ことごとく利益があがっていない。グループの利益は、ほとんど株の売買によるものだという。その株の利益をもたらした手法が株式の分割である。

株式分割とは、一株を何株かに分割し、発行済みの株式数を増やすことだ。理論的には、株価一万円の株を一〇分割すれば、一株は一〇分の一の一〇〇〇円になる。それまで一〇〇〇株保有していた株主は、一万株を保有する計算になり、資産価値は変わらない。しかし、株価が引き下げられると、買いやすくなり、買手が大幅に増える。いきおい、株取引が活性化する。

二〇〇一年の証券取引法の改正により、従来は認められていなかったこの大幅な株式分割が認められたのである。バブル崩壊によるダメージを受け、その後、「失われた一〇年」と呼ばれる長期低迷期にあった日本経済では、株式市場が冷え込んだ。その一方で、個人金融資産と呼ばれる一般大衆の資産は、一四〇〇兆円に達している。日本経済を立て直すためには、この個人の株取引を活性化させるのが、手っ取り早い。そうして、こんな法改正までおこない、株式投資の大衆化を図った。その政策をいち早く利用し、株式市場に躍り出たのが、ホリエモンや村上だったように思う。

ホリエモンは、株式分割を利用し、かなりあざといことをやっている。株式を分割すると、新たに株券を印刷しなければならない。新株券が株主の手元に届くまでには三〇日から四〇日ほどかかる。その間、ライブドアグループの企業イメージがあがり、株取引が活発になって株価が高騰する。そして、そのピークを見すかし、持ち株を売って巨額の利益を得てきたのだ。当の株の発行元が、真っ先に売り抜けるわけだから、損をするわけがない。他の株主にとっては、イメージだけは保っているので、株価が急落するわけでもなく、騒動にもならない。これを繰り返しながら、ライブドアはフジテレビに業務提携を仕掛けるまでに成長していったわけである。これも、仕手筋の手法となんら変わるところはない。

このライブドア事件の渦中、裏社会との関係が取り沙汰されたことがある。沖縄で怪死した元側近の野口英昭のこともあり、事件はさまざまな憶測を呼んだ。他殺説もあったが、野口の死は自殺ではあるだろう。だが、そうした怪情報が流れる背景は間違いなくある。ライブドアの幹部たちと、ある組織の現役幹部との接点も知っている。それは、バブル時代の表社会と裏社会の接点となんら変わらない。

大きな株取引の場合、株価の動きによっては、緊急に巨額の投資が必要になる。しかし、金融機関では、新進の企業には融資したがらないし、融資するとしても、審査などに時間がかかる。緊急の役に立たない。今日、明日、必要なまとまったカネを用立てられるのは、現実にはアングラマネーしかない。かつて仕手戦にはこうした裏社会の資金が大量に流れ込んでいた。アングラマネーは、日本市場だけにとどまらず、香港やシンガポールなど海外にも進出している。それが現実である。


バブル当時の仕手戦は、たいてい本尊と呼ばれるカリスマ相場師をリーダーとし、数十人くらいのグループを形成して株取引をおこなっていた。グループのメンバーには、世に知られた実業家や政治家、裏社会の大物などもけっこういる。ほとんどが株のプロたちだ。その各人が資金を出しあって株を買い占める。資金総額はせいぜい三〇〇〜五〇〇億円ほどだろう。四〇〇〇億円を超える資金を動かしてきたと言われていたあの村上ファンドの資金力に較べると、ひと桁少ない。

ターゲットにする株は、市場ではあまり知られてない株価一〇〇円くらいのボロ株ばかり。銘柄選定の基準になるのは、まず浮動株が少ないことだ。安定株主がいて、株が市場に出まわらない企業、あるいはオーナー企業などが、それにあたる。浮動株が少なければ市場で取引される株数が読めるし、オーナー企業の場合は会社を死守しようと、株を買い戻しにくるケースが多い。いずれにせよ、ボロ株を高値で売ることができるわけだ。

仕手筋は半年から二年くらいを費やし、ターゲット銘柄の仕込みにかかる。「兜町最強の仕手集団」と呼ばれた誠備グループの加藤暠などは、そうやっていた。仕手戦では、情報操作も不可欠な要素である。株を買い占めている本人が兜町をぶらついて言う。

「絶対にだれにも言うな。近く、この会社はA社を買収する」

なんて調子で証券会社の外交員にささやく。大物仕手筋になればなるほど、兜町ではこういう情報が一瞬のうちに広がる。さらに、マル秘情報として証券新聞や情報誌に書かせる。風説の流布の罪に該当しないよう、さりげなく情報操作するのだ。

その一方で、株価を操作する。たとえばその日、狙った銘柄に五〇〇円で一万株の買い注文があったとすれば、四九〇円で一〇万株の買い注文を出しておく。なぜなら、市場が「四九〇円の大量の買いがあるなら、この先株価はこれ以下には下がらない」と安心するからだ。逆に、五一〇円の大量買いが入れば、一般投資家は「株価はここまで」と見られてしまい、売られる。さらに、株価を一気にあげたいときには、取引停止時間の直前に大量の買い注文を出す。これをやると、アゲ気配のまま取引が終了するから、一般投資家は競って買いに走る。

こうして、目ざとい一般投資家が我も我もと仕手株に飛びつくのを見こし、仕手筋は大量の株をいち早く売り逃げする。もともと浮動株が少ないボロ株だけに、その後は売り買いが成立せず株価は急落し、無価値の株券を握りしめて呆然とする一般投資家だけが残る。これが仕手戦だともいえる。

仕手戦の儲けは大きい。半年くらいで株価を五倍ほどに吊りあげて売り逃げするケースだと、一〇億円投資した者は五〇億円で売り抜け、実質四〇億円の儲けになる。だが、グループの全員が儲かるわけではない。ババをつかむ者もけっこういる。小谷光浩の話で書いたように、仕手戦の仲間内でも騙しや裏切りが横行する。例えば、売り逃げするときには、仕手筋がグループ各人に「今日は、〇〇さんは何万株売って」とグループ各人に売りの株数を統制する。全員が一時に売ったりすれば、株価操作の嫌疑がかかる怖れがあるからだ。

しょせん仕手戦で買い集めた株は、そのすべてを売り抜けられない。どうしても、持ち株を売り抜けず、大損する者が出てくる。だから、仲間内でもかならず統制を無視し、大量の株を売ろうとする者が出てくる。しかし、統制に従っていた者は、急落した無価値の株を持ったままに終わる。仕手戦では、リーダーの指示に最後まで従うと、必ずババをつかまされる。そんな騙し合い、裏切り合いの世界でもある。

「今度、こういう株を、こういう手法で仕手をやろうと思ってるんですが、このやり方でいいですか。株価操作やインサイダー取引に抵触しませんか」

彼らは顧問弁護士の私にこう相談してくる。風説の流布などの株価操作やインサイダー取引などの合法、非合法を判定し、助言するのが、私の仕事だった。ちなみに株価操作とは、株式の相場を人為的に上下させ、自己の利益を得ようとする行為のこと。インサイダー取引とは、会社内部の重要情報を知り得る立場の役員や取引先などの関係者が、その立場を利用して公表前に情報を入手し、株式や社債などの有価証券を売買する行為である。

だが、法には抜け道もある。例えば、インサイダー取引の場合は本人ではなく、信頼できる知り合いに株を買ってもらい、株の購入代金を海外の証券会社や金融機関を通して入金すると、捜査機関もお手あげになる。株価操作にしても、グループのメンバーそれぞれが、別の証券会社から株を買ったり、海外の証券会社を通して買えば、グループのつながりを調べられなくなる。仕手筋は、こうした抜け道を駆使しながら、株取引を展開していた。

コスモポリタンの池田保次が、よく使っていたのは、「鉄砲」である。これは法の抜け道などではなく、違法行為そのものだが、なかなか摘発されない。株を高値で売ろうとすれば、その値の買い注文が入っていなければならない。そこで、証券会社に架空の買い注文を出しておいて、売り抜けるという大胆な手口である。買い注文は架空なのだから、取引は決済できない。証券会社が被害をこうむることになるが、トラブルのせいで業務停止命令をくらうのを怖れるあまり、数百億円におよぶ決済金を負担して尻ぬぐいをするケースも珍しくなかった。そうなると、表沙汰にはならない。また、海外からの架空注文だと立件できないケースも多い。一方通行の買い注文ということから「鉄砲」と名づけられている。池田は何度もこの鉄砲を撃ちながら、次々と仕手を仕掛けていた。不思議なことにババをつかまされた証券会社や他の投資家も、さほど深刻な様子はなかった。それだけみな株で大儲けしていたということなのだろう。右肩上がりのバブル経済では、これくらいの損はすぐに取り戻せるという楽観的なところがあったのかもしれない。

加藤暠と政治家

〈亀井代議士から5割高で、株買取りさらに13億円余　亀井氏は関与否定〉

一九八九年一〇月六日付の読売新聞社会面にこんな記事が掲載されたことがある。記事のリード部分には、こうも書かれてあった。

破産した仕手集団「コスモポリタン」（本社・大阪）グループと亀井静香・自民党代議士（52）（広島3区）の株取引をめぐる疑惑で、同グループが昭和62年8月、東証一部上場の環境設備メーカー「タクマ」（本社・大阪）の約60万株についても、当時の株価より約4億円も高い総額13億4千万円で亀井氏から買い取っていたことが6日、読売新聞の調べで新たにわかった。すでに判明している別の仕手株2銘柄の5億円買い戻しと同様、時価の4～5割高。亀井氏は関与を否定している。コスモの破産管財人は「常識では考えられない、不自然な取引」として亀井氏側に説明を求める。

この件について、報道以外のことは知らない。だが、仕手筋と政治家との関係は深い。それを実感したのは、加藤暠の顧問弁護士になってからだ。あの「兜町最強の仕手集団」といわれた旧誠備グループの総帥である。

加藤は、黒川木徳証券の歩合外務員だったころから、その力を見せつけてきた。小谷や池田とはタイプの異なった人物だ。証券会社時代から顧客の人望が厚く、医師、社長、政治家など、およそ八〇〇人の大口投資家が彼のファンだったとされる。そんな投資家を集め、誠備グループという投資家集団を結成した。誠備は、台湾宗教の紅卍教の経典から名づけられたともされるが、そんな神がかりなところもあった。

一九八〇年の宮地鉄工所株の仕手戦で一躍有名になったが、顧客の脱税幇助の疑いで逮捕される。誠備グループはいったん解散したが、その後も活動を続けていた。佐川急便事件のさなかに起きた本州製紙の仕手戦では、加藤との連携が注目された。いまも数少ない仕手筋として、活躍しているのではないか。

加藤は、顧客に損をさせたら次の投資で儲けさせる、というやり方を貫いていた。むろん、株取引なので損をする人がいないと儲ける人が出てこないわけだが、絶対に損をさせない大事な顧客をリストアップしていたのを覚えている。だからこそ、彼には根強いファンがついていたのだと思う。これが、投資会議の最中に仲間を裏切って自分だけ売り逃げしようとしていた小谷との決定的な違いではないだろうか。

おまけに口が堅い。一九八一年に、特捜部に二五億円近い脱税容疑で逮捕されたときも、顧客のことについては、いっさい口を割らなかった。二五億円の大半は顧客に還元されており、加藤の儲けはさほどない。そのことを証言すれば刑が軽くなると判断した弁護士から「一人でも二人でもいいから、顧客の名前を言いなさい」と言われたが、

「絶対、言えません。一人でも名前を出せば、私は、将来兜町を歩けません。それに、人を殺したわけじゃない。せいぜい二、三年我慢すればいいんでしょう」

と、頑として弁護士のすすめる方針を拒否したそうだ。

そんな加藤に助け船を出したのが、稲川会・石井進会長だった。「加藤さんにまかせて株取引をし、

二億円の利益をあげた」と証言した。政治家たちが逃げまわるなか、石井進だけが、加藤をかばったのである。結果、加藤は脱税の共犯で有罪になったものの、みずからの脱税については無罪判決を受けた。

そんな加藤だから、逆に政治家のほうが彼を利用しようと、群がってきていた。

「政治には表にできない金があり、それは多ければ多いほどいい。そんな金を株で運用して増やしたいので、紹介だけでいいから、加藤さんと引き合わせてもらえませんかね」

彼の顧問弁護士になったころ、こう言って近づいてきた国会議員は少なくない。たとえば熊谷弘も、そのひとりだ。自民党から新進党、民主党へと渡り歩いてきた小沢一郎の側近中の側近であり、長年、小沢の金庫番的な役割を担ってきた。ホテルニューオータニで三人で食事をし、そこから熊谷は加藤のところへ通うようになったようだ。

政治にはカネがかかる。東京と地元の選挙区に事務所を構えて秘書や事務員を雇わなければならないし、地元の選挙民が陳情で上京すれば食事もさせなければならない。選挙となると、さらに巨額のカネがかかる。バブル当時は選挙制度がまだ中選挙区制で、衆議院選挙には自民党から複数の候補者が出ていたから、ことに衆議院議員は選挙民へのサービス合戦をやっていた。清和会の議員たちの話では、年間四〇〇〇万円くらいの経費がかかるらしい。その経費を確保するために多くの政治家が株、ことに短期間で大きな儲けになる仕手戦に手を出していた。

仕手株で四〇億円の大損

「仕手をやろうと思っているんですが、株好きの金持ちを誰かつけてくれませんか」

こう加藤に何度か頼まれたことがある。つまり、仕手戦の投資家を紹介してくれ、というわけだ。仕手筋といっても、小谷や加藤自身が巨額のカネを持っているわけではない。一〇億円、二〇億円投資する投資家を集め、その資金で仕手戦をやる。顧問先には大金持ちもけっこういるし、株好きも多い。話をすると、ぜひ投資したいという社長が何人かいたので紹介した。加藤の仕手戦には、政治家も五人ほど紹介した。

仕手筋には、紹介者に投資家一人当たり一〇〇〇万円ほどの紹介料を支払う慣習がある。加藤にしてみたら、私にも儲けさせてやろうという思いがあったのだろう。結果、一億円ほどの紹介料を加藤から受け取った。おまけに、仕手戦に参加して大儲けした知り合いの社長などからも億単位の謝礼をもらったこともある。「お前もこの株買うとけや。半年で五倍くらいになるぞ」と、知り合いの株好きの連中に、加藤からの情報を流してやったりもした。もちろん、これは報酬なしだ。

これらを検察が嗅ぎつけ、「田中はインサイダー取引をしている」とのデマを流されたものである。だが、仕手に便乗させただけで、インサイダー取引でも何でもない。事件になるはずはなかった。

小谷と加藤の顧問弁護士になったおかげで、検察からは狙われた。小谷の藤田観光の株価操作疑惑の際に「田中も小谷と組んで株価操作で儲けているのではないか」と噂が立ったことは前述したが、加藤のときにも、私自身をはじめ、友人、顧問先社長の株取引を一〇〇〇株単位の小取引にいたるまで検察に調べられた。

実は、株は検察時代からやっていた。特捜部が扱う事件は経済事犯が多い。株のことが分からなければ捜査にならない。そこで、勉強の意味で一〇〇〇株ほど買って、実地体験をしていたのだ。生来の負けず嫌いな性格に加え、研究もし、そこそこ儲けていた。株の世界は、大学時代に岡山の児島競艇でテキ屋の真似事をやったときのような、博打ともイカサマともつかない世界のように思えてなかなか面白い。そんな気分だった。

弁護士になってからは、思わぬ巨額の謝礼や「御車代」などを投じて株を買った。もともと投資に向いていたのか、一年で二〇億円ほど儲けたと思う。そのころは、事務所の私の机の下に、ゴルフバッグに一億円の現金を入れて置いていた。株の値動きに合わせて即座に対応するのだが、事務所の女の子たちからは「先生、そんな大きなおカネを事務所に置かんでください。もし盗まれたりしたら、私たちの責任になるやないですか」と怒られたものだ。

「かまん、かまん。盗まれたら、また儲けるからええんや」

などと言って、置きっぱなしにしていた。

だが、株の儲けは博打といっしょで、しょせんはあぶく銭。身につかないものである。まず、飲み食いに使う。二、三人で食べて飲めば、一晩一〇〇万円は飛んでいく。そんな浪費に消えていった。

女遊びもした。銀座のクラブで親しくなったホステスに高価な靴や時計をプレゼントしたりして、けっこう投資した。大手芸能プロダクションの社長と懇意になり、社長の紹介で、駆け出しの女優やタレントたちとつきあったこともある。だが、芸能界のことに無知な私には、彼女たちが話す業界の話がさっぱり分らない。ただ、スターを目指して張りきっているところに好感が持てる女の子もいた。そんなスターの卵に現金カンパをしたり、高価な服や時計をプレゼントしたりして、トンマな足長おじさんのようなこともやった。

もっとも女遊びといってもその程度であり、やはり株の儲けの大半は、知り合いのために用立てた。

撚糸工連事件を機に親しい友人になった小田清孝が、株でつまずいたことがある。小田とは同じ叩き上げとしての親近感もあるし、東京地検での特捜検事としての初仕事に応えてくれた恩義もある。

「これで、当分なんとかしのげ」と、一億円近いカネを渡した。

また、かつて大阪の特捜部時代にいっしょに捜査した大阪府警の幹部が、困り果てた顔をして相談にやってきたこともある。

「府警の警官の奥さんたちが主婦を対象にしたサラ金に手を出して、難儀しているんだ」

しかも、そんな奥さんが十数人もいるというのだ。そのなかには、私が知っている警官の奥さんもいた。

「しかし、わしの安月給では、十数人もの警察官の手助けはできん」

府警幹部はそう言う。その幹部も、サラ金苦の奥さんの亭主も知らぬ仲ではない。そんな話を聞いて、黙っているわけにはいかなかった。明くる日、「株で儲けたあぶく銭や。これで奥さんたちの借金を始末しとけや」と、幹部に渡したこともあった。

このほかにも、かつての知り合いが交通事故を起こした後始末や家の新築資金としてけっこう融通した。これらは多少なりとも当人の役に立っただけ、まだましだった。

だが、ニセ税理士事件の大西省二のケースは最悪だった。大西の知人が新たに事業を興すというので、四億円ほど貸したのだが、そのうえ大西の知人にも八〇〇〇万円を用立てた。結局、バブルの崩壊もあって、大西本人はむろん、知人に貸したカネも返ってこなかったが、それにしてもこの件はひどかった。後日、大西の知人を知っているという知り合いが明かした。

「先生、〇〇に事業立ち上げの資金ということで八〇〇〇万貸しましたやろ。あのカネは、先生が貸した翌日に住之江競艇で舟券をアホ買いして、二日で全部すってしもたんでっせ」

「ホンマか、その話は。どういうことや」

と思わず怒鳴ってしまったが、事実だった。競艇でさらにカネを増やして事業の立て直し資金を確保しようとしたところもあったのだろうが、最初の一日でほとんどすってしまったらしい。もはや腹も立たなかった。一日で八〇〇〇万円を競艇で蕩尽するとは豪気なものだと、感心した覚えがある。

思いがけない高額の弁護士収入と株の大儲け。バブル期は自分自身の性格の悪い面が凝縮して表われていたように思う。要するに八方美人なのである。知り合いとの飲み食いなどもすべてポケットマネーから出し、領収証もとらない。何億融通しても、借用証ひとつとらない。ちょっとした実入りがあれば、追い立てられるように飲み食いやプレゼントなどに使ってしまう。

しょせんはそれまで大金を持ったことのない貧乏人の哀しい性なのだろうが、そこには濁流に流されていくような快感があった。

「弁護士になっておカネを持ったら、ろくなことはないわよ」

と、検事を辞めるときに家内が予見したが、その、ろくでもないことが起こった。東急電鉄と常陽銀行の株買い占めに便乗して、大損したのである。

東急電鉄の株買い占めは、八九年春頃から稲川会の石井会長が手がけ始め、そこに小谷光浩や加藤暠が合い乗りしていた。当初一六〇〇円だった株価が年末には三〇六〇円まで高騰する。実は、この東急電鉄株を、加藤の勧めで大きく買っていたのである。

「この勝負は絶対間違いないから、株価が下がることはありません。日頃お世話になっておりますので、お奨めします」

加藤からは、石井会長のバックには野村證券がついていることも聞いていた。株価は五〇〇〇〜六〇〇〇円くらいまで上がるだろうとのことだった。

ところが、翌年の二月ごろから株価が下落し始め、一年もたたずに半値近くに大暴落してしまった。しかも、東急電鉄株だけではなく、他の株も軒並み下落している。株を始めて以来、こんな現象は体験したことがなかった。バブルの崩壊が始まったのだ。だが、バブルが崩壊するなどとはつゆほども思ってなかった私は「加藤があれだけ言うのだから、間違いないやろ」とタカをくくっていた。

その人まかせが、墓穴を掘ることになる。前年末に三万八九一五円の最高値をつけた日経平均株価が、一〇月には二万円を割るまでに下落し、大都市の地価も下がり始めた。下落の勢いはすさまじく、あれよあれよという間に、落ち込んだ。おまけに、このときいっしょに買っていた常陽銀行の株も暴落した。そうして、四〇億近くもの資金が吹っ飛んでしまうのである。

汗水を流す本業の弁護士の仕事とは違い、私にとって株はマネーゲームでしかない。そのマネーゲームに手を出した報いがこれだった。もっとも、株投資の収支でいえば、それまで四〇億円くらいは儲けていたので、プラスマイナスゼロのイーブンに近い。しかし、余計だったのは、損をとり戻そうとしたことだった。五えんやの中岡が経営するノンバンクから五〇〇〇万円借りて投資してしまったのだ。その支払いに追われ、事務所の家賃さえ払えない惨状になったさすがに、頭を抱えたものだが、もとはといえば、裸一貫で平戸から出てきた身である。そう思って出直し、あきらめるほかなかった。

なお、稲川会の石井会長は東急電鉄株の仕手戦の直後に死去した。自ら手掛けた仕手戦の無残な結末のショックもあったのだろう。石井会長は最後まで小谷を信じたようだ。

文字どおり、株の世界は非情である。己の欲だけを押し通せば殺される。一歩下がって人の言うことを信じ、それに従えば、結果的には騙され、身を滅ぼす。四〇億円の代償を払って学んだことは、そのことだった。

銀座の地上げで成りあがった伊藤寿永光

ドスン、ドスン——。

東京虎ノ門にあるホテルオークラのスイートルームのドアを開けると、奥から鈍い音が聞こえてきた。何事かと思い、廊下を通って部屋をのぞいた。すると、ゴルフボールが分厚いカーテンに当たり、勢いよく揺れている。その音だった。

「あ、田中先生、すぐに済みますから、ちょっとだけ待っててください」

振り返ったのは伊藤寿永光だ。世間では、イトマンの元常務として知られる。伊藤はオークラに宿泊すると、部屋でこうしてゴルフの練習をするのだという。5番、7番、9番のアイアンをクラブバッグから取り出し、カーテンめがけて絨毯の上にあるゴルフボールを次々と打ち込んだ。それがカーテンに当たり、ポトリと落ちる。ボールはほとんど同じところにヒットしている。

普通なら、部屋でゴルフボールを打つなど、怖くてできない。壁にあたり、跳ね返ってきたら大変である。だが、伊藤は自信があるのだろう。

「伊藤さん、アンタこんなことといつもやっているの」

そう尋ねてみたら、平然として答えた。

「便利でしょ。ホテルのカーテンもこういう使い道があるんですよ」

実際、ゴルフはもの凄い腕前だった。

名古屋出身の伊藤寿永光は、野球の名門、中京高校のエースだったという。プロスカウトの目にもとまったらしいが、肩を壊して断念したのだが、そこから一年間プロゴルファーになるためにアメリカで修業したそうだ。現に、英語もかなり流暢に話す。

その後、父親の事業を継いだ伊藤が、その名を知られるようになったのは、銀座の銀一ビルという商店街の地上げだった。山口組ナンバー2の宅見勝組長をバックに、立ち退きを渋る商店街の住人に対し、地上げを成功させたと伝えられている。といっても、彼と知り合ったのは別に宅見組長からの紹介ではない。

伊藤は、他の数多くのバブル紳士たちと同様、街金融のアイチに出入りしていた。そこで、アイチの会長だった森下安道から引き合わされたのである。

最初の相談は、伊藤が経営していた「協和綜合開発研究所」に関する国税局対策だった。銀一ビル商店街の地上げを含めた不動産売買をめぐり不明朗な資金の流れを東京国税局が追及。査察が入っていたため、協和と顧問契約をし、税務対策を練っていたのだが、これが思わぬ方向へ展開する。

伊藤の「協和綜合開発」は、旧住友銀行名古屋支店をメインバンクにしていた。当時の住友銀行は、大平産業というディベロッパーに肩入れしていた。そこへ伊藤の会社を経由した巨額の迂回融資を行っていたのである。協和綜合開発と大平産業とのあいだで、不動産取引があるように見せかけ、資金を垂れ流していた。それが、数百億円にのぼっている。だが、銀行側はろくに担保もとっていない。となると、銀行の支店長を巻き込んだ特別背任の疑いが濃い不正融資だ。

そこで、担保不足を補うため、新たに伊藤の所有する不動産物件に担保をつけさせたり、抵当権を留保しているという形を整えたり、取り繕っていった。私の事務所にいた副検事上がりの事務員を協和綜合開発に派遣し、二カ月かかってようやく処理が終わった。そうして、次に出てきたのが、イトマン問題である。

伊藤はいかにも調子のいい男だった。その分、妙な愛嬌もある。大平産業の一件で恩を売っていることもあったのだろうが、住銀に取り入り、イトマンから融資を引き出していた。九州の小倉や鹿児島にゴルフ場を建設したのだが、ここに登場するのが、大阪府民信用組合理事長の南野洋、さらに許永中だ。イトマン事件の主役たちなのは、言うまでもない。

イトマン事件の前哨戦として、伊藤や許、南野などが関係した事件がある。それが、先に触れた目黒の雅叙園観光ホテル問題だ。雅叙園株の仕手戦を展開していたコスモポリタンの池田保次が突如失踪して以来、その処理にあたったのが彼らだった。池田は、伊藤や南野を通じて資金を調達し、仕手戦にのめり込んでいた。その池田が行方不明になったため、彼らが処理にあたることになったのだが、そこに許永中や宅見組長なども加わっていったのである。

伊藤と許は、雅叙園観光ホテルの建て替え計画をぶち上げ、イトマンからカネを引き出そうと画策する。伊藤は、イトマンの社長だった河村良彦と住銀の天皇と呼ばれた、ときの磯田一郎会長に取り入り、イトマンの筆頭常務にまで就任する。河村は高卒ながら、磯田の右腕として、銀行で頭角を現していった伝説の銀行マンである。伊藤は、イトマンの親会社のトップであるこの磯田と河村に気に入られた。

　そして、伊藤と許は、雅叙園問題の処理を始め、ゴルフ場の建設や絵画取引をめぐり、グループのイトマンファイナンスから融資を受けるべく、奔走していく。結果、わずか半年くらいの間に三〇〇〇億円というとてつもない焦げ付きが発生する。戦後最大級の経済事件といわれたイトマン事件は、こうして起きたのである。

　それをどう処理していくか。私は事件発生前に伊藤から相談を受け、関係者を大阪の事務所に呼んで調べていった。集まったのは、伊藤、許、南野たち。事件発生前の一九九〇年から九一年にかけてのことである。会議は連日のように開いた。

「先生、おはようございます」

　さわやかな声で伊藤が事務所に入ってくる。それが恒例だった。話すのは、ほとんど伊藤。許や南野はもっぱら聞き役だった。たとえば、事件の舞台になった鹿児島のゴルフ場運営会社「さつま観光」との取引について、イトマンからの融資の担保が明らかに不足している。そこで、書類とつき合わせながら聞く。

「伊藤さん、昨日はこれとこれ、三軒も入っていると話していた担保ですが、調べると一つしかない。どうなっとるの」

　すると、伊藤は頭をかきながら答える。

「あれぇ、入ってなかったですか。おかしいな」

　嘘も弁舌さわやかで、憎めない。おまけに話し上手なので相手を飽きさせない。悪気はないのかもしれないが、その場限りで適当にごまかすため、いかにも自分は融資に見合う担保を差し出していると嘘をつく癖があったのである。すると、苦虫を嚙みつぶしたような表情で、許永中が口を挟む。

「伊藤さん、なに嘘ついとるんや。そうやないやろ」

怒るというより、もはや呆れていた。許もさつま観光のゴルフ場事業に参加していたため、事情は呑み込んでいた。それで適切に話した。いい加減な話をする伊藤に比べ、許はよほどしっかりしていた。年齢は若いが、物事の説明がうまく、私自身もよく事情を理解できた。

「先生、書面を作ってもらわんと埒が明きませんわ。彼とわしとのあいだの協定書を作成してもらえまへんやろか」

そんな調子で、いくつかの書類を作成した。

その後、伊藤と許は袂をわかっていくのだが、そのポイントはどちらが事業をもちかけていたか、という点だった。伊藤のほうが嘘をついているのは明らかだったが、私はあくまで伊藤の顧問弁護士として調査をしていたから、彼に不利になる材料は困る。そうこうしているうちに、大阪地検特捜部が事件に着手してしまったのである。

世に知られるイトマン事件は、平和相互銀行事件から連綿と引きずってきた住友グループの汚点といえる。奇しくも平和相銀事件当時、東京地検特捜部に在籍し捜査をしてきた経験からも、その印象が強い。平和相銀事件の捜査は、政界まで届かず、旧住友銀行による吸収合併という形で幕を閉じた。だが、それは、イトマン事件への火種となってくすぶっていた。

住銀による平和相銀との吸収・合併は、住銀の天皇、磯田一郎の経営拡大路線一辺倒のあらわれとされる。関西のいち都銀に過ぎなかった住銀が、東京に進出するために首都圏の店舗を持つ平和相銀を狙ったものだ。磯田は、平和相銀合併の陣頭指揮をとった。そして、その裏で暗躍したのが、腹心のイトマン社長、河村良彦である。

事件の渦中、平和相銀創業家の小宮山家では、伊坂ら四人組に対抗しようと、川崎定徳の佐藤茂に株を譲った。

佐藤はもともと国鉄マンだった。戦後、戦前の八大財閥の一角、旧川崎財閥の盟主、川崎守之助に見込まれ、資産管理会社である川崎定徳の社長に就任する。暴力団から政治家、財界人まで幅広い人脈を誇っていたフィクサーといわれた人物である。左手の小指がない。本人は国鉄の機関士時代になくしたと語っていた。が、そうではあるまい。竹下登をはじめ自民党の大物代議士にパイプをもつ政商としても知られていた。

住銀の磯田は、この佐藤の手から平和相銀の株を買い取る策を練った。そこに竹下が関与したとも噂されたが、実際のところは不明である。このとき磯田は、イトマンの河村に命じ、イトマンファイナンスから融資を引き出し、佐藤から株を買い取っている。それが、合併の決め手になったのだ。イトマンの河村は、水面下で佐藤との交渉役まで務めた。

平和相銀を吸収合併した住銀は、これ以後、事業の拡大路線をひた走る。そして、やがて世はバブル景気に突入していく。不動産や株取引の資金需要が膨らみ、そこでイトマンが住銀の尖兵を務めることになる。住銀の天皇磯田と腹心のイトマン社長、河村のラインで、事業を強硬に推し進めていった。結果、住銀は貸付高日本一となり、磯田はアメリカの高級経済誌で日本のトップバンカーとして紹介されるまでになった。そこに現れたのが、伊藤寿永光や許永中だったのである。彼らは、磯田や河村の事業パートナーだったともいえる。

イトマン事件は、銀座の地上げを成功させた伊藤寿永光に住銀がほれ込んだことに端を発している。伊藤は全国にある冠婚葬祭互助会「平安閣」の総帥という触れ込みで、住銀の磯田やイトマンの河村に食い込んだ。住銀の会長だった磯田の東京の自宅へ足しげく通いつめたという。料理の得意な伊藤は、磯田宅の台所でその腕を振るい、磯田はたいそう伊藤のことを気に入った。あげく住銀・イトマンは、ゴルフ場開発を中心とした「イトウプロジェクト」なる計画に巨額の資金をつぎ込む。そうして、単なる地上げ屋にすぎなかった伊藤が、イトマンの筆頭常務に就任するのである。

そこに相乗りしたのが、許永中だ。許はイトマンへ鹿児島県内のゴルフ場開発や絵画取引を持ちかけた。さらにほぼ同じ時期、京都の地元放送局「KBS京都」を舞台にし、政財界を巻き込んだ仕掛けを打っていく。そこに、登場するのが竹下登や金丸信などだ。このとき竹下の盟友、福本邦雄がKBS京都の社長に就任し、娘婿の内藤武宣が常務に就任している。金丸は京都市内の不動産取引をめぐり、許サイドからの裏金がささやかれた。

この間、彼らの資金繰りを手伝ってきたのが、大阪府民信組の南野洋なのだが、結果、バブルの崩壊とともに、計画が泡と消えるのである。その損失額は三〇〇〇億円とも四〇〇〇億円ともいわれる。これが、戦後最大級の経済事件と呼ばれるイトマン事件のおおまかな構図である。

一九八〇年代後半から九〇年代の初めにかけてのことだ。そんななか、私は伊藤の顧問弁護士に就任し、もっぱらゴルフ場に関する債権債務の処理に当たったのである。そこで、許や南野といったイトマン事件の当事者たちと面識を持つようになったのは、前述したとおりだ。すでに、大阪地検特捜部は、許や伊藤らをターゲットに内偵捜査を重ねていた。

私としては、とにかく一連の事実関係を整理しなければならない。そのためには許や南野と打ち合わせする必要があった。そうして、私の事務所で頻繁に彼らと顔をあわせるようになっていった。すると、彼らの動向を探りたいマスコミが写真をとろうとする。四六時中、私の事務所を張りこんでいた。そんななかで打ち合わせをしていたのだから、私の存在も目立ったわけだ。私自身が許の顧問弁護士みたいに言われるようになった。それも理解できなくはないが、事実は伊藤の顧問弁護士だった。

ただし前述したように、いい加減な伊藤に比べ、許は物事を理路整然と説明するタイプだった。伊藤の説明はアテにならなかったが、許の話すことに嘘はなかった。非常に律儀なところがあり、なんとなくウマもあう。それで、次第に信用していったのである。

一方、伊藤寿永光も一種の怪物ではある。よかれあしかれ、伊藤は人に取り入る術に抜きん出ていた。あのころ、伊藤に振り回された関係者は数え切れない。あるとき、伊藤はこんな話をしたこともある。

「アメリカ行きの飛行便に乗ったときのことです。向こうに到着するまでにスチュワーデスとやれるかどうか、友人と賭けをしたんです。そこで、私が先にスチュワーデスを連れてトイレに入った。もちろんやりましたよ。ドアの向こうに友人が立っているのがわかったんで、よがり声が聞こえるように思い切りね」

それで、賭けは勝ったのか、と聞くと、こう続けた。

「いや、ことが終わってトイレから出ると、そこには友人といっしょに別のスチュワーデスも並んで立っていたんです。それで、タッチ交代。向こうもやったみたい。だから、引き分けですね」

彼はイトマンの常務になってから、総務部の女性一三人を全員ものにしたと豪語していた。事実かどうかは定かではないが、たしかに女性にはよくもてた。

その伊藤が、イトマン事件で逮捕される二カ月ほど前のことだった。突然、私の事務所にやって来て女性事務員と話し込んでいる。

「ねえ、僕の顔色悪くない？」

そう聞いていた。それもそのはずだ。よく見ると、自分の顔を青白く化粧しているではないか。悩んだ末、体調を崩してしまった。そう見せかけようと、化粧までしていたのである。

その伊藤寿永光は、九一年七月、大阪地検特捜部によって逮捕された。このイトマン事件以後、私は「裏社会の守護神」などと呼ばれるようになっていったのである。

親ばかだった住銀の天皇

イトマン事件は、東京地検特捜部時代に平和相銀事件の捜査にかかわった私には、思い入れもあった。事件にかかわった当初、なぜここまで住銀がイトマンに資金を投じたのか、不思議でならなかった。住銀によるイトマングループへの融資額は、五五〇〇億円を優に超えていたという説もあるほどだ。どう考えても、出しすぎである。はじめはどうあれ、磯田が彼らと裏社会とのつながりを知らなかったわけはない。にもかかわらず、なぜイトマンを通じて「イトウプロジェクト」や許の絵画取引に、あれほどの資金をつぎ込んだのか。理解に苦しんだ。

だが、伊藤や許、その関係者の話を聞いているうちに、なんとなく合点がいった。つまるところ、イトマン事件は、住銀の天皇、磯田の親ばかが、原因だったのではないか。娘可愛さの度がすぎた結果、起きてしまった事件ではないだろうか。裁判にかかわった関係者のあいだで、このような見方は少なくない。それほど磯田の娘に対する寵愛ぶりは有名だった。

磯田の長女、黒川園子は、西武セゾングループの「ピサ」という高級宝飾品販売会社で嘱託社員として働いていた。そこで絵画をはじめとした美術品を扱っていた。そこへ出入りするようになったのが、伊藤寿永光である。東京の住銀会長宅に通いつめる伊藤を、磯田は自分の息子のように可愛がっていた。磯田邸に入り浸っていた伊藤は、磯田と住銀首脳との密談を隣室で聞いていたことまであったという。当然、娘の園子とも親しくなったのだろう。真偽は定かではないが、伊藤と園子の男女の仲をささやく裁判関係者も少なくなかった。

イトマン事件は、そんな磯田と伊藤の親密な関係がなければ起きなかった。住銀会長の後ろ盾を得てイトマンの筆頭常務にのぼりつめた伊藤に対し、ワンマン社長で鳴らした河村でさえ、盾突けなくなっていったという。そして、そこへ許永中が登場した。

「娘のピサが扱っているロートレック・コレクションの買手を探してくれないか」

磯田からそう頼まれた河村は、伊藤に相談し、伊藤は許をイトマンへ紹介する。磯田親子は、許・伊藤に期待した。それが絵画をめぐるイトマンの特別背任事件に発展していく。

許は、ピサルートの高級絵画をイトマンから次々と購入した。そこからさらに絵画取引を広げていく。許の最終的な絵画取引の総額は、六八〇億円にのぼった。そのうち、ピサからの納入分は一二八億円もある。磯田の娘、園子やその夫にも、かなりのリベートが渡っている。

許はこのほか西武百貨店外商部の美術品担当課長、福本環を取り込み、鑑定書の偽造までさせている。偽鑑定書を使い、絵画を担保にしてイトマンから融資を引き出している。それら一連の絵画事件の発端が、磯田天皇の娘の勤めていたピサとの取引だったのである。

イトマン事件は、伊藤寿永光と許永中という希代の悪党が一方的に住銀とイトマンをカモったかのようにいわれている。それが定説になっているが、弁護士として事件にかかわった者としては、それだけだとは思わない。むしろ住銀やイトマンが積極的に彼らに資金を融通した側面が強い。ことに、園子が絡んだ絵画取引は、磯田も河村も積極的に後押ししている。そのあたりのことを、『イトマン事件の深層』（朝日新聞社）は、こう書いている。

〈住銀の二人のトップ、会長磯田一郎と「伊藤寿永光を一刻も早くイトマンから切れ」と主張する頭取巽外夫との間に決定的な亀裂が入るのは、伊藤が磯田に急接近したあとのことだ。伊藤にぞっこんまいった磯田は九〇年五月、巽に退任を求める。この時のことを振り返って住銀首脳は「山口組が住友銀行を乗っ取ろうとした。これが事件の本質だ」という表現で話している。山口組とはこの場合、伊藤のことを指す。別の幹部は「巽さんがあの時、会長の要求通り辞めていれば、イトマンと住銀の被った損失は二兆円になっていただろう」と振り返る〉

磯田は、頭取のクビを切ってまで、伊藤のプロジェクトや許の絵画取引を続けようとしていたのである。まさしく娘への溺愛が、日本のトップバンカーを狂わせてしまったというほかない。典型的な親ばかというありふれた感情が、間違いなく経済史上に残る大事件の要因になっているのである。

住銀の幹部は、あたかも銀行とイトマンが一方的に被害を受けたように言うが、決してそうではない。

　あのころ、金融機関はどこも融資先を確保することに狂奔していた。もともと大手銀行は、関係の深い大手の優良企業へ融資し、それが銀行そのものの経営基盤を支えてきた。が、株式市場の活況を受け、大手企業は転換社債やワラント債などの債券で低金利の資金調達をしはじめた。銀行から融資を受ける必要がなくなっていた。しぜん、銀行は莫大な余剰資金を抱えた。銀行は大手ではなく、中小の不動産屋やノンバンクなどに融資せざるをえなくなっていった。ろくな審査もせず、融資金を渡してから契約をする、なんて貸し方がまかり通っていた。下手をすれば、融資契約書を交わしているあいだに、他の銀行に得意先を奪われてしまうからだ。大口の融資先は、金融機関が奪い合い、企業の担当者を接待づけにする。女をあてがうことまであった、と聞く。一〇億円の根抵当権に対し、わずか一、二カ月のあいだに勝手に一五億円、二〇億円と融資極度額を増やしていく。そうして融資枠が拡がったのでもっと借りろ、と借金を無理強いする。

　それらの資金で土地や株が買われ、地価や株価が膨らんでいった。見方を変えると、銀行の余剰資金がバブル時代のあぶく銭に化けていったともいえる。

　それどころか、銀行が土地転がしを主導することも珍しくなかった。A社、B社、C社、D社と短期間に土地を転売させ、その都度、相手に融資をつける。単に土地の登記簿上の名義を変更するだけだが、そうすれば金利収益が二倍、三倍に膨らんでいくのである。バブルをあそこまで膨らませた主役は銀行であり、不正融資まがいの融資を率先してやったのが住銀だった。

　その住銀から見れば、大きなカネを動かす力のある伊藤や許は、上客だったはずである。だからこそ、イトウプロジェクトにわずか半年で三〇〇〇億円もの資金を出したのだろう。

　概してイトマン事件のマスコミ報道は、住銀・イトマンを被害者としている。金融機関のあり方を問うような報道はほとんど記憶にない。トップ企業としての住銀の社会的権力の前には、マスコミもかくも弱いものかと、落胆したものだ。

イトマン事件は、バブル時代の終焉を意味した。伊藤たちが告訴される前年、伊藤が磯田と初めて会ったのは九〇年四月だが、このときには大蔵省銀行局長が金融機関に不動産向け貸出しを抑制する「不動産融資の総量規制」通達を出している。当初はさほど注目されなかったこの一片の通達によって、バブルは雪崩を打つように崩壊していったのだが、イトマン事件はそのさなかに起きた。

誰しも、バブルが崩壊するなどとはまったく考えてなかった。私も同じだ。というより、あの空前の好景気はバブル（泡）だなどとは、つゆ思ってなかったのである。敗戦で日本が壊滅状態に陥った後、私たちの親たちがゼロから苦労して築きあげてきた経済成長の成果だと単純に考えていた。もし、バブルが崩壊していなければ、イトマン事件はどういう展開をたどったか。住銀幹部の言うように、損失が二兆円になったのか。それとも、「イトウプロジェクト」や許の絵画取引がイトマンに利益をもたらしたのだろうか……、ふとそう考えることもある。

宅見組長とイトマン事件の主役たち

〈許は梅雨のない北海道でゴルフ三昧の日々を送っていた。7月6日は、すご腕と評判の特捜部ＯＢの弁護士を伴ってプレーした。許は弁護士のためにフラッグを持ち、二、三歩うしろを従うように歩いた。

許自身のショットは豪快だった。クラブハウスに「許永中様、許永中様、フロントまでお来しください」というアナウンスが流れる。実名で楽しむ「最後の日々」。その次の週のコンペを許の取り巻きは「送別会」と呼んでいた。

許の豪遊ぶりは現地でも評判だった。数台のタクシーを借りきり、支払いはすべて現金。「付き人が厚さ五センチ以上の札束を持っていたことがある」と話す運転手もいた。宿泊先は、支笏湖畔にある高級ホテル。この季節、道内を訪れる観光客は一年中で最も多い。週末はどこも満員になる時期なのに、許の一行はいつも十数人分の部屋を確保していた〉

事件の翌九二年七月に刊行された朝日新聞大阪社会部の『イトマン事件の深層』に登場する「特捜部OBの弁護士」というのが、私だ。事実関係はほぼ間違っていない。許は、しばしばグリーン上で私を待ってくれた。旗を持って、

「抜きますか」

と声をかけてくれる。ゴルフの腕は大したことはないが、彼の気の使いようは大変なものだった。

外国に行けば、必ず土産を買ってきてくれる。よくエルメスのベルトやバッグなどをもらった。それも特注である。もちろん本物なのだが、ベルトならバックルに私のネームと小さく虎のマークが入っている。虎は韓国のシンボルであり、彼は大の虎好きだった。どこにルートがあったのかは知らないが、エルメスの本店に虎のマークを入れさせていたのだから、大したものだ。

そんな関係だから、私のことを「許永中の代理人」と勘違いするマスコミがいたのも無理はない。現に仲はよかった。だが、前述したように、許永中の顧問弁護士になったことは一度もない。

許は私より四歳下の昭和二十二年生まれである。マスコミから「闇の帝王」などと呼ばれたかと思えば、単なる詐欺師呼ばわりされることもある。だが、実際につきあってみると、実像は世間の評とはかなりちがっていた。

まず、驚くほど義理堅い。盆暮れの贈り物はもちろんのこと、普段でも折に触れて物を贈ってくる。それは格別豪勢な品物ではないが、心がこもっている。自宅でつくったキムチや韓国で買ってきた海苔、旅先で許が気に入った漬物なんかが多い。事務所に来るときも、事務の女の子に鮨やケーキ、おしゃれなボールペンやエルメスのオーダー品などを持ってくる。そういった気配りが、実に細やかだ

った。懇意の政治家や裏社会の面々に対しても、同じだったに違いない。

許は、ときたま嘘をつくことがあった。そのときは、ほとんど誰かをかばっている。

「あれは、わしが悪いんですわ」

そう強情を張る。そんなときは苦笑する以外にない。

「それでお前がええんなら、そうしたらええがな」

また、国籍については、相当にこだわりがあり、しばしば話題になった。

「永中、わしがあんたら在日韓国・朝鮮人の立場なら、命がけで選挙権を獲得する運動をやるで。在日いうても、税金を払って、国民としての義務をちゃんと果たしとるんやから、当然の主張やないか。そうして在日の人間を国会に送り込んでいったら、在日の世界も変わるんとちがうか」

そう私なりの持論を彼に話したこともある。大阪地検の五年間、在日韓国・朝鮮人問題に直面したことも多かった。権力の側にいた検事であっても、取るものだけは取って権利を与えない国の政策は理不尽だとも思っていた。すると、許はこう応えた。

「先生には悪いけど、わしは帰化するつもりも、選挙権獲得の運動をするつもりもまったくないんですわ。わしは韓国人です。ゆくゆくは韓国に自分の墓を建てたい、思うてます。もし将来、日本と韓国が戦争するようなことになったら、韓国に帰って、銃をとって日本と戦います」

評価はどうあれ、許の言葉には中途半端さがない。ことに国籍や帰化問題については、自分の考えをはっきり主張した。許は今もなお在日社会のなかで人気がある。それは、こういうナショナリスト的な側面が大きいのではあるまいか。

「日本はしょせん金銭を稼ぐ場。母国へ、それを持ち帰って錦を飾る」

いまも帰化を拒みつづける在日韓国・朝鮮人には、こんな祖国への意識が頑として残っている。許にも、そういう意識があったことはたしかだろう。そんな許と、イトマン事件を機に、急速に親しくなっていった。

〈許と会った人間で、許のことを徹底的に悪く言う人はそう多くない。伊藤を最後は「ペテン師」と呼んだ河村（注＝河村良彦イトマン社長）も、許を「ワルはワルでもしっかりしている。悪い感情は持っていない」と話した。……検察関係者も「取り調べをした検事や事務官はみんな許のファンになってしまう」といって苦笑した〉

先に紹介した『イトマン事件の深層』にはこうあるが、たしかにそういうところがある。

その許や伊藤がイトマン事件の渦中、いつも私の事務所に集まっていたのには、別の理由もあった。彼らが頭のあがらない人物、それが山口組若頭だった宅見勝組長である。事件では、彼らと宅見組長との関係もずいぶん取り沙汰されたものだ。

たとえば、伊藤が名前を売り出すきっかけになった銀座の「銀一ビル商店街」の地上げでは、宅見組長の名前を使っていた。宅見組長のことを「兄さん、兄さん」と呼んでいた。実際にはどのくらい親しいかはわからないが、そういう調子のいいところがある。ところが、実は伊藤は宅見組長へ謝礼のひとつも払っていなかったらしい。

また、「コスモポリタングループ」の池田保次による雅叙園観光ホテルの仕手戦の処理に、許と伊藤、大阪府民信組理事長の南野洋が、そろって乗り出したのは前述したが、ここにも宅見組長が登場する。

許と伊藤、南野の三人が初めて一堂に会したのは、一九八九年（平成元年）一月のことだとされる。雅叙園観光ホテルの収拾策について合意をみた許と南野の二人が、大阪の千里にある料亭「石亭」（南野がオーナー）に伊藤寿永光を招き三者会談をもったという。その席上、許は訥々《とつとつ》と一部上場企業の経営権を握ることのメリットと価値を説明し、南野も資金面の面倒を見ると全面協力を確約した。そこから、許と伊藤のタッグができあがるのだが、それには前段がある。

まだ彼らが会って間もない一月中旬、突然、大阪駅近くの東洋ホテルの和食レストランで開かれた再建処理の会議に姿を現したのが、ほかでもない宅見組長だった。お互い、再建処理の方法をめぐりもめている最中だったという。誰が宅見組長を担ぎ出したのか。伊藤と許のふたとおりの説がある。が、いずれにしろ、ここから三人が雅叙園観光ホテルの再建処理で一致団結していく。そして、そのメンバーが、今度はイトマン事件を引き起こしていくのである。事件のさなか、イトマンの河村良彦社長は、雅叙園観光ホテルの第三者割当を引き受け、資金的なバックアップをする。雅叙園観光ホテルからイトマン事件にいたるこの間、宅見組長が彼らの後見役として控えていたのは間違いないだろう。

さらに許や伊藤は、イトマンから融資を引き出して雅叙園観光ホテルの再建を図ろうとするが、結局それも事件で駄目になる。

この間、宅見組長自身が許にものを頼むこともあった。地上げを依頼することもあれば、ときには許を通じて国会議員を動かしたケースもあった。許と亀井静香との関係は有名だが、それ以外にも竹下登や中尾栄一などとのパイプもある。そういうときには、私から許に頼むことが多かった。宅見組長としても、そのほうがトラブルが起きず、ことがスムーズに運ぶと思っていたのだろう。

たとえば、和歌山市に場外馬券場を建設する計画が持ちあがったときも政界工作を頼まれた。難題は交通事情だった。計画では、駅から場外馬券場までの道路を通す際、湾曲させなければならなかった。すると、交通渋滞が起こる、と地元住民や警察が反対し、道路建設の着工が遅れていた。そこで、反対派の地元ヤクザを押さえるべく、有力者たちが宅見組長に頼みにきていたのである。そもそも宅見組長が和歌山出身という縁もあったろうが、地元としては山口組のナンバー2の威光に頼ったに違いない。

府中や中山をはじめ、全国の競馬場や場外馬券場では、売店などの利権の多くは組組織が握っている。新たにつくられる和歌山の場外馬券場では、そうした裏社会の利権の争奪戦が展開されるのは目に見えている。だが、そこに山口組の若頭が一枚かむとなると、ことが違う。トラブルは一切起きない。そう地元は期待したのだろう。

「こういう話がいろいろありましてな、暢気に休んでられまへんのや。どないかなりませんやろうか」

そう宅見組長が笑って話していた。

警察が反対している、というのなら、警察官僚のトップに話を通すのがいちばんだ。そこで、私が知り合いの不動産会社の社長からの紹介を得て、「剃刀、後藤田」の異名をもつ自民党の後藤田正晴に会いに行った。後藤田は、検察の人事に影響力のある唯一の政治家として、検察庁でも伝説になっているほどの人物だが、気軽に相談に乗ってくれた。

「どういう条件を整えれば、着工のOKが出るのでしょうか」

そう単刀直入に訊くと、即答してくれた。話が要を得ていて簡潔、無駄が一切ない。まさに剃刀だ、と感心した。

帰り際に、謝礼の話をした。すると、「(場外馬券場が)できたら、頂くよ」と笑いながら言う。すぐに見返りを要求する政治家が多いなか、意地汚いところは見せない。

宅見組長自身も、政治家と直接接触していた。大蔵大臣や自民党の幹事長を歴任した三塚博などの大物政治家たちと東京のホテルで会っていた。表社会と裏社会のトップ会談というわけだが、組長からの頼み事もあれば、政治家たちからの頼み事もあったようだ。表社会と裏社会は、裏ではこういう形でつながっている。そこで、国家的な事業をめぐるトラブルなどを含めたさまざまなトラブルが水面下で解決されていたのだろう。結局、場外馬券場は交通渋滞問題がネックとなって、着工にはいたらなかったが、このようなケースは珍しくもない。

考えてみたら、私は宅見組長や伊藤、許たちのそれぞれにとって、仲介役としてうってつけの人間だったのかもしれない。たとえば、伊藤にしてみたら、私を顧問弁護士として雇い、しょっちゅう事務所へ出入りすることによって、宅見組長が伊藤と私の仲を配慮する。すると、伊藤にものを言いにくくなっていたのではないか。今になって思えば、伊藤自身、それを計算していたようなフシもある。

こういうこともあった。イトマン事件で逮捕された雑誌「創」の元オーナー、小早川茂が、山口組系列の関係者と金銭トラブルになり、宅見組長のところから追い込みをかけられた。このとき宅見組長から、突然電話があった。

「田中先生、小早川いう男を知ってますやろ。ちょっとうちのモンと揉めとったらしいんやけど、彼がずいぶん先生と親しい言いますんで、若い衆を止めときましたわ」

勝手に名前を使われただけだ。だが、これも伊藤と同じ。彼らにとって、私や私の事務所はそういう意味で便利だったのではあるまいか。

それにしても、許永中の律儀さには驚かされてばかりだった。イトマン事件で逮捕された直後の九一年の夏のことである。

顧問先といっしょにキタ新地の「さかきばら」というステーキハウスに出かけたときのことだ。店はコース料理を食べるだけでひとりあたり三万円から四万円はする高級店だ。そこで、食事を済ませて帰ろうとした。

「マスター、勘定してや」

そう告げると、店主が奥から慌てて出てきて言う。

「いや、いただけないんです」

どういう意味かわからない。それで尋ねると、申し訳なさそうに話すのである。

「野村(注=許の日本名)会長から言われてますねん。『田中先生の分は、わしが帰ってきたら払うから、絶対に御代をもらうなよ』と。だから、いただくわけにはいきませんねん」
つまり娑婆に戻ってきたら許が払うので、代金を受け取るなと言う。しかも、それはこのステーキハウスだけではなかった。私の行きそうな寿司屋や割烹料理屋など、行く店行く店全部が同じように代金を受け取らないのである。これにはさすがに感激した。

自分自身が逮捕され、塀のなかに入らなければならないと覚悟していた時期だ。にもかかわらず、その前に他人の食事の面倒まで手配していたのだから。なんと気のつく男なのか、と。

そんな許や伊藤、河村、南野たちがイトマンに対する特別背任容疑で逮捕されたのは、九一年七月。この年の秋から公判が始まった。すると、許と伊藤は真っ向から対立するようになっていった。お互いが責任のなすりつけ合いをしていたのだ。

私自身はあくまで伊藤の代理人である。伊藤の不利になることはできない。だが、どうも許の言い分のほうが正しいのである。しかし、そうなると内心、複雑だ。伊藤が嘘をついているとわかっていながら、許や南野を追及しなければならない。それは、やはりできなかった。

そこで、伊藤に代理人の辞任を申し出た。
「このままではアンタのためにならんから、辞めさせてもらえないだろうか」
伊藤は意外にあっさり了解した。こう言った。
「わかりました。ただ、その代わりこれからも相談には乗ってください」
そうして私はイトマン事件から離れることになった。

事件で彼らが逮捕されて二年半。ようやく保釈が許された許は、九三年一二月に大阪拘置所から出てきた。本当に彼と親密になったのは、そこからかもしれない。

イトマン事件を境に、日本経済は大きな転換期を迎える。バブル経済の崩壊である。私はそこから石橋産業事件に巻き込まれていった。

第八章　落とし穴

日本の国土の地価総額が、アメリカ全土の土地を二つ半買える金額に相当する——。むろん、冷静に考えれば、そんな価値があるわけがない。だが、現実問題としてバブル時代は、それほどまでに全国の地価が異常に高騰していった。

そんなバブル経済の崩壊。それは、一通の大蔵省通達が引き鉄《がね》になっている。「不動産融資の総量規制」。言うまでもなく、大蔵省の銀行局長が金融機関向けに、不動産向けの貸出しを抑制するよう指導した通達だ。銀行にとって大蔵省銀行局通達は天の声に等しい。だが、それを発令した当の大蔵省でさえ、これほど日本経済に打撃を与える政策だとは想像もつかなかったに違いない。世間でも通達が出た当時は、さほど注目もされなかったし、銀行も不動産融資への抜け道を探そうとした。しかし、やがてこの通達がバブルの幻影を吹き飛ばすことになる。伊藤と許がイトマンから告訴された前年の一九九〇年四月のことだ。

そもそもバブル経済が起きたのは、政府の政策によるところが大きい。政府は地方の活性化や産業の振興を掲げ、全国いたるところに法外な資金を投入し、リゾート施設や工業団地、新都市開発計画を乱立した。そうして全国の不動産価格を急騰させた。いわば日本政府が金主となり、全国の自治体、市町村へ地上げを依頼していったような構図である。結果、できあがったのが豪華な温泉や宿泊施設、マリンピアなどと洒落た名前のついた水族館だ。のちにその多くが二束三文で売り払われることになるのだが、あのころはわが町、わが村に立派なリゾート施設ができたと、手放しで喜んだ。それが民間にも行きわたり、浮かれていったのがバブル現象である。

さすがに政府の金庫番である大蔵省は、その政策の危うさに気がつきはじめた。それで、手を打っていった。地上げ屋による土地ころがしが地価を引き上げている、として、不動産譲渡税を強化し、保有税を課した。だが、思ったほど効果はない。内需の落ち込むのを恐れ、思い切った手が打てなかったのである。そうして、国民から「これでは、一生土地も家も買えない」という批判が噴出するほどにまで、不動産価格が高騰する。

地価の高騰が政府を追い詰めた。その結果、一九九〇年三月、避けてきた最後のカードを切った。それが金利の引き上げ、そして不動産融資の総量規制だったのである。当初、この政策を主導した日本銀行総裁は「平成の鬼平」「庶民の味方」と称賛された。しかし、この通達が、まさかここまで一気にバブルという幻のあぶくを吹き飛ばそうとは夢想だにしなかった。少なくとも、私を含め、バブル紳士と呼ばれた人種は、そうだった。

「これほど地価が高騰したら、普通の人は難儀するわな」

などと、暢気に話し、総量規制など眼中になかったのである。

ところが、景気への影響は、ただちにあらわれた。不動産価格がみるみるうちに下落していった。それればかりか、八九年末に三万八九一五円の最高値をつけた株価が、翌年一〇月には二万円を割るまでに下落したのだ。資金繰りに窮した企業の経営破綻が目に見えて増え、坂道を転がり落ちるように景気が失速していった。失業者が激増し、ホームレスが都市の公園にあふれた。土地や家を買うどころか、生計の糧を失った庶民が激増したのである。かくして、バブル景気は一気に崩壊していった。以後、約一〇年間、「失われた一〇年」と呼ばれた経済停滞期を迎える。

バブル崩壊の影響は、もろに私の周囲におよんだ。顧問先企業として、名だたる不動産業者を抱えていたからである。「末野恒産」「朝日住建」「富士住建」。住専問題で話題になったこれらの会社は、すべて有力なクライアントだった。

　こうしたバブルの崩壊のなかで、大きな事件がたて続けに起こる。それら事件の主役たちとも、濃い人間づきあいをしてきた。イトマン事件で伊藤、許らが逮捕された九一年には、早くもバブルの歪みが一気に表面化し、蛇の目ミシン恐喝の疑いで光進代表の小谷光浩が逮捕される。彼らからは、いずれも相談を受けてきた。

　また、この時期はバブル紳士や暴力団といったアウトローと表の経済界の取引が次々と新聞紙上をにぎわす。あの名門、三菱商事まで、ルノワール作の絵画購入にからんだ一四億七五〇〇万円の使途不明金が発覚し、泥にまみれていく。証券界では、野村證券と日興證券が指定暴力団稲川会の会長、石井進と取引していることが問題になる。これを機に、禁止されている大口顧客への損失補塡など、四大証券会社の不祥事が次々と発覚し、東京佐川急便による政界工作が事件化する。

　急激にバブルが崩壊していくなか、企業社会や地下経済内で生き残りを賭けた争いが起こっていった。内部告発によってライバルを蹴落とそうとする動きがはじまり、それまでの秩序が崩壊した。そうして、戦々恐々となったバブル紳士や企業の社長たちが、私の事務所にも駆け込んできた。末野興産の末野謙一も、その一人だ。

「ナニワの借金王」の預金通帳

「生意気なことは言うたらいかんよ。とにかく謝罪することや。バブルの原因が国に責任があるという言い方は、絶対にしたらいかん。自分の責任やと言わないいかん。私の見通しの甘さが原因です、と。そうせんと、特捜部のターゲットにされるぞ」

　住専国会が開催された一九九六年の国会喚問前夜、末野謙一へそう釘をさしたのをよく覚えている。住宅金融専門会社、通称住専の救済問題に火がついたのは、この前年の九五年だ。このころ、不良債権問題を無為無策のまま放置し続けてきた政府、大蔵省に対する国民の批判や怒りが高まっていた。大阪では、朝日住建や富士住建、末野興産を、三大大口借入先と呼んだ。前述したように、いずれも私のクライアントである。大口借入先三社のなかでも、最も有名だったのが末野興産であり、社長の末野謙一に違いない。

検察当局としては、政府に対する世間の批判の矛先をかわす目的があったのかもしれない。大口不良債権の借手や貸手を捜査しはじめた。それが私のクライアントである以上、捜査対象になれば、相談に乗らざるをえない。そうして、末野興産の捜査対策に乗り出した。先の国会対策もその一環といえる。

九六年の住専国会では、貸手である住専を整理するため、六八五九億円の税金が投入された。それが世間の非難に拍車をかける。末野本人の国会喚問も、その結果だった。

証人喚問の前日には、東京・溜池の全日空ホテルに泊り込んだ。想定問答集をつくり、偽証を免れるため、繰り返し繰り返し何度も証言の練習をした。そのなかで国の政策を批判したりすれば、特捜部がムキになるのは目に見えている。だから証人喚問の場では、末野に殊勝な口調で国民に詫びさせようとしたのである。彼もさすがに修羅場をくぐってきただけあって、したたかなものでうまく演じきった。だが、実は喚問のあったその夜には、取り巻きをひきつれてキタ新地のクラブで豪遊している。当時はまだ五〇歳を超えたばかりの若き経営者だった。

大阪湾に面した大阪府の四貫島生まれ。末野は、ダンプカーの運転手から成りあがった。四貫島時代の幼なじみには山口組最高幹部のひとりがいる。運転手時代は、その山口組最高幹部といっしょに暴れまわったらしい。そんな若いころの経験もあってか、末野には怖いもの知らずのところがあり、地上げで成功したのもうなずける。末野謙一は、馴染みの山口組人脈などを活かしながら、ややこしい権利関係を整理できた。地上げ屋の本領発揮である。大きな建築物を建てる際には、近隣住民の日照権問題をはじめ、権利関係が錯綜し、解決は容易ではない。結局、最後はヤクザに頼んで解決するのがバブル時代の一般的なやり方だった。滋賀県大津のプリンスホテルを建てる際も、頼ったのは広域暴力団の会津小鉄会だった。

末野はろくに小学校にも行っていないが、こと地上げに関しては才覚があった。地上げ屋になった初期には、常に五億円くらいの現ナマを車に積んで街を徘徊し、出物物件があれば地主のところに飛び込んだ。現ナマの威力で地上げするのである。その際、

「屋上の地上権だけくれ」

と言う。地主は、屋上でビアガーデンでもやるのか、というくらいにしか考えないが、建物が完成すると、驚く。ビルの屋上に「末野興産」や「天祥ビル」という馬鹿でかい大きさの看板が立てられているではないか。それも、目立つ派手なネオン灯の看板だ。すると誰が見ても、末野興産の持ちビルとしか思えない。これを一瞬のうちに大阪中に広げたのである。

そうやって繁華街にテナントビルを建設し、一代で末野興産をあそこまでにしたのだ。末野が名づけた「天祥ビル」は、いつしかミナミのネオン街のシンボル的な存在になっていた。

東京の桃源社、佐々木吉之助に対し、「ナニワの借金王」と呼ばれる。天祥ビルや末野興産の看板を見た金融機関が飛び込んできて、不動産登記簿も見ず、競って末野へ融資した。そんな末野に、そこいらの地上げ屋とは一味違った才覚があったことは確かだろう。

しかし、バブル経済が崩壊し、金融機関の不良債権問題が浮上すると、彼に対する世間の風当たりが厳しくなる。愛人のために高級マンションのワンフロアーをあてがい、キタ新地で豪遊している、と噂が立つようになった。その派手な飲みっぷりが評判になり、膨大な借金をしておきながら、こんな私生活を送っているのか。世間は、彼を極悪非道の地上げ屋と非難していく。その結果が住専国会

である。

不良債権問題は地上げ屋だけのせいではない。末野興産がこれほど急速に躍進した理由は、金融機関の役割を抜きには語れないのだ。前述したように、バブル当時の金融機関は貸し出しを競い合い、不動産を持ってさえいれば、ろくに査定もせず誰にでも湯水のように融資を繰り返した。しかし、バブル崩壊後は、当然融資金を回収できない物件が急激に増えた。そこに暴力団の組員が占拠し、売るにも売れない「事故物件」が雨後の筍のように発生していく。銀行はバブル崩壊後も、その事故物件を末野興産に買い取らせた。というより、押し付けたといったほうが正確かもしれない。実はその買収資金を提供したのが住専である。

そこには、例の不動産向け融資の総量規制が大きな影を落としている。融資規制が足かせとなり、銀行が地上げ屋や不動産屋に追加融資できなくなった。そこで住専やノンバンクを紹介し、融資させていった。いわば住専は、銀行融資の肩代わりをしてきたのである。それが住専問題の本質といえる。だから末野自身にすれば、この住専問題について、「銀行の尻拭いをしてやった」くらいに思っていたに違いない。

バブル紳士には、おもしろい習性をもった人物が多いが、末野謙一は、まさしくそのひとりといえる。世間では、末野はずいぶん気前がいいように見られている。が、決してそうではない。彼の蓄財術は単純で、しかもかなりせこい。簡単にいえば、ビルを購入する際、住専から借金するのだが、融資額をその購入代金に上乗せしてもらい、それを貯め込む。それだけだ。五〇億円の物件なら七〇億円借りる。そうして、残った分をせっせと貯金していた。バブルが崩壊した時点で、貯金は二〇〇〇億円あったと本人が語っていたが、それほど間違いではないだろう。むろん、それらの行為は背任にあたる。が、検察庁もこれだけは最後まで立件できなかった。

彼は、肌身離さず預金通帳をバッグに入れて持ち歩いていた。運転手や秘書にも持たせない。小さなセカンドバッグに通帳を何十冊も入れているのだ。だから、バッグはいつもパンパンに膨れあがっていた。ミナミやキタ新地に飲みに行くときも、そのバッグだけは絶対に肌身離さず、クロークにも預けない。そんな場面を何度か目撃した。

「どんくらいカネがあるか見せたろうか」

クラブで興が乗ると、末野はそう言ってホステスに通帳を見せびらかす。あまり趣味がいいとはいえないが、実際、バッグのなかをのぞくと、億単位の預金通帳がぎっしり詰まっているのである。

しかし、それでいて女の子にチップを弾むわけでもなく、プレゼントも大したものはしない。極め付きのけちだ。自慢にはならないが、私のほうがバッグや洋服などずいぶん女の子のために買ってやった。銀座の女の子にせがまれると、ついつい三〇万円や四〇万円の鞄を買ってやったりしたものである。飲みに行くときは大名行列だ。とり巻きを一〇人も二〇人もいっしょに連れて行く。必ず下請け業者を誘い、彼らに支払いをまわすためである。末野の飲み方はそんな感じだった。

私の知っている限り、彼が女性に大きなプレゼントをしたのは、ピンキーこと今陽子に七〇〇〇万円ぐらいのマンションを買ってやったくらいじゃないだろうか。とにかくカネ払いが悪いのである。何百着といわれたスーツにしても、数百足あるとされた靴にしても、しょっちゅう支払いが滞っていた。ツケが常に数百万円もある。そのため、大阪府警では、詐欺で捜査をはじめたほどだった。支払いを溜めるだけ溜めて、あとで値切る。それが彼のやり方だった。

こうした金銭感覚は、なにも末野興産の社長になってからのことではなく、山口組最高幹部のひとりといっしょに暴れまわっていたころからのものだったようだ。末野がカネを出し渋るのに怒った仲間にリンチされたこともあったというが、それでも払わなかったらしい。山口組の関係者からその話を聞いて、感心したことを憶えている。

その筋金入りのけちぶりは、子供のころから、苦労したせいだろう。大阪の人間は、こういう「ドケチ」が嫌いではない。「そこまでやりまっか。大したもんやな」と敬意を表されることすらある。末野は、そんな典型的なナニワのバブル紳士だった。

末野興産の借入金は、住専だけで二三〇〇億円にのぼった。借金総額は五〇〇〇億円を超える。そうして借りまくった金をダミー会社に隠していた事実も明るみに出た。あげく九六年七月、末野は大阪地検特捜部に逮捕される。捜査の入り口は、一八社のダミー会社を駆使した不動産物件の虚偽登記だったが、狙いは巨額の脱税の摘発だった。

だが、特捜部は資産隠しを解明できないまま、肝心の脱税捜査は不発に終わる。九九年、本人は懲役四年の実刑が確定し、刑務所に服役した。ちなみに東の借金王と呼ばれた桃源社社長の佐々木吉之助は懲役二年、執行猶予三年と意外に軽い。

大阪では、末野興産の物件はいまでも人気があるという。テナントで埋まっているので家賃収入が多い、と評判がいいのだ。ビルは違法建築が多く、たとえば屋上にペントハウスがあったりする。しかし、それらは競売時には資産としてカウントされない。買い手にとっては、ペントハウスをただで手に入れることができる。割安の物件ということになる、というのだ。矛盾しているが、バブル期の資産にはそういう側面もある。

バブル当時、何万というゴルフ会員権を売りまくった茨城カントリークラブの水野健は、詐欺師呼ばわりされた。しかし、バブル崩壊後、水野のゴルフ場はそれだけ会員がついているので客集めに苦労しない、と評価されているという。そんなものかもしれない。そうして、末野ビルも次々と売却処分されてきた。だが、当人が一文無しになったわけではない。

末野謙一は、〇四年末に出所した。いまは付き合いがないが、風の便りによく彼の話を耳にする。どうやら、すっかり復活しているらしい。最近は、キタ新地には顔を出さず、ミナミの韓国人ホステスのいるクラブに通いつめていると聞いている。

山口組に株を渡そうとした佐川清

京都南禅寺のそばに佐川急便の創業者、佐川清の豪邸がある。屋敷に隣接するのは細川別邸。日本新党を立ちあげ、首相になった細川護熙が所有する邸宅だが、佐川はここを次男の光のために借りあげ、みずからそのそばに大きな屋敷を建てていた。

あの佐川急便事件から数年後、本人に呼ばれ、そこを訪ねた。屋敷の長い廊下を案内され、和室に通されると、そこに小さな老人がいる。炬燵に入り、丸めた背をひねってこちらを向いた。

「ああ、田中先生、こんなところまですんませんな。まあ、掛けておくなはれ」

そう言って暖をとるよう勧めてくれた。真冬の京都は寒い。手足がかじかむほどで、佐川は冬になると、炬燵で暖をとることが多いという。そこは、佐川王国を築いた創業者の城というより、まるで北国にある旅館の一室のようだった。彼に勧められるまま、炬燵に手をかざしながら、話を聞いた。

一九二二年三月、佐川清は新潟県中頸《なかくび》城郡板倉村の旧家に生まれている。年号でいえば大正十一年だ。地元の旧制中学を卒業し、終戦後の四八年に「佐川組」という建設会社を設立したのだが、うまくいかず、駆け落ち同然で京都にやってきたという。そのとき、自転車で荷物運びをはじめた。これが佐川急便のはじまりである。五七年（昭和三十二年）のことだ。

佐川は自転車を二台買い、注文をとっては駆け落ちした妻とふたりで中元や歳暮を運んだ。そうして得意先を開拓していったという。やがて、中小企業の小口貨物を扱えるようになり、トラックを購入する。六六年、株式会社「佐川急便」を設立した。

佐川清が運転手に猛烈なノルマを課し、急成長していったのは知られるところだが、そこには日本の高度経済成長という後押しもあった。かつてトラックを使った運送業は、一定の地域の範囲内でしか業務が許可されなかったが、佐川は全国の運送会社を吸収合併することによって、配送のネットワークを築いていく。結果、佐川グループは、その企業規模や売上げが急激に膨らんだ。創業からわずか三十数年にして、日通に肩を並べるようになったのである。

その間、同郷の元首相、田中角栄や細川護熙などと親しく交際し、芸能人やスポーツ選手らとも付き合うようになった。「日本一のタニマチ」といわれるようになる。

事件が起きたのは九二年。グループの中核、東京佐川の社長、渡辺広康による暴力団への融資ならびに債務保証が、特別背任に問われた。稲川会の石井進会長とその系列企業などへの債務保証は、一〇〇〇億円にのぼった。自民党の副総裁だった金丸信へも五億円が裏金として渡っていた。これが、政界を揺るがす金丸脱税事件に発展する。さらに、東京地検特捜部は翌九三年春、ゼネコン汚職に着手する。佐川急便事件は、イトマン事件以後、たて続けに起きた疑獄事件の引き鉄になったのである。

そして、この間、佐川清の築きあげてきた王国は崩壊していった。銀行団によって佐川グループは再編成されることになる。その裏で、佐川急便に乗り込んだ銀行団と創業者である佐川清とが衝突していったのである。私が京都の佐川邸に呼ばれたのは、そんなときだった。

「こうなったら、わしの株を山口組にやろう思うとるんです。で、契約書を作ってもらおう、思うてまんねん」

炬燵に座ったまま、老人はそう切り出した。むろん、銀行団への対抗手段だ。

しかし、常識的に考えて、株をそんなところに預けるのは、あまりにも危険ではないか。そうすれば銀行は困るかもしれない。が、佐川にとっても株をヤクザに渡すリスクは計り知れない。まるでヤクザ顔負けの大胆な発想なのだ。

とりあえず、知り合いが佐川の顧問税理士をしていたので、彼の持ち株を再鑑定してもらった。持ち株は発行済み株式の二〇パーセント。金額にすると、二〇〇億円分ほどだったと記憶している。

「本当にいいんですか。こんなに」

　思わずそう尋ねた。

「もう会社はつぶれてもええ、思うとるんですわ。あいつらに会社を乗っ取られるよりは、そのほうがずっとましや」

　一見、やけっぱちのようにも思えるが、それだけ銀行団に対する恨みが募っていたのだろう。しかも、そこには佐川家の複雑な事情も絡んでいた。

　佐川には、長男の正明、次男の光のほかに、栗和田榮一という腹違いの息子がいた。栗和田は佐川が新潟に残してきた前妻とのあいだにできた子供だった。駆け落ち同然で京都にやって来て佐川急便を興したのだが、その後、息子を京都に呼び寄せ、佐川急便に入れた。事件の渦中、その栗和田は銀行団に担がれ、佐川急便の社長に就任する。栗和田にとっては、かつて父親に捨てられたという遺恨があったせいかもしれない。そうして、父親の清や長男の正明と対立していった。

　しかし、父親にしてみたら、呼び寄せてやったのに裏切られた、という思いだったのかもしれない。いずれにせよ、息子が社長を務める会社の株を山口組に渡してしまおうというのだから、よほど腹に据えかねたのだろう。佐川清が山口組に株を渡そうとしたのは、そんな事情も絡んでいたのである。

だが、私がそんな事情を聞いてもはじまらない。

「山口組いうても、いろいろおりますが、いったい誰に渡すんですか」

　そう聞くと、彼は言った。

「まあ、山口本体やないけど、皇民党の大島龍眠にやろうと思うとる。そのほうが効果的やろ」

　皇民党といえば、佐川急便との因縁が深い。田中角栄を裏切って、首相になろうとした竹下登に対する「ホメ殺し」攻撃をしたところだ。竹下と金丸は、その攻撃に弱り果てた。悩んだ末、ホメ殺しをなんとか押さえてもらおうと、東京佐川急便社長の渡辺広康や山口組と並び称される勢力の稲川会、石井進会長に解決策を頼んだのである。

佐川事件の発端は、このホメ殺し対策だったとされる。以来、東京佐川の渡辺は稲川会の関係者によるゴルフ場開発や株の仕手戦をバックアップしていった。

佐川清は、その皇民党と手を組んで、銀行団や息子の追い出しを図ろうとした。そこには理由があるのだろう。佐川急便事件の渦中にいた佐川は、そうした裏社会の力を実感してきたに違いない。実際、それはいまも変わらない。しかも、皇民党が動くとなれば世間はまた騒ぐ。そんな読みがあったのではないだろうか。

だが、佐川の目論みは不発に終わる。二〇〇二年三月一一日、佐川清は鬼籍に入った。死因は急性心不全。享年七九だった。

裏弁護士のテクニック

検事は被告人を起訴し、処罰するのが仕事だが、弁護士になると、一転して犯罪者として国から訴追された被告人の権利と利益を擁護するのが仕事となる。そんな刑事事件における弁護活動は、なかなか難しいところがある。

簡単にいえば、刑事事件の裁判は、検事が国家の利益を代表して被告人を訴追し、弁護士が被告人を守るという構図だ。検察側は特別捜査権という切り札を与えられ、圧倒的に有利な立場にある。すでに捜査段階で本人や関係者の供述などから情報を得ている検事とやり合って被告人を守るのは難儀なことなのだ。この歴然とした立場の格差を是正するため、「疑わしきは被告人の利益に」という原則が設けられている。

さらに刑事事件には、被告人の権利を主張すること自体、道徳的に許しがたいというケースも少なくない。幼児誘拐殺人事件などはその典型だろう。また、ヤクザやバブル紳士を弁護する場合も、世間の非難を浴びる。となると、こうした反社会的な事件と見られる弁護活動では、国と世論の両方に向きあわなければならない。

弁護を引き受けた以上、仮に被告人が道義、道徳に反していたとしても、世間から極悪人、社会の敵と指弾され、蛇蝎のように嫌われている人物であっても、その権利や利益を擁護しなければならない。とくに私の依頼人には、その手の人物が多いため、そういう思いで弁護に当たってきた。それが、弁護士の仕事だからだ。

そんな弁護活動にはやはりテクニックが必要になる。それが、いわば「裏弁護士」というやり方だ。言葉どおり、法廷には出ず、裁判の裏側で動く。そのほうが効果があることが多いのである。とくに検察・警察の捜査情報の入手に力をそそいだ。かつての同僚や後輩検事、馴染みの大阪府警の刑事や国税当局の幹部などから情報を入手し、検察の逆手をとって被疑者の刑をできるだけ軽くしようとしたわけだ。その場合、正式な被告代理人の肩書きがあると、かえって動きづらい。そうして、検察の筋読みの裏をかく。われながら、古巣に悔しい思いをさせた事件もけっこうあったと思う。

「田中だけは許せん。こっちの捜査の邪魔をする」

検察幹部がことあるごとに私を目の敵にしたのは、そのせいだろう。私としては弁護士として、できる限り被告人の利益を守ろうとしたに過ぎない。だが、権力を背負ったエリート検事にとっては許し難いことだったに違いない。

罪を犯した被告人は、誰が見ても「悪」なのだから、引き受ける以上は、被告人の本当の心情が分らないと、まともな弁護はできない。受任するときには、少しでも被告人の本音の心情をわかろうとした。だが、人間は土壇場に追い込まれても、自分を飾ろうとして嘘をつく。だから、本心を引き出すのは苦労するが、それを怠っていたら、公判でとんでもない目にあう。最終的に被告人の利益にならないから、検事張りに徹底的に尋問する。そこは得意分野でもあったので、本音を引き出したあとは一心同体になれる。私には、弁護士の仕事をビジネスとして割りきれないところもある。辣腕などと評価してくれるのは、そうした人とは違うちょっとした弁護活動のおかげだと思っている。

バブル経済が崩壊するにつれ、銀行の借金が返済不能に陥った企業や金融機関のトラブル、相続をめぐる資産家と税務署のトラブルが多発していった。私の事務所にも、救いを求めて駆け込んでくる依頼人がめっきり増えた。従来、こういうトラブルは、裁判で解決してきたのだが、それではまどろこしいし、依頼人にいい結果をもたらさない。かといって、権限のない金融機関や税務署の担当者と談判しても、ラチがあかない。そこで、手っ取り早いやり方をした。

企業が銀行とトラブルを起こしている場合は、銀行のトップと直接話し合いをした。その際、トップを紹介してもらうため、政治家に頼むこともしばしばだった。

「わかりました。担当の者によく伝えておきます」

たいていトップはこう言い、たちどころにトラブルが解決する。そのあとの担当者の応対は実に丁重になり、返済などについても破格の好条件を提示してくる。すると、クライアントの社長にこう言える。

「これで銀行返済はしばらく気にせんでええやろう。そのあいだに会社を立て直したらええがな」

地価が急落したせいで、相続税の支払いに困る人も多かった。税務署の評価基準より不動産価格が大幅に下落したためだ。もはや相続した土地を売っても、相続税を払えないが、税務署に土地の時価に対応した相続税に算定し直せと迫っても通用しない。この場合も相続税の額を下げる理屈を考えて税務署のトップと交渉する。

「隣にヤクザみたいなのがいるから土地が売れない」

「ちょっと前までニワトリ小屋があったので地価評価が低い」

そんな理屈をこね、押し通した。税務署の実務のトップも半ば嘘と思っていたのだろうが、彼らにとって必要なのは相続税を下げる理屈である。その理屈さえ通れば、税務署の調査は裁量がきく。結果、規定では一〇億円払わなければいけなかったのが、五、六億円ですんだことがけっこうあった。

もっと、あざといこともやった。高利貸の金融業者が脱税容疑で逮捕され、弁護を求めてきた。在日韓国人だった彼は言う。

「国にはいっさい世話になってないから、税金なんか払いとうないんです」

その心情はわからぬではない。だが、そんな言い分が裁判で通るわけがない。

「そんなこと言うとったら、脱税で実刑をくらうぞ」

そう説得してもきかない。

「先生、お願いします。国には絶対払いとうないんです」

社会の底辺で生きてきた経験のある犯罪者にこうしたケースは珍しくない。勝手に過剰な恨み辛みを抱き、生きていくためには何でもやるという者は多い。検事時代も、そんな被疑者に数多く接してきたが、人間の業をモロに出してしまう人間の弱さなのかもしれない。しかし、私は、そうしてあからさまに生きる人間のリアリティに惹かれてしまう。

「よし、わかった。まかしとけ。そのかわり、わしの言う通りにせえよ。ホントは、こういうやり方はいかんのだぞ。しかし、あんたが実刑をくらわないようにするには、この手しかない。ただし、二度はないぞ」

そう釘をさし、あざとい弁護テクニックを使うことにした。この高利貸は、月に一〇〇〇万円ほど儲けていた。そのうち、いくらかをあるヤクザの組織にお守り代として渡していた。それを聞いたので、こう知恵をつけた。

「サラ金をやっとったら、街のヤクザがお守り代を出せと、うるさいんです。だから、お守り代を月に七〇〇万円ほど渡していました。他にも、事務所の維持費や人件費もかかりますから、私の儲けはほとんどないんです」

もちろん、実際のお守り代はずっと少ないのだが、税務署も暴力団の組織までは反面調査はしない。そうしてお守り代が認められれば、経費として認定され、税金を払わなくてすむ。

だが、この手を使うときは留意点がある。脱税の捜査の際、検察や警察の取り調べ段階でこんな話をしてしまうと、次のようになる。

「それは、どこのヤクザや。言わんかい。ちょうどええ調べたる」

そうなると、被疑者は言葉に詰まってしまう。だから、警察の捜査の段階ではお守り代のことは伏せ、裁判の段階で初めて供述させるのである。

「実は、私は月々一〇〇〇万円くらいの収入がありましたが、そのうちの七〇〇万円くらいはヤクザにお守り代として渡していたんです。でも、そのヤクザのことは言えないんです。言うと殺されます。検事さんや裁判官さんはわからんでしょうけど、そんな世界なんです。だから、警察でも、お守り代のことを言えと言われましたが、恐くて言えなかったんです。本当はそうなんです。だから、ヤクザの名前を言うのだけは勘弁してください」

こう言っても、検事は反対尋問で「そのヤクザの名前を言え」と追及する。だが、被疑者が「やはり、言えないんです」と再び言えば、検事はそれ以上追及できなくなる。裁判では重複尋問が禁止されており、弁護士が「重複尋問だ。本人が言えないと言ってるじゃないの」と抗議すれば、その尋問は打ち切りになるからだ。これをやると、よほど修羅場をくぐってきた検事以外は対応できない。

さらに裁判所がヤクザへの経費をどうしても認めそうにない場合は、奥の手を使う。事件と関係のないヤクザと結託し、法廷で証言させるのである。

「確かに、守り代をもらっていましたよ。ただし、仲間一〇人で分けとったんで、わしが受け取ったカネは被告が言うような額ではないですよ。雀の涙のようなもんです」

法廷でそう証言させる。これをやれば、誰にも税金はかからない。裁判官も検事もどうしようもなくなるのである。

もし、国税局が一〇〇〇万円の純利益があるとし、課税してきたら、今度は国税と喧嘩する。

「裁判で、本人がヤクザにお守り代を取られていたと言ってるじゃないの。経費として認めんかい。それとも、本人が嘘をついた言うんか。裁判所が嘘に基づいて判決を出したと。日本の裁判所は真実に基づいて裁判しとる。だから、検事もヤクザの件については途中で追及をやめとる。それでも異存があるのなら、これからいっしょに裁判所へ行こうやないか」

そう凄めば、国税当局はグーの音も出ない。課税する以上、国税局は被疑者が法廷で嘘をついたと証明しなければならないが、司法機関でもない国税局にそんなことができるはずがない。こうした件で、国税局ともめることはなかったが、受任したからには、そこまで頭のなかに入れていた。むろん被告人は微罪に終わった。

これは、正当な弁護とはいえない。汚いやり方である。だが、弁護士としてやってはいけない手法ともいえないのだ。裁判は真実を追求する場であるが、実態はそうとばかりは限らない。真実というより、話の辻褄が合っているかどうか、その辻褄にどれほどリアリティがあるか。それが争われる。だから、脱税事件でいえば、裁判官が納得するような経費をいかに巧妙につくっていくか、それが弁護士の腕の見せどころとなる。架空の経費づくりは、多くの弁護士がやっていることだが、私の場合はときにかなり大胆だったかもしれない。

「いやあ、先生、ありがとうございました。一生恩にきます」

こういう小悪党は、裁判のすぐあとにこんな殊勝なことを言う。だが、ほとんど何の音沙汰もない。これも、彼らの習性だ。

偽破門状で執行猶予

刑事事件を引き起こした政治家の馬鹿息子やヤクザへ、執行猶予付きの判決で済ませ、喜ばれたケースは数え切れない。執行猶予を勝ち取るためには、この先再犯をしない、生活基盤がしっかりしている、などが必要条件になる。となると、嘘でもいいから、被疑者に職を用意し、保護者を探してやらなければならない。

問題は現役のヤクザだ。現実には暴力団組員に定職などない。だからヤクザには執行猶予などつかない。だが、組の事情で、どうしても服役するわけにはいかないケースもある。

「無茶なお願いとは重々承知のうえですが、なんとか執行猶予をつけてもらえませんやろうか」

知り合いの組長から、そう頼まれたこともある。幹部がいなければ組の運営に支障をきたすというのだ。そこで、いろいろ思案したあげく、偽物の破門状をつくることにした。破門状はヤクザとしての死を意味する。だから、たとえ贋物であってもヤクザは抵抗したり、逡巡したりするものだが、背に腹はかえられない。

「破門状か絶縁状なしでは、執行猶予は取れん。この手しかないぞ」

そう説明すると、さすが親分だけあって、気風がいい。深々と頭を下げて言った。

「わかりました。こっちのことはいっさい気にせんで、先生の思うままにやってください。あとのことは、わしが全部責任を取ります」

そして、偽の破門状をつくり、それを裁判所に提出する。裁判所はそれが本物なのか贋物なのか分からないし、破門状は一枚出したのか、何百枚出したのかもわからない。だから、判断の素材として認めざるをえない。

ただし、組関係の破門状や絶縁状は軽々に扱うわけにはいかない。被疑者の組関係者に執行猶予をつけるための方便であることを根回ししておく必要がある。また、地元の警察がヤクザの動向を細かく把握している場合は、派手に回状を回せば贋物であることがバレてしまう。そのときは、ごく少数の身内だけに回す。ヤクザの世界は厳しいもので、偽とわかれば命取りになるが、幸いこの幹部の執行猶予は勝ち取れた。

刑事事件の場合、有罪をまぬがれないケースが大半である。それでも刑を軽くし、あわよくば無罪にするのが弁護士の仕事だと思っていた。だから、トリッキーなこともかなりやった。

まず、取り調べでは黙秘させる。が、相手は取り調べのプロだ。被疑者が黙秘しつづけるのは難しい。五日も面会に行かなければ、必ず落とされる。だから、毎日、拘置所に面会に行って、「あんたの人生が懸かっとるのだから、性根を入れて黙秘せえ」と励まさなければならない。

「かまわん。嘘をつき通せ」

そう言ったことも何度かある。とくに贈収賄事件で賄賂を受け取った被疑者の場合、当局はすでに関係者を取り調べたうえで、本人から事情聴取する。

「嘘をつくな。○○が、○○日にカネを渡したことは調べがついとるんや」

そう責め立てる。それには次のように言わせる。

「そういえば、○○さんからおカネを受け取ったことがありました。でも、時期が違います。検事さんがおっしゃるころにはもらっていません」

あるいはこういう手もある。

「そうかもしれませんが、それは出世払いということで、借りたものです」

借りたカネなら収賄罪にはならないからだ。こういうあざといやり方は、あとで被告人に「あれは、弁護士に嘘をつけと言われて供述したものです」と暴露されてしまうケースもある。それで、こちらが非難されたこともあった。

世間で言う「公正な裁判」という観点からいえば、こうした弁護のやり方は問題がある。だが、弁護士が依頼人に対し、「洗いざらい正直にしゃべりなさい」と奨め、依頼人がその奨めに正直に従えばどうなるか。ありとあらゆる罪状を負いかぶせられ、立ち直れなくなる。検事時代、そんな例を嫌というほど見てきた。だから、有罪になるにしても、できるだけ罪を軽くし、立ち直れる手助けをするのが弁護士の仕事だと思っていた。

法曹界の仕事は、しょせんドブ掃除である。人間のいちばん汚い部分の後始末をする。ならば、それにふさわしく、人間らしく、ときには汚く、リアルにやったほうがましだ、と考えてきた。ドブ掃除を綺麗事でやっても掃除にならないし、依頼人のためにもならない、という思いもあった。おかげで悪徳弁護士呼ばわりされたが、それでもいいと思っていた。

許永中との再会

「田中先生、先だって野村さんが出てこられたそうですな。一席、設けようと思うんやけど、都合はいかがですか」

亡くなった宅見組長から、事務所にこう電話がかかってきたのは、九四年の松が取れたばかりのころだった。野村とは許永中の日本名だ。イトマン事件で逮捕、起訴され、大阪拘置所に勾留されていた許の保釈が認められた直後のことである。

「野村さんの保釈祝いをしようと思うのですけど、ミナミでいいでしょうか」

保釈祝いは二月、大阪ミナミの料亭「大和屋」に決まった。道頓堀川に沿って広がる宗右衛門町にある高級料亭だ。

もとは、阪口うしという南地の芸者がつくった芸子の置屋だったという。うしには、西の渋沢栄一と謳われた松本重太郎というスポンサーがいた。大和屋は、その縁で住友や鴻池《こうのいけ》といった財界の名士から、西郷従道《つぐみち》のような政治家まで、数々の大立者が贔屓にした料理屋として知られる。そこで、宅見組長や保釈されたばかりの許永中といっしょに食事をした。他愛ない会話で盛り上がった記憶がある。石橋産業に問題が発生する一年ほど前のことだ。

前述したように、私は許の顧問弁護士になったことはない。だが、これ以降、何かにつけ相談を受けるようになり、個人的にも親しくなっていった。そうして、石橋産業問題の相談を持ちかけられた。一九九五年のことである。

この年は、一月の阪神淡路大震災から始まり、オウム真理教事件、神戸の少年A事件など、日本中を震撼させる出来事が立て続けに起きていた。経済界では、バブル崩壊の傷痕から、澱《おり》のように体内に深く沈んでいた膿が一気に噴き出し始める。破綻した住専の応急処置として税金の投入問題が取り沙汰されたのも、この年である。金融不安が募り、関西でも木津信用組合が破綻した。日本の産業構造そのものが危機に立たされていった時期でもある。

「いま清水潤三という男と仕事をしとるんですけど、ちょっと相談に乗ってもらえまへんやろうか」

この許永中からの連絡が、石橋産業にかかわるきっかけになった。清水は、広島の共政会という組織の組長の義兄弟だが、彼は石橋産業の内紛に首を突っこんでいた。

石橋産業は、若築建設や昭和化学工業、オーベクスといった上場企業の持ち株会社である。石橋産業グループを形成していた。その中核企業が若築建設だ。

福岡の富豪、石橋家が、北九州の中堅ゼネコン「若松築港会社」を買収し、ここが若築建設となる。業界内では、港湾の護岸建設を得意とするマリコンとして知られるが、その歴史は明治二十三年（一八九〇年）にさかのぼる。

明治の富国強兵政策の下、渋沢栄一や三井財閥が設立した半官半民の会社で、八幡製鉄が使用した洞海湾の護岸工事を請け負ってきたという。それを戦後の財閥解体のときに、石油商社を営む石橋家が傘下におさめた。以後、若築建設が石橋産業グループの中核企業となり、グループとして発展を遂げていったとされている。全体で二二社を抱える企業グループに成長していた。石橋家はいわば日本のエスタブリッシュメントのひとつといえる。

この石橋家で相続をめぐる内紛が起きた。グループ全体の総帥、健蔵が他界し、次男の浩と妾腹の義弟、克規のあいだで主導権争いが繰り広げられたのである。そこで、多数派工作に使われたのが、克規の所有権だった。大半の株は金融機関の融資担保となっていたが、その担保にとられていた株のうち、一四万二六五〇株が、暴力団関係者のところへ流れたあげく、先に書いた共政会関係者の清水潤三のもとへ渡ったのである。

清水は許にこの話をもちかけ、当初、彼らは克規側に立ってことを進めようとした。だが、どうも話があやふやだという。はじめはその真偽を確かめてほしい、というのが許の依頼だった。

「どうも清水の言うとることはアテにならんのです。ホンマに弟(克規のこと)の株かどうかもわからへんのです。先生、いっぺん調べてみてもらえまへんやろうか」

そう言う。そこで、清水本人と弟の克規に会った。弟の株に間違いない。それを許にそのまま伝え、尋ねた。

「株は間違いないけど、あの株をどうしようと思うとるんや」

すると、彼は言った。

「どうしましょうか、考えとるとこですわ。でも清水が株を持ったままやと、どうなるかわからしまへん。株がまた散らばってもいかんので、どうですやろ、先生に預かってもらうわけにはいきませんやろうか」

九五年六月、私の事務所へ石橋産業の株を持ってきた。このとき株の預り証を発行し、清水へ渡した。その株を預かった翌七月、清水から電話連絡があった。

「田中先生、石橋株は野村さんへ売ったので、彼の使いのもんが行くと思います。ですから、そのまま渡してください」

「あ、そう。わかった」

実際、七月中に許のところから使いが来て、株を持っていった。あとでわかったことなのだが、許はその株をキョートファイナンスへ持ち込んだ。結果、株は私の手元からなくなり、預り証だけが清水のところに残ってしまったことになる。それがうかつだった。これがのちのち問題になる。

預り証のことはすっかり頭から消え、そのあとも清水や許から相談を受け、彼らと連絡を取りあっていた。そうこうしているうち、許から連絡があった。

「田中先生、実は清水がちょっと行儀の悪いことをしよるんですわ。こっちへ渡した株を石橋のところで引き取らせようとしとるんです」

そう言う。それまでは、許と清水は一心同体だった。私自身、清水のために動いていたのか、許のために動いていたのか、よくわからないほどだったが、どうやら清水が単独行動をとり始めたことに、許が不信感を抱くようになったらしい。

「清水は、わしらを抜きにして林と会うとるんです。それで、今度、石橋浩とも会ういうんです。勝手に何するかわからへん。恐縮ですけど、先生、いっしょに行ってもらえまへんやろうか。あの男のことやから、無茶するかもわからんし、事件になってもかなわんので、先生よろしく頼みます」

林というのは、石橋浩の夫人の実兄で、浩にとっては義兄にあたる林雅三だ。浩は、この林を頼っていた。すでに清水は林とコンタクトをとり、株の売却を進めようとしていたという。

「要は監視役みたいなもんですさかい、お願いできませんやろうか」

許はそう言う。許にしてみたら、すでに株を清水から買い取っているのだから、勝手に先走られても困る。あとで知ったことだが、このときの購入額は四億円だと聞かされた。

「まあ、清水がええ言うんなら、わしのほうはかまへんけど」

そこで、清水とともに石橋産業の本社へ向かった。この年の一二月二〇日のことだ。私自身は、ことの詳細をほとんど知らず、ただ頼まれたから、監視役として出向く程度のつもりだった。だが、ここから事件の渦に大きく呑み込まれていった気がする。

東京・目黒区にある石橋産業の本社で待っていたのは、石橋浩や義兄の林雅三だけではなかった。そこにはヤクザ者がいた。赤坂を本拠地に住吉一家を中心とする連合組織、住吉会の幹部だ。どうやら、私という弁護士が同席するとわかり、向こうが急遽応援に頼んだらしい。会談に臨んだのは、住吉会の福田晴瞭会長の舎弟だった。

「仮にも兄弟ですやろ。もう少し、弟と仲良くやれんもんですか」

清水が石橋浩にそう切り出した。あくまで清水の目的は、株を高値で引き取らせることだが、許のほうはそうと決めたわけではない。そこにふたりの行き違いがあった。

もっとも、清水は許が心配するほど乱暴な口調ではなかった。そして、石橋浩はいったんこの申し出を断る。

「あいつにはさんざん迷惑をかけられています。だから、もう愛想がつきている。弟の面倒はみることはできません。株も引き取るつもりはありません」

私が口を挟む問題ではないが、向こうとしては、株の買い取りを断るために住吉会に応援を頼んだのだろう。それ以上、話し合っても意味がない。それより、向こうが住吉会を立ててきたのだったら、許に話したほうが手っ取り早い。そう考えた。住吉会の福田会長は彼の兄弟分でもあったからだ。

私は何も言わず、会談はわずか一〇分足らずで終わった。その足で帝国ホテルにある許の事務所へ向かい、ありのまま彼に報告した。すると、彼は細い目を見開き、丸くしながら、言った。

「へぇー、世の中狭いもんでんな。奴が出てきよったんでっか。わしが福田会長から頼まれ、弟みたいに可愛がっとるんですよ」

奴とは住吉会の福田会長の舎弟のことだ。

「それなら話が早いんと違うか」

「そうでんな。なら、いっぺん福田会長と会うてみますわ」

「それなら、わしはもう用済みやな。あとはあんじょうやってや」

「そうでっか。ホンマ世話になりました」

そんなやりとりをし、私はいったんこの件から手を引いていた。その後、許が住吉会の福田会長や石橋浩、林雅三との会談をセッティングし、すっかり打ち解ける。会談は九六年に入ってから、場所は銀座の中華料理店「維新號」だと聞かされていたが、それを聞いたのは会談のずっとあとである。

その年の三月、たまたま東京に行く機会があったので、帝国ホテルの許の事務所へ顔を出した。驚いたことに、そこには林も来ていた。石橋産業の本社で会ったときとは打って変わり、にこやかに話す。

「その節は失礼しました。あれから野村会長にはすっかりお世話になっています」

こう挨拶を交わした。

「そうですか。で、うまく解決できたんですか」

「ええ、この先、野村会長といっしょにいろいろやっていこうと思っています。先生にもこれからお世話になるかもしれません。その節はよろしくお願いします」

妾腹の克規名義になっていた株については許が持っていたままだったが、これでグループ内の内紛は終結した。これを境に、許永中と石橋浩、林雅三はすっかり仲良くなる。石橋たちは、許が提案した事業計画にすっかり魅せられ、彼に言われるまま、政界工作まで行っていった。しかし、事態はここから思わぬ方向へ展開する。

京都のドンとの密会

京都・祇園に「中村楼」という老舗の料亭がある。江戸時代に八坂神社の鳥居内で門前茶屋として開業し、四五〇年の歴史をもつ。名物の祇園豆腐の会席料理は、その伝統を守り、いまも各界の著名人に人気がある。

一九九六年三月三〇日、そこに、許永中、石橋浩、林雅三が集った。部屋には、キョートファイナンスのオーナー、山段《さんだん》芳春《よしはる》と社長の湊和一もいた。ここから、つくられた石橋産業事件の幕が開く。

山段は、古都・京都の政財界を牛耳るドンとして知られる。一九三〇年生まれだから、すでにこのとき六六歳になっていた。警察官あがりで、戦後の混乱期には、西陣警察署で米軍接収施設の警備にあたったとされる。そこから、米軍のウイロビー少将に仕えたという。ウイロビーは、反戦作家、鹿《か》地亘《じわたる》の誘拐事件で知られるキャノン機関やＣＩＣを率いていた諜報担当将校だが、山段はその人物にスパイとして仕え、諜報活動のノウハウを学んだというのが定説になっている。

本人もそうだが、その得体の知れない人脈を駆使し、京都の財界や政界はもちろん、暴力団や警察にまで絶大な影響力を行使してきた。京都銀行の裏顧問であり、京都信用金庫やキョートファイナンス、キョートファンドなどの金融機関を率いていた。

山段と許永中との出会いは、イトマン事件のときにさかのぼる。山段ははじめ、経営難に陥っていた地元のローカルテレビ局「ＫＢＳ京都」の主導権争いをめぐり、許と対立する。が、その後、和解。二人は共闘し、ＫＢＳの経営を牛耳るようになっていく。

山段は許とともに、みずからの古くからの知己、福本邦雄をＫＢＳの社長として送り込んだ。福本は、フジインターナショナル・アートという画廊を経営する画商だが、と同時に政商という顔をもつ。中曾根康弘や安倍晋太郎、渡辺美智雄、宮澤喜一といった、自民党の実力者たちの後援会を組織していた。なかでも竹下登との関係は有名だ。山段と許は、くだんのＫＢＳ京都に、竹下の娘婿である内藤武宣を常務に据えている。

「内藤に背くことは俺に逆らうことだ。ひいては、竹下登に背くのと同じことである」

ＫＢＳの社長に就任した際、福本が幹部たちにこう申し渡したのは、伝説のようになっている。

許永中と山段芳春は、お互いに助け合ってきた。京都銀行の株が金融業者「アイチ」の森下安道に買い占められたとき、許は京都銀行の裏顧問である山段に頼まれ、株の買い戻しに奔走する。このとき、許は京都銀行に恩を売った。これが、石橋産業事件にも少なからず影響するのだから不思議なものである。

それからほぼ一〇年後、祇園「中村楼」に集った五人は、ここで、許から若築建設と新井組の合併話を聞かされる。繰り返すまでもなく、若築建設は石橋産業グループの中核企業だが、護岸工事などを得意とする中堅ゼネコン。業界ではマリコンとも呼ばれている。一方の新井組は、兵庫県西宮市に本社を置き、土木工事やビル建築などを得意としていた。

「海の若築と陸の新井組の合併です。お互いの弱いところを補える、ええ話やと思いまへんか。石橋の社長もずい分乗り気で、山段会長も賛成してくれましたわ」

許は、のちに誇らしげに語っていた。この合併計画については、すでに石橋側に話しており、この会合はキョートファイナンスの山段を説得するために開いたものだろう。それにしても、よくそんなアイデアが浮かぶものだと、感心したものだ。

もともと許は、新井組とも縁が深い。イトマン事件の渦中、彼は新井組株を買い占め、資金繰りのためにこの株をキョートファイナンスへ担保として差し入れていた。もともと新井組には関心が高かったに違いない。

だが、若築建設と合併させるには、キョートファイナンスの担保になっているその株を引き出さなければならない。むろん山段の了解も必要だ。そのための中村楼での会合だったのだろう。許は、石橋の義兄である林をキョートファイナンスの社長に据え、山段や湊の協力を得ながら、計画を進めていくつもりだった。

そんな許に対し、石橋側もすっかり信頼し、さまざまな事業計画をいっしょに進めていた。許は、石橋や林に事業計画を持ちかける際、政界工作費として一〇億円の現金を用意したと報じられたが、それも事実だろう。もとは石橋側が出したカネだろうが、そのくらいのことはする。建設大臣だった中尾栄一が収賄事件で摘発され、大騒ぎになったのも、こうした一連の政界工作の一環と見て間違いない。

許永中が、政界の人間を含めた表社会と裏社会のパイプ役であったことはたしかだ。それだけではなく、許は韓国の政界関係者とも近く、日本の政界とのパイプ役まで果たしていた。

しかし、許はまわりの人間を破滅させる毒のようなものをそなえていた。意図的にそうするというのではなく、近づけば毒素にあたるといった性格のものだろう。近しい人間の大半は、ロクな目にあってない。いつしか彼の負債の連帯保証人になってしまい、破滅してしまう。悪の魅力の犠牲者というやつだろう。かくいう私も、その犠牲者の一人かもしれない。

許永中は石橋産業をかませ、大きな政界工作をもくろんでいた。

逮捕されるまで忘れていた協定

石橋産業事件における許永中は、矢継ぎ早にこうした政財界工作をしていた。私自身は打ち合わせや取引現場に参加していたわけではないが、話はのちに許や林ら関係者からいろいろ聞かされた。林は、政界工作の一〇億円を含め、実に二〇億円を許へ渡していたことも判明している。

こうした事業計画のなかで、石橋たちにとって最も魅力的だったのが、若築建設と新井組の合併計画だったに違いない。中村楼での会談から一〇日後の四月一〇日のことだ。突然、石橋の義兄である林から電話があり、私の事務所へやって来た。

「計画は順調に進んでいます。新井組の株は、もうキョートファイナンスから引き出し、第三企画へ移しました。そこで改めて、第三企画から私のエイチ・アール・ロイヤルが引き継ぐ段取りになっています。それで契約書を作成してほしいんです」

興奮した様子で、そう言う。

林の言った第三企画とは、許永中がオーナーの会社で、エイチ・アール・ロイヤルは林の経営する不動産会社だ。つまり、若築・新井の合併計画の前段階として、まず第三企画が振り出した手形を担保にし、新井組の七一五万株と差し替えて引き出し、そのあとで林の会社が受け皿になって、新井組株を引きとるというものである。

しかし、この話は危うい。そこで、林に警告した。

「アンタ、本当に第三企画が株を持っておるのか、確認したか。もし第三企画から株を譲り受けんと、大変なことになるで」

そもそも、許の経営する第三企画とはペーパーカンパニーのようなものだ。そんな会社の手形と七一五万もの新井組株を交換すること自体がおかしい。林の話を聞いていても、どうも理解できないのである。そこで、キョートファイナンスの山段へ直接電話した。

「林さんの話では要領を得んのですわ。できれば、どうなっとるか、誰かに資料を持ってきてもらえまへんか」

翌日、キョートファイナンス社長の湊が説明に来た。すると、本当に第三企画の手形で新井組の七一五万株を第三企画へ渡しているという。新井組株なら、ざっと一〇〇億円以上はする。だが、その価値が第三企画の手形にあるとは思えない。

「こんなことをしとったら、事件になるで。第三企画の手形で決済できるんか。弁護士が入ってやったことなんか」

　キョートファイナンスにとっても、価値がないと知りながら株を渡したとなれば、背任に問われかねない。

「いや、大丈夫なんですわ。実はそれだけやのうて、石橋産業の株を一四万株担保に入れてもろうてるんです。鑑定してもらったら、二〇〇億円の価値があるいう話ですわ」

　湊が答えた。この石橋産業の一四万株というのは、先に触れた妾腹の石橋克規の所有するものを許永中が買った株だ。

「それが、ホンマにそないな価値あるんかいな」

「ええ、あります」

　もっとも、最終的には石橋産業の株を返すことになっているという。その代わり、改めてエイチ・アール・ロイヤル振り出しの手形をキョートファイナンスの担保として差し入れる。こちらも信用力がないので、石橋産業の裏書保証をする手はずになっていた。

　手形の裏書保証とは、銀行融資の連帯保証のようなものだ。振出人である会社の価値や信用がない場合、仮に不渡りになっても受取人に被害のないよう、別の会社や個人がその手形の金額を保証する。文字どおり、手形の裏に保証人が署名捺印するため、裏書保証と呼ぶ。

　つまり、石橋産業が保証人となってキョートファイナンスから新井組株を引き出すということだ。こうした一連の手形取引については、すでに許永中と林・石橋のあいだで了解済みだというのである。

「ついては、正式な協定を結びたいので、先生に書面の作成をお願いしたいのです」

　キョートファイナンス社長の湊は、そう説明する。これだと辻褄は合う。

「それなら、まあわかるな。だったら、協定書をつくってあとで届けるよ」

　四月中旬までに協定書の案を作成し、山段のもとへ届けた。これが、事件のさなかに何度も報じられたキョートファイナンスと第三企画、エイチ・アール・ロイヤルの「三者協定」の原案だ。ところが、この「三者協定」が、私にとって大きな受難となるのである。

自転車操業だった資金繰り

「宅見さんから一億円借りてもらえまへんやろうか」

許永中は、慢性的に資金繰りに窮していた。宅見組長が射殺される一年ほど前、一九九六年ごろのことだっただろうか。許にこう頼まれたことがある。石橋産業とのやりとりの真っただ中のことだったように思う。

彼には宅見組長に直接頼みづらい事情があるようだった。そこで、宅見組長から一億円を借りた。宅見組長は現金をみずから私の事務所に届けてくれた。その現金をそのまま許に渡したのだが、返済期限は三カ月後という話だった。

ところが、許は期日までに返済金を用意できなかったのである。これには困った。例のニセ税理士事件の大西省二へ、それとなく苦衷を漏らすと、大西から話を聞いた宅見組長から電話があった。

「決済はジャンプ（支払い延期）するから、借用書代わりに手形を入れてほしい」

そう言ってきた。早速、許に伝えると、許は自分の支配下にある上場企業「日本レース」の額面一億円の手形を差し入れてきたが、宅見組長はいい顔をしない。

「先生、悪いけど野村さんの手形の裏書きをしてくれませんか。あれは自分らに迷惑かけるより、先生に迷惑かけることを一番気にする男だから、先生が裏書きしてくれたら、あいつももうジャンプせんでしょう。ご面倒をかけますが、お願いできませんか。決裁期日の日には、私は連絡を取れんようにしときますから」

先に書いたように、手形の裏書保証は銀行融資の連帯保証のようなものだから、許が一億円を返せなければ、手形が不渡りになり、日本レースが倒産するうえ、私が一億円を肩代わりして支払わなければならない。それができないとなれば、決済期限を延長し、もう一回手形をジャンプさせなければならないが、そのためには宅見組長の了解が必要となる。組長の居所がわからなければお手上げだ。姿を消すのはそのためだ。ところが、決済日の直前になって、許から電話が入った。

「先生、五〇〇〇万しか用意できてませんのや」

声はかなり切迫した調子だ。これには、私も慌てた。裏書きした以上、私にも返済義務が生じる。かといって、すぐにそんな大きなカネなど算段できない。さすがに、頭を抱えた。ただ、連絡をつかないようにするといっても、大西にだけは連絡先を教えておくと、宅見組長は私にほのめかしていた。逃げ道だけはつくってくれていたのだ。早速、大西に電話し、

「おい、大西、困ったことになっとるんや。宅見さんの連絡先教えてくれ」

と頼み込んだ。宅見組長に電話をし、そうして、もう一回だけ短期のジャンプをしてもらった。そして時間を稼ぎ、急遽金融業者から私が五〇〇〇万円を借り入れた。それを許に渡して返済させたことがある。

「これだけ宅見さんに迷惑かけたんやから、お前、頭を下げえ」

許にそう言って、二人で宅見組長を訪ね、これまでのことをすべて話して詫びた。宅見組長が射殺されたのは、この少しあとのことである。

いつしか私は、許とそんな深い付き合いをするようになっていた。メダルの表と裏——、マスコミからそう揶揄されるようになったのは、このころからだ。

ほとんど報じられていないが、このときの裏書手形の一件は、石橋産業事件の公判でも検察が持ち出している。私と許が「一心同体」であるという傍証資料としたわけだが、実際は宅見組長に頼まれたから裏書きしたに過ぎない。

実際、石橋産業との取引をしているころの許は、資金繰りに奔走していた。イトマン事件以来、かき集めてきた二〇〇億円相当分の新井組株を担保に入れたまま、キョートファイナンスから融資を受けてきた。その担保を差し替えるため、石橋産業側のエイチ・アール・ロイヤルの手形を使ったのだ。それらは新井組株をいったん引き出し、改めて証券金融会社へ担保に入れファイナンスを受けるためだった。ただし、小さな不動産会社に過ぎないエイチ・アール・ロイヤルに、二〇〇億円もの手形決済ができるわけがない。手形が不渡りになると、キョートファイナンスにしても、巨額の焦げ付きが発生する。許はイトマン事件以来、付き合いのある京都銀行を頼りにしていたが、それもアテにならない。そこで、エイチ・アール・ロイヤルの手形へ石橋産業の裏書保証をさせよう。そうなったのである。

つまるところ、一連の株や手形の取引は、許の資金繰りに使われていた要素が強い。現に、許は自由になった新井組株を使い、別の株式投資をしようとする。が、結果は失敗に終わる。のちに新井組株が、市場に流出していたことまで判明し、関係者たちは大慌てする。当初の計画にあった石橋産業グループの若築建設と新井組との合併話など吹っ飛んでしまうからだ。

もっとも、手形の取引はそうした許の資金繰りの失敗が判明する以前の話である。石橋産業の裏書保証をとりつける、という点では、関係者の利害関係が一致していたはずだった。その取り決めが、公判で焦点になってきた「三者協定」なのである。

協定書の調印日は、四月一八日と決まった。出席者は、石橋産業側の林雅三、キョートファイナンスの湊和一、そして許の側近である第三企画社長の尾崎ら。場所は私の大阪経済法律事務所だ。

林はエイチ・アール・ロイヤル振り出しの二〇〇億円分の手形を持参することになっていた。そこに石橋産業代表の裏書保証があるはずだった。しかしその日、林が持ってきたのは金額の入っていない無額面の手形。おまけに肝心の石橋側の裏書きがない。

「あれだけ約束したのに、どういうことでっか、林さん。ロイヤルの手形だけでは話になりまへんがな」

怒り出したのは、キョートファイナンス社長の湊だ。林が必死で言い訳をしていた。

「いや、石橋（浩）が、ずっとこっち（大阪）におったんで、東京へ行って裏書きをする間がなかったんです。申し訳ない。必ず裏書きは持ってきますから」

実際、石橋浩はこの数日前から大阪に滞在し、許の自宅などに招かれていたようだ。東京の会社へ戻る時間がなかったので、手形の裏書保証ができなかったというのである。

そうして揉めているさなか、許が事務所へ顔を出した。

「遅れてすんませんな。もうできましたか」

そんな呑気な調子で挨拶した記憶がある。

結局、林自身が東京へ向かい、およそ二〇〇億円分のエイチ・アール・ロイヤル振出しの手形に対する石橋産業の裏書きを持ってきた。予定とは少し違ったが、私はこれで協定は完了したと思い、そのあと、この日のことはほとんど忘れていた。逮捕されるまでは。

協定の締結は、こうした一連の手形取引のなかの単なる一作業にすぎない。その現場は私の事務所であり、私は協定書を作成した張本人には違いない。それをもって検察は、手形を騙しとった詐欺の実行行為とした。

私はそのために逮捕・起訴される羽目になる。しかし、それはこじつけ以外の何ものでもないように思える。何がなんだかわからなかった。私はパニックに陥った。

焦点の三分五九秒

「第三企画の手形をロイヤルへ切り替えるんは、あらかじめ決まっていたんです。銀行団にも、それは説明しておりました」

許永中は、石橋産業事件の公判でこう証言している。実際、それを裏付ける証拠も提出されている。こうも証言した。

「四月の七日か八日だったと思います。キョートファイナンスの湊社長が、京都銀行など銀行団に説明に行っています。京都銀行としては、そんなどこの馬の骨かわからんような会社の手形が担保では、債権者として納得できん、いう話でした。それで、京都で私と林さん、湊さんらで会議を開いた。そこで石橋産業の裏書きをとりつける書面をつくるようになったんです」

私は、そうした具体的な打ち合わせ現場にいたわけではない。正確な会議内容まで把握していたわけでもない。だが、この許の証言は、ほぼ事実だと確信している。なぜなら、ちょうど同じころ、事務所にやって来たときの湊の説明内容と許の証言の中身が一致しているからである。

ところが、東京地検や林は、まったく正反対の事実を証言している。林は、

「石橋産業の裏書きの話は、四月一八日の協定書の当日に初めて聞かされたのです」

と、こう主張している。

「許永中が遅れてやってきて、応接間で石橋が裏書きをするよう要求されました。許は、『形だけの裏書きだから心配することはない。資金決済はわしが用意するから』とも言っていました。それで、騙されたのです」

そこで、林が東京にいる石橋のところへ電話し、裏書きをするよう頼んだ。そういうストーリーになっている。

ちなみに、この決済資金については裏事情がある。許は、京都銀行に貸しがあると考えていた。イトマン事件が起きる前、銀行の株が買い占められ、山段とともに株を買い戻した経緯があったからだ。そのため、少々の無理でも融通が利くと考えていたに違いない。いざとなれば、手形の決済資金の融

資を受けるつもりでいた。

林はその部分をねじ曲げ、騙されたと言っているのだろう。結果的にそうなったのは事実かもしれない。だが、少なくともこの「手形の裏書きを協定書当日に初めて聞かされ、電話で石橋浩を説得した」という証言には、かなりの無理がある。

電話は、時間にして三分五九秒。これが、まさに石橋事件の犯行容疑、詐欺ならびに欺罔の実行為にあたる、というのである。

だが、どう頭をひねっても、私にはそんな記憶が蘇ってこない。というより、林が電話していた記憶すらないのだ。

この三分五九秒の電話については、一審の東京地裁公判で明らかになっている。当初、電話の状況を調べようとNTTへ問い合わせたが、検察庁からとめられているという返答だった。それが一審公判の後半になり、担当検事が交代し、たまたま交代した検事が提出した証拠から判明したのが、この三分五九秒という短い時間である。

電話の発信は、私の大阪経済法律事務所からとなっている。事務所の電話は、〇六—六二二九—三五五〇から三五五四までの四つの番号。うち三五五〇は親機の代表番号で、三五五四はファクシミリの番号だ。林のいう応接室の番号は、三五五一から三五五三までの三つである。

ところが、NTTの記録によると、発信番号は三五五〇となっている。前述のとおり、これは普段女性事務員が使っている代表番号であり、応接室のものではない。応接室からこの番号を使って電話するには、わざわざ女性事務員が使っている代表番号のボタンを押さなければならない。むろん、そうすればかけられなくはないが、受話器をあげると三五五一から三五五三の番号に「外線」と印をしているので、そこを押さずにわざわざ無印の代表番号を押すようなそんな面倒なことはしない。

検察庁の主張ではこのとき許が応接室から石橋産業に電話したことになっている。その後、林に代わって石橋浩を説得した、となっているのだが、どうも不自然な気がする。ひょっとすると、事務員の電話からかけたものではなかったか。そういった気軽な電話なら、私の記憶にないのも、合点がいく。

また、仮に応接室からわざわざ代表電話の外線ボタンを押して、石橋産業へかけたとする。それでも、通話時間が三分五九秒というのは、あまりにも短い。

林は、私の事務所で、このとき初めて石橋産業の裏書保証が必要だと聞かされ、それを電話で説得したというのだが、となれば、もちろん石橋浩にとっても、裏書きの話は寝耳に水だったことになる。しかし、これは二〇〇億円にのぼる保証の話なのである。上場企業の経営者ともあろう者が、こんな電話で、いとも簡単に二〇〇億円もの手形の裏書保証を了解したことになるのだ。それ自体が、どうかしている。

となると、それまで一度も裏書きの話を聞かされていなかったという林の言い分も、おかしくなるのではないか。

この通話時間の問題は、弁護団が公判でも焦点にしてきた。

そこで、この通話内容を供述したとされる許の検察官面前調書を朗読し、所要時間に関する実験をしている。会話は、供述内容のうち、単に許が石橋浩と挨拶を交わし、林に電話を代わるまでのものである。それを棒読みした。すると、それだけで三分四〇秒もかかるのである。

これは現実の通話時間よりずい分短いはずだ。通常、会社の社長に電話をかけるときは、代表電話に出た交換手から秘書につなぎ、それから社長が出る。そこから会話が始まるのが普通だろう。だが、棒読みした供述内容には、そんな部分は含まれていない。許が石橋と交わした挨拶と、林に電話を代わるまでのつなぎ程度の話だ。この手の会話で本当に時間を要するのは、林が石橋を説得するやりとりのはずである。しかし、許の供述はそれらをすべて除いた通話時間であり、それでさえ、三分四〇秒もかかっているのだ。

このあと肝心の林と石橋との会話は、一九秒ということになる。これで、石橋は初めて聞かされる二〇〇億円の裏書保証をいとも簡単に了解したことになるのだ。そんな話がありえるだろうか。検察側は、この点について、

「取り調べの際の供述調書は、補足説明が加わるため、実際の会話より長くなる」

として反論した。つまり、許が石橋と話した時間はもっと短いため、そのあとで電話を代わった林が彼を説得する時間は十分あったというのだ。しかし、過去の検事としての経験上、そんなことはありえない。

繰り返すまでもなく、私にはこのときの電話そのものの記憶がない。それはなぜか。つまり、このときの会話は本当に挨拶程度のものだったか、あるいは単なる念押し作業のための電話だった。そう考えると納得がいく。

それほど、許永中と石橋浩や林雅三は親しい間柄だった。実際、それはこの目で見てきた。だからこそ、翌日の四月一九日、林は東京へ飛び、あっさり裏書保証された手形を持ち帰ることができたのである。

先にも触れたが、この裏書保証の前、これとは別に、林と石橋は許に二〇億円を手渡している。石橋・林の両人は、四月一二日から一六日まで大阪に滞在し、一四日には許の自宅に招かれ、接待を受けた。一六日にはゴルフまでしている。

おまけに、協定が交わされた直後の四月末、石橋は許に六〇億円を渡した。結果、合計八〇億円という途方もない現金が許のところへ転がり込んだ。そのうち、いくらかが石橋たちの元へキックバックされている形跡が見られる。一六億円強が、石橋の離婚慰謝料の支払いなど、私的な用途にも使われている。そこまで蜜月関係にあったのである。

検察やマスコミは、この事件について、許が石橋産業を食い物にするために計画的に仕掛けた詐欺と断じている。自転車操業をつづけていた許に、石橋を食い物にし、みずからの資金繰りの支えにしようとした狙いがあったのは確かだろう。だが、その一方では、プロジェクトをなんとか実現したいという思いも間違いなくあったように思う。彼は、若築建設と新井組が合併したあかつきには、マレーシアの事業を受注しようと計画していた。のちに許と会うと、そのために「マレーシアのマハティール首相に会いに行った」と言い、竹下などへの政治工作について、いかにも嬉しそうに話していた。世間では、彼をただの詐欺師のように見ているが、必ずしもそうではない。彼には有能な事業家の側面もあった。ただ、他の企業のプロジェクトをあたかも自分の事業のように思い込んで独断で突っ走った。そこに石橋側との不和と齟齬が生じたようにも思う。

宅見組長射殺事件の衝撃

「先生、宅見さんが殺られたんですわ」

一九九七年八月二八日、午後四時ごろのことだった。許永中からの電話だと事務所の職員が言うので受話器をとると、いきなりそう言う。暗い声だった。一瞬、なんのことやらわからなかった。

「いつ、どこでや。どこの組に殺られたんや」

と、大声で聞き返すのが精いっぱいだった。

許の話では、当日の昼過ぎ、新神戸駅前のオリエンタルホテル四階の喫茶室に宅見組長が山口組最高幹部といるところをヒットマンに襲撃されたのだという。頭と胸を撃たれ、即死状態だったらしい。その時点では、ヒットマンが何者かはわかってないとのことだった。

その電話のあと、しばらく呆然としていた。ニセ税理士事件以来、非常に親しい付き合いである。なにかしら敬愛の念のようなものすら感じていた。組長に何かあれば、全力で弁護しよう。正直にそう思ってきた。それが妙な励みになっていた。その訃報を聞き、支えを失ったような心持ちになった。それだけに、突然の悲報の衝撃は大きかった。許の電話の声が再び空ろに耳に響き、「大切な人を亡くしてしまった」という思いが込み上げてくる。

私にとって宅見組長との付き合いは、無形の恩恵があったといえる。まず、ややこしい人間が事務所に寄りつかなかった。前述したように、私の事務所や自宅に来るときは、ボディガードも連れず、ひとりだった。そういえば、射殺されたときも近くにボディガードを置いてなかったそうだ。宅見組長には、普段から散り際の覚悟と美学のようなものがあったように思う。いかにもヤクザらしい死に方をしたといえる。

山口組の若頭は、組長に代わって組の実務を取り仕切るポストである。それだけに波風をかぶる。あれだけの所帯ともなれば、末端の組織に万遍なく利益を与えることなど不可能だろう。いきおい、山口組内部からの不満や恨み辛みを買うことになる。もちろん、他のヤクザ組織からも現場指揮官として、抗争のときなどは真っ先に狙われる。宅見組長は若頭になったときから、この日のことを覚悟していたのではないかと、あらためて思った。

「先生、これを預かってもらえまへんやろうか」

宅見勝組長が、突然そう言って私の自宅を訪ねてきたことがある。詐欺容疑で逮捕される少し前。保釈後、フランスの病院に入院しようとし、日帰りした事件のちょっと前のことだ。

宅見組長は、常に用心深く資産を管理していた。このときは奥さんの預金通帳と無記名の金融債を持参していた。実に二〇億円分はある。

「警察にもっていかれると、税金やなんやで厄介なことになりかねんのです。ですから、しばらく預かってもらえまへんやろうか」

そう言う。宅見組長は、山口組内でも経済通として知られ、その資金力には定評があった。バブル期の大きなヤクザ組織は、傘下に企業舎弟や総会屋などを収め、コングロマリットの体をなしていた。大企業と直接の関係を深め、巨額の利を得ていた。当時の稲川会会長の石井進は、一〇〇〇億円を動かしていたといわれている。九州から北海道まで勢力を伸ばしていた宅見組長も、数千億円を動かせると巷間で噂されていた。

しかし、個人的な資産は、表向き伊豆にある別荘と趣味で所有している数台のクラシックカー程度だった。もちろん預金などは、本人名義ではできない。だから、夫人名義でカネを貯め込んでいた。それを根こそぎもっていかれることを恐れたのだろう。

弁護士に転身してから知り合ったバブル紳士たちも、同じようなところがある。検事時代に取り調べた犯罪者も似ている。多かれ少なかれ、彼らは他人に言えない苦労をし、常にそこに逆戻りする不安を抱いていた。山口組きっての経済通と呼ばれた宅見組長にも、そんな不安があったのかもしれない。

後日に判明したことだが、宅見組長の射殺事件は、山口組内の武闘派組織、中野会の犯行だった。内部抗争だ。射殺事件は、九五年に京都に進出した中野会と地元の会津小鉄会との間で起こった「京都戦争」が遠因になっている。京都戦争では、二〇回もの発砲事件が頻発し、警備中の警察官が暴力団と間違えられて射殺されている。抗争は宅見勝組長の奔走で翌九六年二月一八日にいったん終結したが、同年七月一〇日、会津小鉄会系組員数人が理髪店にいた中野太郎会長を拳銃で襲撃。中野会長のボディガードに逆襲されて、会津小鉄会系の幹部二人が射殺されるという事件が起こった。

この抗争を手打ちさせたのが宅見組長である。事件直後、山口組山健組組長の桑田組長にともなわれた会津小鉄会の図越利次若頭らから和解の仲介を依頼され、ただちに全員で山口組本部に赴き、山口組五代目に会津小鉄会側が謝罪したことで和解が成立したという。だが、組織のトップが襲撃されながら、報復をしてない段階での和解に中野会は反発した。その反発、不満が射殺事件につながっていったのだろう。

当時、肝臓病が悪化した宅見組長は、若頭のポストを後進に譲ろうとしていた。そのため、最高幹部たちの間で跡目争いが激化し、水面下で暗闘を繰り返していたようだ。本人から聞いたことだが、宅見組長は名古屋を本拠とする弘道会の司忍組長の器量を買い、自分の跡目に据えようとしていた。そこでも、山口組最大のグループである山健組系の武闘派集団であった中野会との齟齬が生じたと聞いている。

浮かれ気分と不安の狭間

一九八〇年から八六年までの六年間、大阪地検特捜部に在籍したとき、私は大阪府茨木市内に小さなマンションを買った。そこに、学生結婚した家内と長男、長女次女とともに住んだ。間もなく私は、東京に単身赴任し、大阪へ戻ってきたときには弁護士になっていた。

バブルの真っ盛りである。おもしろいように儲かり、七億円も出してヘリコプターまで購入したが、あまり使い道はなかった。使ったのは、唯一、郷里の長崎・平戸に家を建て、脳梗塞で倒れた年老いた母を乗せて連れ帰ったときだけだ。だが、それでも満足だった。新築した平戸の家には、結局誰も住まず、たまに部屋の空気の入れ替えをするためだけに帰った。それが億劫だった。ほかには、たまに別荘代わりに、検事時代の同僚だった現役の連中に使ってもらった程度だ。なかなか好評だった。

弁護士になり、家内と別居するようになってからは、神戸にあった住宅都市整備公団の払い下げの土地を購入し、そこにも家を建てた。プールつきの豪邸だと評判になり、雑誌にも取りあげられたが、まんざら悪い気はしなかった。財テクのために不動産投資もした。尼崎に、三〇戸のワンルームマンションを七億円で一棟ごと買い取り、それを賃貸にした。七億円はすべて銀行からの借金。家賃は六万から七万円程度だったから、収入は年に二〇〇〇万円ほどあったが、これでは金利にもならない。

それでも、なんとなく安心した。他にも四つのマンションを買った。

それら不動産の管理はすべて銀行任せ。マンションの建築から購入まで、すべて支店長が面倒を見てくれた。実はマンションは一度も見たことがない。育った環境やもちろん検事時代などからは、とても想像がつかないような生活だった。だが、あの当時はそれが当然のようにも思えたから、不思議なものである。それだけ浮かれていたということだろう。だが、反面、資産をもっていなければ不安だったのかもしれない。あの山口組のナンバー2だった宅見組長にして、そうだったのだから、私などなおさらだ。

彼らには、苦労をしてきた分、弱者に対する思いやりや優しさを感じたものだ。彼らの気遣いに感心させられることも少なくない。私にはそう思えた。そうして私は、彼らに惹かれていった。

しかしその反面、彼らには普通の人にはない非情さがあった。バブル紳士たちは一見、和気藹々《わきあいあい》と一緒にゴルフに興じていたが、その裏側は熾烈な駆け引き、しょせんは騙し合いの世界である。常にハイリスク・ハイリターンという場当たり的な発想をする。大きなリスクを冒しても大きく儲けようとする。そこを見越し、目端の利く人間は他のバブル紳士を食う。

たとえば、一〇億円を必要としている知り合いに、二〇億、三〇億と余分に貸す。多めに出すことにより、立場上優位に立てるからだ。ただ、その際、

「これが返済できなかったら、あんたの持っているゴルフ場を取るよ」

などと念押ししておく。借りる方は、これでなんとか当面の資金難を回避できる、との甘い考えしかない。が、結局借金を返済できず、その何倍、ときには何十倍の資産を取り上げられてしまう。とりわけ仕手戦はこの手の騙しばかりだ。頭の回転の鈍い人間は、最初に株を買いあげるときの騒ぎ手となり、売り逃げされてしまう。バブル期には、こうした戦いの脱落者が次々と消えていった。バブル紳士とよく揶揄されるが、彼らはこの熾烈な淘汰戦を生き抜いた「勝ち組」なのである。その情と

非情をないまぜにした生き方には、感服させられる面が少なくない。

小谷光浩や加藤暠、末野謙一や佐川清、宅見組長、伊藤寿永光や許永中ら、数多くの事件の主役たちと付き合った。それぞれの事件はあまりにも有名だが、個人個人や事件と事件が有機的につながっている。マスコミは、これを「闇の連鎖」と呼んだ。が、似たような人種、良くも悪しくもごく少数の「勝ち組」が寄り集まり、事件を引き起こしてきたのだから、むしろそれは自明のことだったと言えるのではないか。

とりわけ、私は許永中と奇妙な縁になった。それは、私自身が彼に惹かれていったからにほかならない。イトマン事件で摘発された彼は、活動の舞台を石橋産業に移した。結果、逮捕され、私も共犯とされた。まったく身に覚えがなかった。まるで、いきなり暗く深い落とし穴に突き落とされたような気がした。

いったいどうしてこうなったのだろうか。いまでも自問自答している。だが、そろそろその答えを出さなければならない。

許永中は宅見組長が射殺された直後の九七年一〇月、忽然と姿を消した。私はその失踪直前、彼と韓国で会っている。

終章　審判

「田中先生、わざわざこんなところまで来ていただいて、恐縮です。わしも裁判所から認められとる期限がありますさかい、明日の朝には日本へ戻ります」

一九九七年一〇月初め、私はソウルにいた。韓国に滞在している許永中に会うためだ。

このとき、許を取り巻く状況は、かなり厳しくなっていた。すでに石橋浩や林雅三との仲がおかしくなり、林は石橋産業の裏書手形を詐取されたとして、東京地検刑事部へ告発。マスコミも騒ぎ始めていた。イトマン事件のときと同じく、許永中バッシングが再燃し、いまにも逮捕されそうな記事が報じられていた時期である。

この時期、私は、事務所で彼の長男と二人の甥っ子を預かっていた。

「良くも悪くも、永中さんとつながりがある以上、お前たちも世間の風当たりは強い。ただでさえ、在日韓国人いうことで、差別されることも多いやろう。だから、とにかく勉強をして資格をとれ。司法書士でも税理士でもいいから」

子供たちにそう言い聞かせ、事務所で勉強させていた。そんな折、突然、

「許永中が韓国のサウナで倒れた」

という知らせが入ってきたのである。一〇月に入ってすぐのことだった。

石橋産業事件の一審判決公判の際、卒倒して意識を失ったように、許には狭心症の持病がある。法廷では、付き添っていた刑務官が、口の中にニトログリセリンを放り込んだため助かったが、そうでなければ死んでいただろう。九九年の失踪直前に心臓発作を起こした一件については、いまだ仮病説

が根強く流れているが、危なかったのは間違いない。だから、知らせを受けたとき、万が一のことも考えざるをえなかった。そこで、仕事をキャンセルし、事務所で預かっていた彼の長男や甥っ子を連れ、急遽ソウルへ飛んだのである。

彼と会ったのはソウルの新羅ホテルだった。日本のホテルオークラと提携している高級ホテルだ。許は珍しくノーネクタイだった。というより、ゴルフで顔を合わせる以外で、ネクタイをしてない許を見るのは初めてだ。日ごろはそれだけ私に気を使ってくれていた。会うときは私の姿を見つけると必ず近寄ってきて、出迎えてくれた。だが、このときは違った。気を使う余裕もなかったのだろう。スラックスにセーターというラフな格好だった。顔は青ざめ、いつもの精彩がまったくない。

「大丈夫か。顔色がようないみたいやけど」

そう声をかけると、申し訳なさそうに言った。

「えろうすみません、こんな格好で。病院で会うのも何なんで、こっちでと思うたんでっけど、ご心配かけました」

入院したのは、延世大学附属病院だという。そこから、ホテルにやって来ていた。

ソウルのホテルで会ったのは、わずか一五分ほど。辛そうなので、早々に引きあげることにした。別れ際、彼は山口組元若頭の宅見勝組長のことを話題にした。

「殺ったんは、韓国の軍事訓練を受けた連中や、ていう噂も流れとるけど、どうなんやろうな」

宅見組長は、神戸のホテルで射殺されたばかりである。許はこうもつぶやいていた。

「こっちにも、しょうもない人間が入って来とるようですわ」

その言葉の意味はわからないが、自分自身が狙われていると思っていたのだろう。この翌日、彼は忽然と姿を消してしまった。以後、許に会ったことはない。彼の関係者を通して、「ご心配をかけて申し訳ありません。元気でやっておりますので」という伝言が、時々あっただけだった。

「(失踪したのは)ヤクザの抗争事件に巻き込まれ、命を奪われる危険があったので」

発見された後の二〇〇〇年九月、大阪地裁のイトマン事件公判で、許は証言した。それは、まんざら嘘ではない気がする。

あとになって思うと、韓国で許と会ったとき、「しょうもない連中がこっちに来ている」と言った別れ際の言葉がひっかかる。やはり、失踪の理由は、宅見組長の暗殺事件に絡んだものなのではないか。韓国にやって来ていた何者かが、許を狙っていた。それで姿をくらましたと思えなくもない。現に、のちに宅見組長を射殺した中野会の幹部が韓国に潜入して惨殺されている。いったい何があったのか、一度、機会があったら聞いてみたいと思うほどだ。

なにしろ、イトマン事件公判のさなかの失踪である。許は刑事被告人であり、彼に関するイトマン事件の公判は中断を余儀なくされた。被告人の海外逃亡という前代未聞の出来事に対し、マスコミはここぞとばかりに騒いだ。関心は、むしろ石橋産業事件の捜査の行方に向かう。

〈石橋産業事件の逮捕逃れのための逃亡ではないか〉

〈そもそも、許永中に対し、韓国への渡航を許可した裁判所がおかしいのではないか〉

この失踪直前、最後に許と会ったのが、私ということになる。

「田中が石橋産業事件に絡んで、許を逃がしたのではないか。その後も連絡を取り合ってきたのではないか」

いきおい検察庁ではそう見る。

「田中が許を病人に仕立てて、逃がした」

「そのための打ち合わせが、ソウルでの会談だったに違いない」

そんな見方が地検内部に広がっていった。

事実は異なる。しかし、疑われるだけの材料がそろいすぎていた。わざわざ姿をくらます前日、私がソウルを訪ねているのだから。

許の逃亡は、検察にとっては大失態だった。「逃亡は、司法に対する挑戦である」と激怒する司法関係者も少なくなかったようだ。そんな怒りもあってか、東京地検特捜部が石橋産業手形詐欺事件に着手したのは、許が逃亡した翌月のことだった。

そのとき、石川達紘は東京地検検事正として、石橋産業事件の捜査の指揮をしていた。その一方で、警察をあげて許の目撃情報などの捜査を進め、許の関連先すべてを捜索している。しかし、私のところは、このとき捜索されることはなかった。

韓国で最後に許に会ってから二年あまり、彼からはいっさい連絡もなかった。私も警察にマークされていただろうから、足取りをつかまれることを警戒したところもあったのだろう。

その足取りについては、いろいろな情報が入ってきた。韓国から北朝鮮に入り、国軍を買収して滞在。そこを拠点に、北朝鮮の友好国のエジプトやロシアなどにいたという話もあった。逃亡期間の一年ほどは日本国内におり、ホテルのプールで愛人と泳いでいたとか、皇居周辺でジョギングしていたという情報もあった。

確たることは知らないし、いまだ失踪の理由についてはわからない。だが、この会談を含め、石橋産業事件ではやることなすことが疑われていった。すべてが裏目裏目に出てしまう。

狙われた理由

「どんなことをしてでも田中をパクれ」

九州・長崎の佐世保に、親和銀行という地方銀行がある。前身は、生まれ故郷の平戸にあった第九十九国立銀行という金融機関だ。そこと佐世保商業銀行、佐世保銀行の二行が合併し、あらたに佐世保を本店としてスタートしたのが親和銀行である。

地元の住民にとって、この銀行は憧れの就職先でもある。平戸時代の中学校でいちばん仲のよかった同級生も就職していた。先に触れたが、私が定時制高校に行かざるを得なかったため、なんとなく疎遠になってしまった親友である。比較的裕福な家庭に育ったその友だちに対し、私はしばらく劣等感を抱いてきた。もちろん、取るに足らないコンプレックスであり、大人になってからは忘れていたが、そんな関係もあり、親和銀行には、なんとなく親近感があった。

この銀行の不正融資事件を、警視庁捜査二課と長崎県警の合同捜査本部が摘発したのは、九八年五月のことである。事件直後の新聞記事をめくってみた。すると、「暴力団絡み、27億焦げつき」というタイトルのもと、六月一日付け毎日新聞で次のように掲載されている。

〈「親和銀行」（長崎県佐世保市）をめぐる不正融資事件で、貴金属卸会社「エフアール」のグループ会社が、暴力団関連企業から開発見込みのない千葉県内の山林を高値で買い取り、さらにエフ社社長の鈴木義彦容疑者（40）が理事を務める「東京運輸事業協同組合」に転売されていたことが、31日分かった。この土地を担保に同行はエフ社グループに総額39億5000万円を融資し、27億5000万円が回収不能になっている。警視庁捜査2課は、融資の一部が暴力団関係者に流れたとみて解明を進める〉

私は、宝石卸会社「エフアール」の顧問弁護士だった。そこで、事件に巻き込まれる。警視庁は、親和銀行からエフアールに対する四〇億円近い融資を不正とみて、捜査を開始した。事件では、裏社会の関与も焦点になっていた。毎日新聞は、こうも指摘している。

〈土地は千葉県長柄町の県立自然公園内にある約8ヘクタール。グループ会社元役員、副島義正容疑者（53）が1993年7月、同行から12億円の融資を引き出し、自分が社長を務める不動産管理会社「宝山」名義で大阪市内の不動産会社から買い取った。関係者によると、同社は大阪の指定暴力団組長が経営していた。この土地はほとんどが傾斜地で、地元不動産業者によると評価額は数億円程度という。同行は土地を水増し評価したとみられる。
関係者によると、副島容疑者はこの土地に霊園開発を計画し、調査会社に計画策定などを依頼したが、県立公園内で許可が下りないため断念した。96年12月、「東京運輸事業協同組合」(東京都渋谷区)に転売し、同組合はオートキャンプ場建設資金名目で同行から27億5000万円を借り入れた。この融資と同時に宝山の債務12億円は解除されており、「この融資で組合が宝山の債務を肩代わりした」(宝山関係者)という。キャンプ場は着工されないまま27億5000万円の融資全額が焦げ付いている。
また同課の調べで、同行が94年9月ごろ、人造宝石を担保に関連会社「ワイ・エス・ベル」に不正融資した約15億円のうち、約6億円がこの不動産会社に渡った疑いも出ている〉
一連の融資は、ヤクザに弱みを握られた銀行の頭取が、みずから取引を進めた、いわば女性スキャンダルのもみ消しに動いた謝礼だったという。ありがちな話だが、そこが不正融資のきっかけになっている。
〈副島容疑者が辻田徹元頭取(71)に「不動産会社へ渡す金が必要」などと話しており、同課は、辻田元頭取が金が暴力団側に流れることを知っていたとみて追及する〉(毎日新聞)
さらに、九八年六月二日付け朝日新聞をめくってみた。そこにも、
〈親和銀行が宝山に流した融資の一部が暴力団関係者へ〉
というタイトルでこう記載されている。
〈親和銀行をめぐる不正融資事件で、不祥事をもみ消してもらった大阪の暴力団側に謝礼するため、同行が化粧品販売会社宝山に流した融資の一部は、この暴力団の関係者が所有する不動産を担保に実行されたことが2日わかった。親和銀行は暴力団側から山林を買収するための資金を宝山に融資したが、さらに資金提供を要求され、やむなく暴力団関係者の不動産を担保に追加融資したとされる。ト

ップの不祥事処理を発端に、求められるままに追加融資に応じた甘い審査の姿勢がまた一つ明らかになった。

親和銀行は1993年7月、宝山に12億円を融資し、宝山は暴力団側から千葉県の山林を買収した。この山林や大阪市中央区にある宝山社長副島義正容疑者（53）＝特別背任容疑で逮捕＝の所有不動産などが担保として提供された。

関係者はこの12億円の融資と山林買収について、暴力団幹部が不祥事のもみ消しに協力したことに対する親和銀行の謝礼だったと指摘している。

ところが、副島社長側はさらに資金を提供するよう親和銀行に要求。親和銀行は12億円の融資から3カ月後の93年10月、新たに3億5000万円を宝山に融資した。

担保は大阪市中央区の土地計約115平方メートルとその上に建つ5階建てビル。所有者は大阪市西成区の女性で、大阪府警によると、この女性は親和銀行元頭取・辻田徹容疑者（71）＝同＝をめぐる不祥事のもみ消しに協力したとされる大阪の暴力団幹部と親しい人物だった〉

続いて、朝日の続報（七月一二日付け）、〈親和銀行不正融資事件、組長を特別背任容疑で追送検〉によれば、こうある。

〈親和銀行をめぐる不正融資事件で、警視庁と長崎県警の合同捜査本部は11日、酒梅組系暴力団組長金在鶴容疑者（60）＝特別背任容疑で逮捕＝を別の特別背任容疑で追送検した。調べでは、金組長は同行の元頭取辻田徹容疑者（71）＝同容疑で再逮捕＝らと共謀、金融会社ワイ・エス・ベルに対して1994年9月、回収の見込みがないと知りながら親和銀行から15億円を融資させ、同行に同額の損害を与えた疑い。

15億円の一部は金組長側に流れたとされ、金組長も数億円を受け取ったと認めているという〉

酒梅組は、大阪にある古い博徒であり、関西の裏社会では知られた存在だ。同和対策事業などにも顔が利く。なぜ、関西の裏社会の連中が、九州の地銀の不祥事に首を突っこんだのか。捜査当局はそこに関心を示した。おまけに事件には、許永中の名前も取り沙汰されていた。

そんな事件の舞台になった宝石卸会社「エフアール」の顧問弁護士をしていたのだから、捜査当局も私の関与を疑ったのだろう。現に、エフアールの社長、鈴木を許に紹介した張本人が私だった。

「先生が顧問をされているエフアールから時計を買いたいんでっけど、どうですやろ」

許は私にそう言ってきた。彼にしてみたら、私の顔を立てようとしただけかもしれないが、鈴木を引きあわせたのである。

許は例によって、気前よく五〇〇〇万円もする腕時計をポンと買い、代金を手形で支払った。その手形の裏書保証を私がした。それだけに、余計にいろいろと詮索されたのだろう。融資の一部が許や私に流れていたのではないか、そうも囁かれた。

折しも、石橋産業事件の捜査が始まったばかりのころである。石橋浩の義兄、林雅三の告訴によって始まった石橋産業事件の捜査は、はじめ東京地検刑事部が担当していた。通常、東京地検で関係者の告訴・告発を受けるのは特捜部であり、警視庁の捜査を指揮し、起訴するのが刑事部の仕事だ。だが、石橋産業事件では、なぜか刑事部が担当していた。そこで、肝心の許永中が失踪してしまい、捜査は難航していた。

そんなさなかに起きたのが、この親和銀行の不正融資事件だったのである。事件は、検察庁内でもずいぶん話題を呼んだ。そもそもなぜ、長崎のいち地方銀行の捜査に警視庁が乗り出したのか、その理由は明らかだった。

「自分自身の調べは、とっくの昔に終わっとるのに、いまだに警視庁に呼ばれるんですわ。それもこの半年間ずっと、おかしなことばかり聞くんです。担当刑事は、しつこくこう言うんですわ。(容疑は)なんでもいいから田中のことについてしゃべらせろ。とにかくパクれと、検察庁からきつく命じられてるんや」

鈴木を調べた刑事は言ったそうだ。

「責任は検察庁がとるから、どんな容疑でも田中森一を逮捕しろと命令されている」

と。あきらかに捜査は、私をターゲットにしていた。

「田中、なんでお前が顧問しているところはいつもこうなるんや。これは異常な捜査やで」

九八年六月のある日、かつての東京地検の同僚検事が、私のことを心配して、こんな電話をかけてくれたこともある。東京地検は、警視庁を使って私を逮捕しようと必死だった。

もともと警視庁の捜査を受け、起訴するのが役割の東京地検刑事部が、石橋産業事件で林雅三の告発を受け、捜査をはじめた。しかし、それがうまくいかない。そこで、見つけたのが、この事件だったのだろう。長崎の事件に、わざわざ東京地検のお膝元である警視庁捜査二課が乗り出したのも、そこに理由がある。

「地検の内部でも、どんなことをしてでも田中をパクれ、いう指示まで出とる。それほど、本気なんやで」

元同僚検事から直接そんなことまで聞かされた。

といっても、私には親和銀行の一件で、捜査対象になる心当たりがない。単に、許永中をエフアール社長の鈴木に紹介しただけのことである。だから、こう言い返したこともある。

「こんなんで、俺をパクる言うんか。やれるもんなら、やってみいや」

いまになって思えば心配してくれている元同僚に、そんな口の利き方までしてしまったのは心苦しいが、それでも、彼はまだこう言ってくれていた。

「石川さんが相当な執念を燃やしとるからな。なんでお前がそこまで嫌われとるのかはわからんけど、俺自身は捜査に関与できんし、とにかく気いつけよ」

この「石川さん」というのは、言うまでもなく、特捜部長や名古屋高検検事長を歴任した石川達紘のことである。撚糸工連事件の主任検事であり、東京地検に赴任したばかりのころの私の上司だった。なにかと因縁の深い検事だ。私が検事を辞め、仕手筋の光進代表、小谷光浩の弁護を引き受けていた折、特捜部の副部長だった彼と対峙したこともある。事件の渦中、部下の取り調べ検事による光進社員への暴行が発覚したのは、先に書いたとおりだ。

「この暴行事件のせいで石川は責任をとらされて左遷され、田中を恨むようになった」

検察内部ではそう評判が立った。そのかつての上司が、事実上、親和銀行事件で捜査の陣頭指揮をとってきたともいう。実際、そんな声を検察内部から何度も耳にしていただけに、まさかとは思ったが嫌な予感はした。

捜査が大詰めを迎えていた、ある夜の九時ごろ、慌てた様子で、元同僚からこう電話があった。

「お前、なんでここまで石川さんに恨まれとるんや。佐渡も『田中は許せん』と言いよるぞ。ずいぶん、固められとる」

そして、こう言葉をしぼり出した。

「もう間違いない。悪いけど、もはやどうしようもできんのや。観念する以外ないかもわからへんで」

「佐渡」というのは、現検事長の佐渡賢一のことだ。この人も敏腕検事として知られる。リクルート事件や東京佐川急便事件、最近では、鈴木宗男の汚職事件、ハンナンの牛肉偽装事件を捜査してきた。

かつての仕手筋、誠備グループの総帥、加藤に対し、本州製紙や東急電鉄、常陽銀行などの株価操作を立件しようとしたのだが、このとき加藤の代理人だった私と敵味方にわかれて争ったことがある。結果、加藤に対する株価操作の立件は見送られ、「田中は許せん」となったらしい。この佐渡は親和銀行事件のとき、東京地検の刑事部長になっていた。そこから、「田中逮捕」の指示を出しているともいう。

それでも、逮捕されるわけがない。そう確信していた。実際、親和銀行事件では、なにもなかった。しかし、それは明らかに私の思いあがりだった。

暗転

〈失踪中の許永中被告、東京都内で発見され身柄を拘束〉

一九九九年一一月五日夜。テレビ画面に突然こんなテロップが流れた。二年あまりの逃亡生活の末、台場のホテル、グランパシフィックメリディアンで、警視庁の捜査員に発見された許は、そのまま身柄を拘束された。このときから、事態は大きく転換していく。

三月、京都における許永中の相談相手、山段芳春が急逝。折しも、京都地検と大阪国税局が脱税容疑や贈収賄容疑を固めていた時期でもあった。すでに京都府警が逮捕状まで用意し、関係各所を家宅捜索した翌日、京都のドンは鬼籍に入った。山段なきあとのキョートファイナンスは、主を失うとともに、許との関係も絶つ。

また、この年の夏には、石橋側から私の弁護士活動に関する懲戒請求が提出される。石橋家の内紛で、最初に浩の異母弟である克規の株を使って動いていた清水潤三が、私に株をネコババされたと申し立てたからだ。事実は、清水が許へ三億円で石橋産業株を売ったため、それまで清水から預かっていた株を許に渡しただけなのは、先に触れた。しかし、この騒動で、私は三カ月の弁護士活動停止処分になってしまう。このことも、あとあと悪影響を及ぼしているともいえる。

ちなみに七月には、許以外のイトマン事件の主役たちの一審判決が下っている。イトマン社長だった河村良彦には懲役七年、元常務の伊藤寿永光には一〇年という重い刑が科せられた。

許が警視庁に身柄を拘束されたのは、そんな慌しい年の秋の出来事だったのである。発見については覚悟のうえの行動だったフシもうかがわれるが、いずれにしろ検察側がもろ手をあげて喜んだのは間違いない。これ以降、イトマン事件の公判が再開され、あらたに石橋産業事件の捜査体制が組みなおされた。それまで事件を担当してきた東京地検刑事部に代わって、特捜部が捜査を担うようになる。

年が明け、二〇〇〇年になると、関係者の事情聴取が始まった。

「田中先生、お話をうかがいたいのですが、よろしいでしょうか」

「それは構わんけど、マスコミがうるさいから、ホテルかどこかにしてもらえへんかな。ホテルだったら調べに応じるよ」

そんなやりとりで、二月から始まった事情聴取は、すでに三回行われていた。取り調べの主眼は、どこでどうやって許と知り合い、どんな付き合いをしてきたか。さらに石橋産業の手形取引で、私がなにをしてきたか、という経緯を説明していた。むろん、やましいところはない。ことの流れを記憶の限り、正直に話していた。

取り調べの場所は、その都度異なっていた。横浜プリンスホテルのこともあれば、赤坂プリンスのときもある。考えてみたら、全部プリンスホテルだった。マスコミに漏れないよう、気を使っていたに違いない。

そして、三月、その日がやって来た。五回目の事情聴取である。

「明日は品川プリンスへいらっしゃっていただけますか。二三階に部屋をとってありますので」

そう指示されるまま、いつものように都内のホテルへ出かけた。三月一二日のことである。検察事務官といっしょにエレベーターに乗り込み、二三階まであがった。部屋は、ベッドの二つあるツインルーム。木製の丸いテーブルを挟んで検事や事務官と向き合った。

「毎回、すみませんね。これも仕事ですから」

「いやいや、そのへんはワシもよくわかるからかまへんよ。そう気ぃ使わんでも」

いつものように、そんな他愛ない挨拶を交わす。取り調べでは、九七年四月一八日の協定書を交わした経緯をしつこく尋ねられていた。できる限り、記憶を喚起しようとしたが、なかなか思い出せない。そうして一時間ほど経過しただろうか。

なんとなく、それまでの取り調べとは様子が違う。取り調べの検事がやたら時計を気にしていた。ときおり沈黙が訪れる。

すると、ホテルの部屋のドアが開き、あらたに五人の検察事務官が入ってきた。取り調べ検事が彼らのほうを振り向いてうなずく。こちらへ向き直って、きっぱりとした口調で言った。

「今日は、検察庁に来ていただけますか」

一瞬、耳を疑った。検察庁に来い——。それは、まさしく逮捕するという意味である。

「えっ、どういうことや」

そう口に出かかるのを必死に呑み込んだ。ここでうろたえるのはみっともない。反射的にそう考えた。どういうことか。俺が何をしたか。なんの容疑か。頭のなかに、そんな言葉が駆けめぐり始める。

「ああ」

そううなずくのが、精いっぱいだった。

そのまま、なんとなく部屋を出て、事務官の車で霞が関の東京地検へ向かった。事務官に連れられて地検の取調室に入り、座っていると、検事が遅れて入ってきた。

「ご苦労様でした」

そう短く言い、立ったまま深々と礼をする。そのままスティールの椅子に腰かけた。目の前にあるのは、それまでのホテルの木製テーブルではない。検事時代に見慣れてきた、事務的なスティール製のテーブルだった。

「所持品を預からせていただきますが」

「いいよ」

ポケットから財布や手帳を出し、持っていた小さなポーチをテーブルの上に置いた。その押収品目を書いているあいだも、

「なんでや。何があったんや」

と、みずからに問いかけながら、そればかり考えていた。刑事事件に関して日本一詳しいのは俺なのに、そううぬぼれていたから、余計に混乱した。逮捕理由は何か、とにかく心当たりがない。少なくとも一月まではそんな気配は微塵もなかった。

「ところで、容疑はなんですか」

そう検事に聞いてみると、短く答えた。

「詐欺です」

なおさら理解できなかった。

「いつの場面が詐欺に問われているのか、そういえば、四月一八日の協定書の作成日にやたらこだわっていたな。でも、石橋産業との取引で俺が何をしたというのか。これで逮捕・勾留できるわけがない」

そんな言葉しか頭に浮かんでこない。そして、取り調べらしい取り調べもなく、逮捕状を執行され、そのまま東京拘置所へと向かった。

今まで自分自身の手で、多くの被疑者達を送り込んだ拘置所に、まさか入れられるとは……。夢想だにしなかった事態が現実になっている。しかし、それでも妙に落ち着き払っていた。法に触れ、犯罪になるようなことは、していないという絶対の自信からくる落ち着きだった。すぐ、身の潔白が証明される。冤罪が証明され、逆に俺はヒーローになる。今、考えるとなんと馬鹿馬鹿しい発想だろう。

そんなことはすぐわかるのだが、その時は本心そう信じ込んでいた。だから翌日の裁判官の勾留尋問の際にも、若い裁判官に対し、

「特捜部の事件だからといって、頭から信用してはいけませんよ。ちゃんと証拠関係を検討してくださいよ。あなたより刑事事件の経験の多い、この私がさっぱり理解できないことですから」

と、横柄に答える始末だった。心底、誰にも、どこにも頭を下げるべき問題ではないと信じ込んでいた。また、その後の拘置所での検事の取り調べも拒否し、独房から出なかった。すると一〇人余りの刑務官がどかどかと私の房に来て「検事調べに連れていきます」と、私の腕をつかもうとした。私は、咄嗟に「俺の体に指一本でもふれてみろ。ただではすまさんぞ」と大きな声で怒鳴った。

その刑務官の中の一人にやや年配で、見覚えのある人がいた。そうだ、事京地検の特捜部の検事をしている時、私の取調室によく被疑者を連れてきていた刑務官ではないか。なんと、大人げない失態を演じてしまったものだ。そう思った瞬間、彼が私の目を見て哀願するように言った。

「検事さん、いや一五二番、そういわずに調べに応じてください」

「判りました」

私はその言葉に従わざるをえなかった。取調室に入ったときは、胸に込み上げるものがあり、目頭が熱くなり、涙が頬を伝わり落ちるのを、今でもありありと覚えている。取調室に入るなり、十数年前のことが走馬灯のように、次々と脳裏をよぎり、「ここは、俺にとって聖地と一緒だ。俺を育てた聖地じゃないか」と思うと、込み上げるものを抑えることはできなかった。

それでも検事の取り調べに素直に応じる気持ちにはなれなかった。そして検事に言ったものだ。

「君の立場もあるだろうから、取り調べには午前、午後の各一時間だけは応じるが、それ以外は一切応じない。取り調べを受けなければならないいわれは断じてない」

そう言って二〇日間の取り調べが進んでいった。私は、勾留満了日には、どんなことがあっても起

訴されることなく、釈放され、冤罪事件のヒーローになると確信していた。逆に胸を小躍りさせ、弁護人に「俺の秘書に、満期の日の出迎えの車、ホテルの手配をしといてくれ」と頼んだ。ところが満期の日、刻々と時間が過ぎ、夜になっても何の連絡も入らず、消灯の九時になっても事態は変わらない。それでもまだ釈放を信じていたが、さすがに釈放が法的にありえないという時間まで過ぎてしまい、「奈落の底」に突き落とされたという実感が湧いてくる。自分の今いる場所は、まぎれもない地獄だと思うようになった。

「観念する以外ない」

「なんでアンタは田中が嫌いなんや」

私の尊敬する検察庁の首脳が、以前、石川達紘にこう尋ねてみたという。すると、彼は答えたそうだ。

「はじめはそうじゃなかったんです。奴が検察庁を辞めるというので、私が音頭をとって送別会を開いたくらいですから」

「それなら、なぜあんなに目の敵にするんや。親和銀行のとき、佐渡へなんとしても田中をパクれ、と言うとったそうやないか」

「そんなことはありません。でも、わざわざ送別会開いてやっているのに、あっちに電話したり、こっちに電話したり。なんと失礼な奴だろう、と思ったのは確かです。以来、あまりしっくりいかんようにはなりましたけど」

撚糸工連事件のとき、副部長として陣頭指揮をとっていた石川検事は、その後、特捜部長、東京地検次席、同検事正、福岡高検検事長、名古屋高検検事長と出世していった。彼はたしかに優秀な検事であり、その捜査能力は高い。「ブツ読みの達紘」と呼ばれるほど、物証に対する着眼点に優れていた。撚糸工連事件で、国会議事録から民社党の横手文雄と自民党の稲村左近四郎の関係に目をつけ、捜査の方針を立てたのは、先に触れた。おかげで、私も横手を自白に追い込むことができた。

だが、小谷光浩の光進事件における取り調べ検事の暴行があって以来、彼が検察内部で私のことを恨んでいたのは間違いないだろう。それがいつしか、多くの検察幹部にまで伝染していったような気もする。

「田中はやりすぎた。金儲けのために暴力団や仕手筋、バブル紳士たちの弁護を引き受け、捜査の邪魔をする。田中を逮捕すべきだ」

そんな空気が広がっていたのを感じたこともある。それでも、私には、法律家として一線を踏み外したことはない、という自負があった。だから、そんな雑音はまったく意に介さなかった。

その自信が、石橋産業事件での逮捕によって、大きく揺らいだ。

石橋産業に関する取引で、私が関わってきたのは、ほんの一部に過ぎない。はじめは許永中から頼まれた清水潤三の監視役、それから手形の裏書保証の際の協定・契約の書面づくりぐらいだ。この間、弁護士として許から受けとった報酬は、書類づくりの費用としての一〇〇〇万円のみである。しかし、検察庁はこれをもって、許の詐欺行為に加担したとして私を逮捕したのだ。前述したように、検察側の描いたストーリーは、

「石橋産業社長の石橋浩に二〇〇億円分の手形の裏書きをさせるため、私の事務所から石橋浩に電話をかけさせた」

というものだった。これが詐欺の実行行為として、われわれを起訴している。その通話時間は、わずか四分足らず。記憶にも残らないほどの出来事であり、あまりにも不自然な起訴内容であることも、すでに書いた。

許永中は、石橋浩たちから八〇億円もの資金を引き出し、大半が焦げついている。その意味では、

石橋たちが騙されたと感じたかもしれない。しかし、それと事務所からの電話とは何の関係もない。拘置所の独房で、その起訴状を繰り返し読んだ。そして、電話の内容を思い出そうともした。だが、このときの記憶すら蘇ってこない。あまりにも無茶なストーリーに感じた。

なぜ、検察はここまで電話にこだわったのだろうか。もっと違った捜査のやり方はあるはずだ。正直、そう思った。

三畳間の狭い独房のなかで、せんべい布団に身を横たえながら考えた。なぜ自分はこんなところにいるのだろう。畳二枚に板張りの小さなスペースしかない三畳の部屋で、見あげる天井。そこには小さな染みが見える。ふと、あの元同僚の言葉を思い出した。

「田中、悪いけど、もうどうしようもない。観念する以外にない」

よくよく考えてみると、許と石橋たちの取引のなかで、私自身が具体的な商取引に関わった場面は、手形の裏書きのための契約づくりしかない。そうか。そのため、わざわざ事務所からの電話を詐欺の実行行為に仕立てあげたのか。

「俺は、そこまで検察庁に恨みを買っていたのか」

そう思い至る。

不思議に怒りは込みあげてこない。事実はどうあれ、かつての同僚に逮捕され、いきなり貼られた詐欺師というレッテル。本当に観念する以外にないかもしれない、そう思った。言いしれぬ不安が募ってくる。すっかり暖かくなった春の夜。これからどうなるのか、不安でなかなか眠りにつけなかった。

このまま拘置所にいることはないだろうが、いつまでこんなところにいなければならないのか。仮に保釈され、社会に出たとき、周囲は俺をどう見るだろうか。闇将軍と恐れられたあの田中角栄でさえ、保釈後は毎日オールドパーを一本あけ、身体をぼろぼろにしていた。あげく脳梗塞で倒れ、見るも無残な最期を迎えた。あれだけの大物でさえ、そうだった。果たして、俺に耐えられるだろうか。

「これから拘置所で暮らしていけるだろうか。その間、娘や息子はどうしているだろうか。俺のことなんか忘れてしまうのではないか。母親には二度と会えないだろうな」

そんなことを繰り返し考え、思い悩んだ。

また、天井を見た。すると、そこにさまざまな絵が映し出される。大阪から平戸に里帰りしたヘリコプターの凱旋旅行、吹きさらしの郷里に新築した真っ白いコンクリートの家、新築した家。

「人を騙して金儲けすりゃあ、あんくらいの贅沢な生活でん、誰でんできるたい」

平戸の住人が口汚く罵っている声が聞こえる。思わず、目を閉じた。それが親類の耳に入り、やがて長女や長男まで責められる。そんな光景が、瞼に浮かんだ。

仮に保釈が許され、外に出ることができたとして、この先、誰が自分のことを相手にしてくれるだろうか。もはや、弁護士はできまい。だが、弁護士を辞めて食っていけるか。財テクのために買ったマンションの借金はどうするか。なにより、子供たちとの絆が切れてしまうのでは？　それがたまらなく不安だった。

一九六九年生まれの長女はすでに結婚し、二歳下の長男は、いったん早稲田大学法学部へ入った。その入学式の翌日、長男が唐突に言ったことがある。

「僕はお父さんのようにはならん。だから法学部に入ったけど、司法試験は受けません。入ること自体が目的だったから。これからは心の時代です。すぐに大学をやめてスペインへ行こうと思っています」

あのころ、長男の反発は、父親をライバル視する男の子ならではの反抗心、と受け流してきた。いな、そうしようとしてきた。だが半面、それは父親に対する精いっぱいの警告だったのかもしれない。息子はわざと法学部へ進み、それを捨てることによって、私に何を伝えようとしていたのだろうか。

彼にしてみたら、母親と別居し、贅沢な暮らしをしてきた私が、よほどカネまみれの弁護士に見えたのかもしれない。本当にスペインへ発ってしまった。大学は休学扱いにしていたので、その後に復学したが、やはり法曹界には身を置きたくなかったのだろう。帰国後、東京・中野の禅道場で修行を始めた。早朝二時に起きて道場に通っている姿を思い出す。大学を卒業してからは、東京大学の大学院を受験し、心理学を勉強し始めた。ユング研究を専攻し、博士号まで取った。

東京拘置所に入れられた一年のあいだ、私は否応なく、これまでの人生を振り返らざるを得なかった。

いったい、なぜ検事を辞めたのか。どうして弁護士を選んだのか。その明確な答えは、いまもってわからない。

救いの手紙

〈私は先生を信じています。これを機会に先生がどれだけ大きな人間になって帰ってきてくれるか。それも楽しみにしています〉

三月に逮捕され、しばらく接見禁止が続いた。外の世界とは弁護士以外に接触できない。孤独な毎日である。そんななか、接見してくれる弁護士が、顧問先だった会社の社長から預かった手紙がこれである。接見室の窓越しに、手紙を透明なガラスに貼り付け、見せてくれた。それを一文字、一文字ずつ、丹念に読んだ。救われた気がした。

その後、接見禁止が解けると、かつていっしょに仕事をした検察事務官からの手紙が届いた。何十人もの事務官が書いてくれた励ましの言葉。一〇センチ以上の束だ。

〈検事を信じています。決して法を犯す人ではないと〉

みながそう書いてくれていた。涙がとまらないのはわかっていても、部屋ではそんな手紙を何度も何度も読み返した。検事時代の仕事を思い出しながら。

私は、ずっと検事という職業を天職だと思ってきた。大阪地検特捜部時代は、同僚検事や事務官に、「日本国中の検事が辞めても、俺だけは続けるで」

とまで口にしていた。もちろん、ありえないことだが、そんな乗りというか、青臭い部分もあった。ひょっとすると、あのまま東京地検に異動にならず、大阪にいたままだったら、検事を辞めていなかったかもしれない。ふと、そう考えたりもした。

むろん、三菱重工のCB事件や福岡の苅田町長の汚職捜査を無理やり止められた思いもある。だが、検事を辞めたのは、そんな奇麗事だけでもない。

あのころは、母が脳梗塞で倒れ、経済的に大変な時期でもあった。八七年の八月だ。それまで年老いた両親は、長年、夫婦ふたりきりで平戸の家に住んでいた。しかし、母親が倒れる前の年には、脳疾患で長らく患っていた父親が他界した。そして、翌年、同じように母が脳梗塞で倒れたのである。

母は右半身が不随になり、私が引き取って世話をする以外になかった。その場合、検事より自由のきく弁護士のほうが都合がいい。なにより弁護士になれば、カネを稼ぐことができる。そう思ったのも事実だ。

それどころか、弁護士になってからは、見たこともないような大金を手にした。予想以上に裕福になり、おかげで贅沢な暮らしをしてきた。弁護士という職業の信用も手伝い、銀座のクラブに飲みに行けば、おもしろいようにモテる。家内には愛想をつかされ、別居をつづけてきた。だが、あのころはそれでも後悔はしなかった。

といって、司法試験に合格し、検事になったときの志を曲げたわけではない。最初は裁判官になろうとしたが、検事になった。弁護士に転じても、弱い立場の人間を守ろう。いつまでも、その姿勢は決して崩していないつもりだった。

そうして弁護士活動を続け、日本の国を動かす国会議員から裏社会の人間まで、幅広く付き合った。彼らはみな私を頼りにしてくれる。それが嬉しかった。自分自身の器が大きくなっていったようにも感じた。

しかし、それはまさに慢心だったというほかない。いったい俺は何をしてきたんだ。拘置所にいるあいだ、そうもがき続けた。起訴後、一カ月間は検事の取り調べにも応じなかった。だが、結論が出るはずもない。

そんなとき、弁護士に手紙を託してくれた顧問先の社長から、一冊の本が届いた。中村天風という哲学者の書いた『成功の実現』だった。明治九年生まれ。コロンビア大学で医学を学び、日本にはじめてインドのヨガを伝えた人物だ。東京実業貯蔵銀行頭取や大日本製粉（現・日清製粉）の取締役を務めるなど、経済人の顔も持っていたが、世捨て人となり、辻説法を始めた。いまでも財界人のファンが多い。

その著『成功の実現』は、東郷平八郎や原敬、松下幸之助などが感服したという彼独特の人生哲学をあらわした書だ。簡単にいえば、心を尊く、清く、強く、正しく保ち、積極的に生きる。愚痴をもらさず、取り越し苦労をしない。怒らず、焦らず、悲しまない。一日をいかに明るく愉快にすごすべきか、を描いている。いわゆる自己啓発本の類なのだが、これを読むと不思議に精神が落ち着いた。

そうして、生き返ろうと決心した。

社会にいたら人の心は見えないが、不思議に塀のなかからだと、それが手にとるようにわかる。

「田中はもう力がないだろう。いっしょにいたら巻き込まれて自分自身の評価が落ちる」

これまで付き合ってきた人たちのなかで、そういう考えが八割はいた。嫌というほど人の心が見えた。そんな人たちと付き合っても仕方がない。そう思えるようになった。

裁判の行方いかんにかかわらず、社会に出たら弁護士を辞めよう。まったく新しい生き方をしよう。

心底からそう決心した。

「環太平洋のリゾート王」と安倍父子

「亡くなったのは、金融関係の方ですか。珍しいこともあるもんすね。今日の通夜は、日本橋からお客さんを乗せて、この寺へ二往復もしました。どちらのお客さんも証券会社の人みたいでしたよ」

帰りにたまたま乗り込んだタクシーの運転手が、そう話していた。

二〇〇六年七月二一日夕刻。港区西麻布にある長谷寺《ちょうこくじ》の門には「高橋家の通夜・告別式」と書かれた案内があった。門前には、弔問者を乗せたタクシーやハイヤーが横付けされ、ごった返している。

長谷寺は、曹洞宗大本山、永平寺の東京別院で、江戸時代初期に建立されたとされる。墓地には、江戸後期の医師、伊澤蘭軒や明治の元勲、井上馨、洋画家の黒田清輝、喜劇王エノケンなど多くの著名人が眠っている名刹である。世界一の一本彫りといわれる十一面観音菩薩像が、境内を見渡している。

通夜に訪れた弔問者は、ざっと二〇〇〇人。クネクネと曲がった黒ずくめの長い行列が境内を埋め尽くしていた。タクシー運転手の言うとおり、弔問者はやたら金融関係者が多い。銀行マンや証券マンとおぼしき人たちが記帳をしていた。不動産業者もいたが、さほどの有名人はいない。

本堂から曹洞宗の読経が聞こえ始めると、それが蛇のようにゆっくりと動き始める。全員が焼香をすませるまで、何時間もかかった。盛大な通夜である。

この多くの弔問者に野辺送りをされたのは高橋治則。享年五九だった。

周知のように高橋は、「イ・アイ・イー」グループを率いて数多くのリゾート開発を手掛けてきた。バブル期には、国内外のホテルやゴルフ場、金融機関を次々に買収し、二機の自家用ジェット機で世界中を飛び回る事業家と話題になった。ピーク時のグループ総資産は、一兆円といわれる。

そのリゾート王が東京地検特捜部に逮捕・起訴されたのは一九九五年のことだった。容疑は、東京協和信組の理事長だった高橋が、みずからのグループ企業や山口敏夫らに不正融資した背任である。ふたつの信用組合の背任事件は、二信組事件と呼ばれた。いまも金融危機の引き鉄のように語り継がれている。

事件以来、高橋は刑事被告人となり、一、二審の判決はともに実刑。二〇〇四年六月の二審東京高裁判決では三年六月の懲役がくだり、上告中の身だった。

あとは最高裁の判断を待つばかり。そんな矢先の突然の死だったのである。死因はくも膜下出血だった。死の直前までちょくちょく会っていたが、そんな兆候は全然なかった。サウナが好きで、しょっちゅう通っていたが、それが災いしたのかもしれない。サウナで倒れ、慶應病院に運ばれたが、そのまま意識が戻らなかったらしい。

亡くなる一カ月前に会い、話をしたばかりだった。

「最近も、晋三さんとは会っているんですか」

高橋本人にそう尋ねると、彼は言った。

「なにしろ長い付き合いですからね。晋三さんも、よくやっていますよ。今でもしょっちゅう食事をしていますし、ついこの間もご飯を食べました。私でできることであれば、助けようとも思っています。息子の件でもお世話になりましたしね」

「環太平洋のリゾート王」の異名をとり、政官界に幅広い人脈を誇った高橋治則。政界では、故・中西啓介や小沢一郎、山口敏夫などと親交を深め、故・安倍晋太郎と晋三父子とも親しかった。「ノーパンしゃぶしゃぶ」の接待問題で大蔵省を追われた中島義雄元主計局次長や田谷廣明元東京税関長などの面倒もよくみていた。だが、バブル当時、高橋とともにわが世の春を謳歌したかつての盟友たちは、ほとんど通夜に姿を見せなかった。

私が高橋と知り合ったのは、中西啓介からの紹介だったと思う。まさしく絶頂期だったが、その頃にはすでに安倍晋太郎とも知り合っていた。前に述べたとおり、私が清和会の顧問弁護士だった関係から、三人で食事をすることもしばしばあった。

高橋と安倍晋太郎とは郷里が同じということから、意気投合したようだ。高橋自身は松浦藩の重鎮の子孫という話だが、安倍元外相の祖母もまた平戸の出身だったらしい。彼の祖母だから、明治の初めか江戸時代の終わりごろの生まれだと思うが、明治天皇の教育係を務めたという。そういう話で気が合っていたように記憶している。高橋は慶應義塾大学を卒業後、日本航空へ入社したが、サラリーマン時代から政治家を志していたという。そこで、出生地の平戸を選挙区にし、政界に打って出ようとしていたのである。

高橋本人も家柄がよく、旧日本長期信用銀行の浜口巖根元頭取や大橋武夫元運輸大臣、北田正元元ペルー大使などと縁戚にあたる。この高橋が政界入りに際して最初に頼ったのは、夫人の父親である岩沢靖だった。岩沢は北海道テレビの創業者で、北海道の政商ともいわれた人物である。その岩沢が、娘婿の政界進出をバックアップするという話だったらしい。だが、肝心の岩沢が相場に手を出し失敗する。岩沢は投資家としても有名で、旧誠備グループの加藤とともに株をやっていたのだが、大損して会社が倒産してしまうのである。そのため、やむなく高橋自身は実父の事業を引き継いだ。それがイ・アイ・イーインターナショナルグループである。

父親から会社を任された高橋は、バブル時代にコンピューター機器メーカーだったイ・アイ・イーインターナショナルをリゾート開発会社に衣替えし、業務を拡大していった。国内はむろん、ハワイやグアム、サイパンなど海外への投資を進め、「環太平洋のリゾート王」と異名をとるまでになるのだが、その一方で国会議員になる夢は捨てていなかった。

平戸に大きな家を建て、衆院選の出馬準備を進めた。その後ろ盾が安倍晋太郎だった。高橋は、生まれ故郷に平戸ゴルフ倶楽部を設立し、そのオープンセレモニーに安倍を主賓として招いた。資金面でも、安倍の面倒をかなりみていたと思う。

高橋、安倍と三人で何度か食事をしたことがある。多かったのは赤坂の料亭「佐藤」だ。一時期の「佐藤」は、高橋が資金を出し、事実上のオーナーとして運営していたため、よくここを使っていた。大蔵接待などで登場したのも、そのためだ。

まだ安倍晋三は大学を卒業したばかりで、いちばん若い秘書として安倍事務所で働いていた。佐藤で食事をするときもついてきていたが、座敷に同席することはない。会食中は、別室で待機するか、外の車の中で待っていた。

その後、安倍元外相は他界し、地盤を息子の晋三が引き継いだが、高橋は安倍家との関係をずっと大事にしてきた。晋太郎が亡くなったあと、高橋は若い晋三とよく食事をし、相談に乗っていたと聞いている。

高橋が二信組事件で逮捕されたあと、かつて面倒を見てきた政治家が離れていくなか、政界で唯一残った人脈が、この晋三だった。保釈後、最初に駆けつけたのも安倍晋三のところだったと聞いている。

たまたま高橋の長男が大学を卒業し、日航と都銀の就職試験を受けた。しかし、どちらも落ち、相談したのが晋三だった。

「息子の出来が悪くて困っています。日航に入りたがっているんですが、試験に落ちてしまいました。なんとかなりませんか」

そう本人に直接頼み込んだ。

「他ならない高橋さんの頼みですから、なんとかしましょう。父のときから、ずっとお世話になっていますから」

晋三は二つ返事で就職の世話を快諾。実際、日航への採用の内定が下りた。高橋の長男は舞い上がってしまい、入社早々、会社へスポーツカーで出勤したらしい。

「俺には安倍晋三の後ろ盾がある」

と勘違いした長男は、社内で大顰蹙を買ってしまったという。九〇代内閣総理大臣と環太平洋リゾート王との奇妙な縁といえる。

一蓮托生

長銀をつぶした男――。イ・アイ・イーの高橋といえば、旧日本長期信用銀行（長銀）から湯水のように融資を引き出したあげく、銀行を破綻させた張本人というのが、世間の定説のようになっている。だが、その実態は異なる。

「『新規融資の分を振り込んでおきました。自由に使ってください』と長銀の担当者から電話がかかってくるんです。何に使えばいいのか、困ることもよくあるのです」

生前の高橋は、よくこうこぼしていた。バブル経済の責任については、借り手責任と貸し手の銀行責任、さらに旧大蔵省の行政責任など、議論がわかれる。そのどれもが正しいのだろうが、やはり銀行や大蔵省に対して世間は甘かったように感じる。

高橋の率いるイ・アイ・イーグループはそのピーク時、一兆円の資産とされたが、借金もほぼ同額の九八〇〇億円もあった。彼はそれを使い、国内はむろん、オーストラリアのサンクチュアリ・コープやグアムのハイアット・リージェンシー、香港やパリにまでホテルやリゾート施設を買い求めた。接待用に購入した二機の自家用ジェットは、話題になったものだ。

これらが高橋と銀行の二人三脚の事業だったことは、言うまでもない。おまけに、それらの施設には山口敏夫や小沢一郎、中西啓介などの政治家も招かれ、大蔵官僚だった中島義雄や田谷廣明なども多分に高橋の恩恵にあずかっている。私自身ももちろんそうだが、あの時代に浮かれていた人たちは一蓮托生のようなものではあるまいか。というより、高橋治則を利用するだけ利用した面も否めない。それを彼は敢えて受け入れてきた部分もある。

その典型的なケースが、山口敏夫との関係だろう。山口は、例の二信組事件でも高橋とともに逮捕されている。自分の兄弟が経営していたゴルフ場などへ融資を受け、詐欺や背任罪などに問われた。懲役三年六月の実刑が確定し、今年三月に収監されたばかりである。

「どうしていまだに山口なんかの面倒を見てるの？　あれだけ食い物にされたのに」

高橋が亡くなる直前、本人にこう尋ねたことがある。二信組事件後も、彼はことあるごとに高橋を頼っている、と聞いていた。たとえば、山口は兜町のある中堅証券会社で取引上のトラブルを引き起こし、それを高橋に尻拭いしてもらっていた。そのため、尋ねてみたのだ。わずか三年ほど前の話である。

永田町の牛若丸とアダ名された山口は、どこにでも首を突っ込む。中曾根派議員なのに安倍シンパを自称して安倍晋太郎にひっついて歩いていた。それで、高橋とも知り合ったのだと思う。ちなみに政界で高橋が最も親しかったのが、安倍晋太郎・晋三親子。若手では故・中西啓介だった。小沢一郎や橋本龍太郎との関係も取り沙汰されたが、中西からの紹介だったと聞いている。越山会の女王と呼ばれた佐藤昭子とはマージャン仲間だった。

高橋は面倒見がよく、それでいてあまり見返りを期待しない。国会議員にとっては、あれほど都合のいいタニマチはいなかったのではないか。事件で逮捕され、東京地検にずいぶん調べられたが、結局、政界との関係については何も口を割らなかった。

しかし、逆に東京協和信用組合から融資を受け逮捕された山口などは、まるで高橋に唆されたような供述をしていた。それでも、困ったときは甘えてくる。それが彼の真骨頂ともいえるが、やはりやりすぎだろう。

山口が問題を起こしたのは、兜町にある上場目前の中堅証券会社だった。山口は、ここで、株取引を行っていた。夫人や友人の名前で買い注文を出していたのだが、それが決済できない。結果、証券会社に対し、五億円もの損失を出してしまったというのである。今は損失補塡できないので、社長がその損失をいったん肩代わりし、山口にその分の返済を迫っていた。ところが、例によって山口本人は馬耳東風だったのである。彼は社長に対して言った。

「社長、そんなことより儲けられる人を紹介するよ。それで私の分なんか、一気に取り戻せるよ」

この儲けられる人というのが、高橋治則のことだ。そうして、山口は尻拭いを頼み込んだのである。

高橋は証券会社の社長と協議し、まずは会社に出資することで帳尻を合わせようとした。結果、高橋は事実上、証券会社の株式の二〇パーセントにあたる大株主になる。それらと合わせ、五億円の損失のうち、三億円を穴埋めしたという。

「チンネン（山口敏夫のこと）に、なぜそこまでやってやるのですか」

そう本人に聞いたところ、彼は言った。

「いや、大変だったんですよ。断っても断っても、山口さんが会社に居座って動かないんです。まあ、彼とは腐れ縁があるし、お互いに裁判を抱えている身なので、仕方ないかと思いましてね」

山口に関しては、私自身、これと似たようなことを経験しているので、手にとるようによくわかる。ヤクザからの追い込みから逃げ回るために私の事務所に居座ったときもそうだったが、ほかに何度もある。

高橋治則も断りきれなかったに違いない。それで三億円も証券会社に出資したのだろう。だが、実際、高橋がこの証券会社に介入してから業績は回復したという。それが高橋治則独特の商才なのかもしれないが、となると山口はさらに図に乗った。証券会社の社長にこう言ったらしい。

「アンタのところはノリちゃんのおかげであれだけ儲けたんだから、俺の借金はチャラでいいですね」

社長はあきれてものが言えない。なんともたくましい御仁である。

しかし、その山口は、通夜の席にも姿を見せなかったが、唯一、高橋の政官界人脈の中で野辺送りをしていたのが田谷廣明である。事件当時、高橋の自家用ジェットで香港旅行していたあの元大蔵官僚だ。田谷は、事件後高橋が新たに設立した「USS証券」(ユニオン・セイビング証券)の取締役にも就任した。ホテルニューオータニの別館、ビジネスコートの二八階のワンフロアーがオフィスのM&A専門の証券会社だと聞いていた。そのオフィスのオープンは、彼の死の三日前。高橋治則は、完全に復活を遂げていた。

バブル崩壊後、長銀は掌を返したように高橋に融資の返済を迫り、国内外のホテルやリゾート施設など、イ・アイ・イーグループの資産を叩き売った。これを不当廉売だとした高橋は、二信組事件で逮捕・起訴された後、小菅の東京拘置所に居ながら裁判を起こした。米国内の裁判所へ訴えたのだが、その過程で、資産の売却に関し、旧長銀側による書類の改竄などが発覚した。結果、二〇〇四年六月になって、イ・アイ・イー側に二一八億円の賠償金を支払うことで和解が成立する。だが、このカネはイ・アイ・イーの破産管財人へ渡っただけだ。

この間、彼は辛酸をなめてきた。「ポケットに二〇〇〇円しか入ってない」。そう書いた雑誌もあったが、実際にそんな時期もあったと思う。友人、知人に数十万円単位のカネを借り歩いていた時期もあった。しかし、四年ほど前から復活し始めた。その要因は、株式投資だった。

「田中先生、株の名義人になってもらえませんか。僕が株を所有するのはまずいので、お願いします」

そう言われたこともある。兜町で「高橋銘柄」なる言葉が囁かれ始めたのも、このころからだ。高橋の手法は、昨今のM&Aブームを先取りしたようなやり方だった。ホリエモンや村上ファンドではないが、M&Aをして株価をあげ、資産形成をしていった。オーナー企業の色合いが強い上場企業を探し、オーナーと仲良くなる。次に増資を持ちかけ、株を引き受けるわけだ。

といっても、彼自身には資金がないため、ファンドに話を持ち込んでいた。これもホリエモンや村上ファンドとよく似ている。青山通りに面したビルにオフィスを構え、そこへ投資家を招いては、株式銘柄を推奨していたという。そうして、大株主になり、会社を支配していった。すでに事実上、上場会社三社のオーナーになっていた。と同時に、イ・アイ・イー時代の関係者や新たに彼のブレーンになった金融関係者を、その会社の役員に送り込んだ。近ごろでは、かつて長銀にとられていたホテルやゴルフ場などのリゾート施設まで、買い戻していた。彼は伊東温泉がお気に入りだった。そこで、伊東のシンボルである「伊豆シャボテン公園」を買収したと言っていた。

「伊東はいいところですよ、先生。海と山、温泉もある。近い将来、ここでホテルをいくつか買収し、伊東に新しいタイプのリゾートエリアをつくりたいんです」

小佐野賢治が岩手県に「小佐野王国」をつくったように、彼もそれを目指していたのかもしれない。だが、それだけではない。手放したはずのグアムの高級ホテル「ハイアット・リージェンシー」から、「船橋カントリー倶楽部」や「平戸ゴルフ倶楽部」といったゴルフ場にいたるまで、改めて買い戻していた。彼は生前、こう言っていた。

「そろそろ最高裁の判断が下りそうですから、その準備をしています。無罪にならなくても、それほど長い刑期ではないでしょう。長くても三年ですみそうだから行ってきますよ」

一昨年、東京高裁で高橋治則に下された判決は、三年六月の懲役だった。それを覚悟し、資産形成をしてきたのだろう。しかし、そこに突然、死が訪れた。さぞかし無念だったに違いない。

バブルの決算

「日本の戦後とは何だったのか」

高橋治則の葬儀から帰るタクシーのなかで、ふとそんな疑問が湧いてきた。高橋と私はほぼ同年代である。終戦間際に生まれ、人生そのものが戦後の日本の歩みと重なる。敗戦で壊滅的な打撃をこうむった日本は、ひたすら豊かさを求めて復興をとげ、高度成長期をへて、バブル期に入った。そのころには、世界ナンバー2の経済大国になっていた。

いまから思えば、高度成長が本格化した一九七〇年代以降あたりから、日本人の考え方がずいぶん変わってきたように感じる。かつてタブー視されてきた欲望という言葉が、現実社会のいたるところに現れるようになった。極端にいえば、高度成長による経済発展の結果、金銭や物に対する欲望を全面的に肯定する社会になったように思えてならない。

「カネがないのは、首がないのといっしょや」

関西ではよくこういわれる。つまり、カネをもたない人間は存在しないも同然というわけだ。

高橋をはじめとして、私がつきあったバブル紳士たちは、いまや金銭欲にとりつかれた時代の徒花《あだばな》とされている。だが、果たしてそうか。

事業を起こす、つまり金儲けだ。それは奇麗事ではできない。騙し合い、乗っ取り、贈収賄の連続といっても、いいような気がする。それが資本主義であり、資本家の本質的な一面ではないだろうか。バブル時代は、この資本家の一面が大きく膨れ上がって現れたにすぎない。つまり、バブル紳士たちは、あくまでも資本家の生きた戯画だったのではないか。そう考えるようになっていった。

彼らには能力があった。無学で裸一貫の中岡信栄は、一本五円の焼鳥屋から立身し、政官財にネットワークをつくってあれだけの事業を起こした。末野謙一にしても、一時、大阪の景観を変えるほどの建築ブームをつくる才覚があったし、伊藤寿永光にしても、誰も手をつけられなかった銀座の土地を地上げし、日本一のバンカー、住銀会長の磯田一郎をたらしこむ才があった。高橋治則の死ぬ間際の再起ぶりをみても、企業家としての能力は明らかだろう。「闇の帝王」と呼ばれた許永中は、政官財の大物を動かせる力と人を惹きつける発想の妙があった。数え上げたらきりがないほどだ。

彼らの多くは、バブル経済の崩壊とともに沈没し、浮かび上がってこない。高橋治則などはまれなケースといえる。しかし、彼らを時代の徒花にしたのは誰か。育てたのも、壊滅させたのも国策である。バブル崩壊後の失われた一〇年間は、不良債権の処理が進まず、国民から痛烈な政府批判が沸き起こった。住専処理における大口の借り手たちの処罰は、その批判をそらすためだったのではないか、と前に書いたが、そういう側面は否定できまい。それが日本流のバブルの決算である。

そうして、二一世紀を迎えた。バブルの決算後、戦後の日本社会は完全に変貌したといえる。日本の権力構造にも変化が生じた。それまで政治権力を一手に掌握していた自民党の一党独裁体制が崩壊し、官僚社会を牛耳ってきた旧大蔵・財務省の権勢が衰えた。かわって検察ＯＢが公正取引委員会の委員長、証券取引等監視委員会の委員長、金融監督庁長官などの、国家機関の要職につくようになった。日本経済の再生という国家目標を実現する前線に躍り出たのである。長らく田中角栄に封じ込まれてきた「検察冬の時代」は終わり、たしかに司法に対する政治の力が弱まってきている。

それは喜ばしいことに違いない。だが、そこには大きな矛盾も生じている。

そのひとつが、格差社会なのだろう。日本にはこれまでにないビジネスチャンスが生まれ、ライブドアの堀江貴文や村上ファンドの村上世彰に代表されるような若くて商才に長けた経営者が雨後の筍のように生まれた。彼らはバブル紳士以上に金儲けに貪欲であり、実際に信じられないような大金を手にしている。しかし、その裏でこれまでにない貧困層が生まれている。年収一〇〇万円にも満たないタクシードライバーや義務教育である公立の小中学校に通うこともできない子供たちが増えている。考えられないような凶悪な犯罪が頻発している。

まさしく過去の日本社会からは想像もできないような異常事態である。ところが、そんな社会現象に国民がどう反応しているか。毎日のように起きているバラバラ殺人事件にも慣れ、すぐに忘れてしまう。これだけ多ければそれも仕方ないことかもしれないが、異常な状況だという危機感すらない。そんな社会になってしまっている。

日本社会の闇

「なんの苦労もなく大学に行き、社会に出た人間から見たら、われわれは恵まれているわけではない。でも、社会の底辺をはうような苦労をしてきたわけでもないんじゃないかな」

以前、そう話していた検察庁の先輩がいた。私と同様、貧乏をし、働きながら大学を卒業して司法試験に合格した人だ。そのとおりだと思う。

あの時代、多くの人間がなにがしかの苦労や困難を背負ってきた。中卒で働いていた人はごまんといた。それは個人の能力の問題ではない。私の場合、ひどい貧乏暮らしには違いなかったが、自由に生きることは許されてきた。そういう意味では恵まれているほうだ。

そうして検事になり、被疑者を取り調べてきた。彼らは、日のあたらない生活を強いられてきたケースが多い。犯罪の背景にある彼らの人生を目のあたりにする。すると、自分自身もそうなる危険性を感じることがよくあった。犯罪者とおなじ要素を持っている、と共感を覚えるのはしょっちゅうだった。

当たり前のことだが、人間の心のなかには誰しも神と悪魔が共存している。その濃淡が異なるだけだ。普通の人間は、うちに潜む悪魔を押さえ込みながら、生きている。悪魔が表に出れば、罪を犯す。ただそれだけのことだ。そんなことは理屈ではみなわかっているが、実際にはそうはならない。それを肌で感じてきた。

しかし、私は、幼いころの貧乏暮らしや検事時代の犯罪者に接してきた経験から、自分だけは一線を踏み外すことはありえない、と自負してきた。弁護士になってからも、政治家から財界人、裏社会の住人たちにいたるまで、数多くの人間の相談に乗り、なおさらその自信がついた。そして、私なりに、世間から非難されている人間を改めて評価してやりたい、そういう思いがあった。

だが、本当にそれができていたのだろうか。それをいま考えている。

「田中、お前は優しすぎるんじゃないか。お前が考えているほど、相手はお前のことを思っていないのではないか。たしかに田中が接してきた人間は、田中の前では温かい人間かもしれん。だけど、そういう人たちでも、お前がまだ見ていない部分があると思うよ」

最近になって、かつての先輩検事からそう忠告されたことがあった。

たとえばヤクザは、世間から暴力団と呼ばれることを嫌う。社会の多くの人はそのヤクザに対し、暴力や非合法手段の部分に光をあて、非難する。しかし、私には、人間の根っこにある違った彼らの部分が見えたような気がする。山口組の五代目にしろ、若頭だった宅見勝にしろ、その半生は並大抵の苦労ではない。それだけに、むしろ人いち倍他人に気を使う。在日韓国人として、差別を受けてきた許永中にも、同じようなことがいえる。

「それはどちらも正しいし、どちらも間違っている見方と違うか」

先輩検事はそう言葉をついだ。

「ひとりのその人間のどこの部分に光をあてるかによって、その人の評価はまったく違ってくる。しかし田中の見方は、少し危険すぎるのではないかな。ヤクザの親分はたしかに腕力だけではなく、人間的な魅力もあるだろう。そこに光をあてて評価することがあってもいい。だが、それだけでは本質を見誤るのではないだろうか」

さらに、こう続けた。

「田中のなかには、ヤクザに対し目をつぶっている自分がいやしないか。親分がいくらいい人でも、子分たちがどんなことをやっているか。法律で暴力団を根絶しようとしているのには、それなりの事情と背景があるだろう。ある部分を見て、その人間の本質や人生、心のなかをわかったつもりでいる。わかったつもりでいること、それが、いちばん危険なのと違うやろか。それは過信いうのと違うか」

さすがにこたえた。よくよく考えてみると、石橋産業事件にしても、山口組や許永中のことにしても、私自身はよくわかっていない。それでいて、わかったつもりでいた。

それは裏社会の問題だけにとどまらない。国会議員や財界人などにも、同じことがいえるのではないか。

ただし、それでもひとつだけ、間違いなく言えることがある。この国は、エスタブリッシュメントとアウトローの双方が見えない部分で絡み合い、動いている。彼らはどこか似ている。エスタブリッシュメントと呼ばれるトップ階層から、アウトローと呼ばれる裏社会の住人にいたるまでの付き合いのなかから、それを感じた。表と裏の社会が一体となり、ことを運ぶその現場を、この目で何度も見てきた。

しかし、実はその深層については、私などが踏み入ることのできない、彼らだけの領域だということかもしれない。表と裏の社会で、どんな思惑が絡みあい、なにが起きているのか。そこに触れることなく、彼らと付き合ってきた。いちど足を踏み入れると脱け出せないような、暗いブラックホール。その深淵に立ち、覗き込むことはあっても、足を踏み入れることはできない。検事時代に感じた上層部や政治家の圧力も、これと似ている。

闇社会の守護神、特捜のエースと呼ばれてきても、しょせんその程度だったのではないか、と正直に思う。日本という国に存在する、深く真っ暗い闇がそこにある。

あとがき

　こうして年を越したのは、もう何回目になるだろうか。それにしても、今年の冬は寒い。大阪から東京にあがって来て、こんなに寒い正月を迎えたのは、初めてかもしれない。

　そんなことをぼんやりと考えながら、二〇〇六年初めての朝を迎えた。寝床から身を起こし、カーテンをあける。窓の外は暗くどんよりと曇っている。新年を迎えたというのに、元旦の天気と同様、気分はまったく晴れなかった。

　さて、いよいよか――。

　気持ちを切り替えようと、声に出してそう言ってみる。だが、それでもなかなか気持ちが高揚しない。こんな正月は、生まれて初めてだ。

　そんな憂鬱な日々は、年明けからずっと続き、日を追うごとに気持ちが沈んでいった。その理由は明らかだった。

　一月三一日。それが石橋産業事件の控訴審判決の日だった。この間、主張すべきところは主張してきた。みずからに恥じ入ることは何もない。無実だ。あとは、裁判所がそれをどう判断するか。まな板に載った鯉になったつもりで、この数カ月を過ごしてきた。しかし、年が明けたとたん、次第に精神に変調をきたしているのが、自分自身でもわかる。とくに、それがひどくなったのは、村上正邦元参議院議員に会ってからだった。

　自民党の参議院議員幹事長まで務め、参院の最高実力者といわれた村上元議員は、ＫＳＤ中小企業経営者福祉事業団がらみの汚職事件で逮捕された。一審判決では、懲役二年二月の実刑が下されている。その刑は、〇五年一二月一九日の控訴審判決でも、あっさり棄却された。

「田中先生、私はまだまだ戦うよ。このまま引き下がったら、これまで何のために生きてきたのか、わからんからね」

判決直後に会った参院のドンは、意気軒昂にそう語っていた。いつもと変わらない村上元議員のその気丈な姿には、ある意味感服した覚えがある。だが、年が明け、再び会ったとき、明らかに彼の様子は違っていた。

「このところ、体調が悪くてね。考えれば考えるほど、どうにもならん。いっそのこと、国会議事堂の前に座り込んで、腹を掻っさばいて果てようか、とも思うんだよ。しかし、やっぱりみずから命を絶つというのは、できん。これでも政治家だからね。だから、この際、誰かが俺を殺してくれんかな、心の底からそう思うんだよ」

こんな弱気な村上さんの言葉を聞いたのは、初めてだった。日ごろは七四という高齢とは思えないバイタリティの持ち主である。つい一カ月前までは顔の色艶がよく、目をらんらんと輝かせて話していた。だが、そんないつもの政界の実力者の姿は、微塵も感じられない。すっかり老け込み、肌もカサカサに乾いている。あの村上先生がそこまで追い詰められているのか。そう考えると、いまさらながら、法の世界の怖さを知った。

彼と会って以来、その恐ろしさが改めてわが身を襲う。

無罪の自信はある。俺は人を騙し、陥れたことなんて、生まれてこの方ただの一度もない。なのに、石橋産業事件の一審では、許永中とともに詐欺罪の有罪判決が下った。そんな馬鹿な判断が、司法の世界でそのまま認められるわけがない。

これまでそう思ってきたし、確信もあったつもりだった。しかし、その自信が揺らぐ。

日中、人と会って雑談をしているときは、まだよかった。相手も気をつかい、裁判の話題にはならない。裁判のことを忘れられた。だが、夜になると、どこからともなく、裁判長の声が聞こえてくる。

「被告人田中森一の控訴を棄却する」

裁判長の冷静な声が法廷に響く。懲役四年。刑務所に移送され、独房の鉄の扉が閉じられる。畳に正座している自分自身の姿——。この先、四年ものあいだ、刑務所でどう過ごせばいいのか。絶望的になる。

そうして、はっと目が覚める。夜中に目が覚め、そのままじっとしていると、不安でたまらなくなる。そんな夜が続いた。

もっとも、こんなことはこれまでにもたまにあった。そういうときは、布団に座りなおし、こう口に出すことにしていた。

「俺には力があるんだ。俺は、強い強い力の結晶なんだ」

枕元には、中村天風の著作『真理のひびき』が置かれてある。

生まれて初めて逮捕され、独房にひとりでいると不安でたまらない。そんなとき、差し入れてくれたのが、中村天風の著作だった。

簡単にいえば、人生はすべて心の持ちようで決まる、という趣旨の自己啓発本である。「とりこし苦労をするな」「怒らず、恐れず、悲しまず、今日一日を元気に過ごせ」という、いわば単純な教えなのだが、この言葉が独房にいた私の心に響いた。そうして、拘置所の中で天風の著書をむさぼり読んだ。『運命を拓く』『心が強くなる言葉』『成功手帳』——。

以来、この天風作品に救われてきた。塀の外へ出てからも、すべての作品を読破し、弱気な心を奮い立たせてきた。今ではすっかり愛読書になっている。というより、心のよりどころと言っても過言ではない。

他の自己啓発書も片っ端から読みあさり、また時代小説もよく読んだ。人間が窮地に立たされたとき、どのような行動をとるか。それを戦国時代や明治維新を舞台にした時代小説から学んだ。国のために命を捨ててきた時代小説の主人公たちを思えば、自分自身の悩みなど小さく思えてくる。しょせん私の場合は個人の問題なのだ。そう思うと気が楽になる。

それらの書物は、大阪にある事務所へ送っていたので、いまでは事務所の書棚がそれらで埋まっている。読んで捨てるのも忍びない。そこで、大阪の事務所に送っていたので、すっかり増えてしまったのである。しかし、手元に本がなくなると、また買って読みたくなる。何回も同じ本を買い求め、繰り返し読んだ。おかげで、大阪の事務所には同じ本が五冊も六冊もある。

そんな天風作品のなかでも、枕もとの『真理のひびき』は、彼の基本的な教えがコンパクトにまとめられている。それを読むのが、ここ数年の日課になってきた。毎晩、寝る前に三ページでも五ページでも必ず読み、心を落ち着かせる。それから、大きく息を吸い込んで三〇分ほど瞑想する。

「怒らず、恐れず、悲しまず」

そう口に出して寝るようにしてきた。いつもなら、それで不思議に不安が消える。それらを読むと、心が平穏になり、ぐっすり眠れたものだった。

ところが、今年に入り、判決の日が近づくと、いつもとは違った。夜になると、夢にうなされることが極端に増えていった。そうして、夜中の二時、三時に突然目が覚める。それでも、以前は、天風の言葉を唱えると、自然と心が落ち着いたものだったが、一度、目が覚めるともう眠れない。

「大丈夫だ。俺には力がある」

暗い部屋のなかで何度もそう唱える。しかし、いつしか言葉が出なくなっていく。

「裁判官が、勇気をもって無罪判決を書いているだろうか。いや、そうではなく執行猶予ということもありえる。それが現実的な判断かもしれない。だが、もし一審のままだったら。執行猶予すらつかなかったらどうしようか……」

そんな思いが頭を駆けめぐる。こんな経験は初めてだった。ふと我に返ると、無言になって黙り込んでいる。

「これではいかん」

そう気を取りなおして、改めて天風語録を口にする。

「俺には力があるんだ。強い強い力の結晶なんだ」

だが、それもいつしか言葉にならなくなり、また黙り込んでしまう。そして、つい悪いほうへ悪いほうへと考えてしまう。

「四年も刑務所で暮らしていけるだろうか。その間、娘や息子はどうしているだろうか。俺のことなんか忘れてしまうのではないか。母親には二度と会えないだろうな」

そんなことを繰り返し考え、悶々としていた。

学生時代、必死に勉強して司法試験に受かり、検事になり、弁護士にもなった。それが私の唯一の誇りでもある。それがすべて無になり、地にまみれてしまうのか。いま念仏を唱えるように、こんなことをしていて何の意味があるのか。そう考え出すと、自分自身の精神のコントロールがきかない。

そのまま朝の日差しが、カーテン越しに差し込んでくる。そんな眠れない日が続いた。


石橋産業とやり取りをしている最中、私は事件の深さに気づきもしなかった。だが、そのあとに知らされた事実がいくつもある。

「新井組と若築建設を合併させ、総合ゼネコンをつくろう思いまんねん。そうすれば、海外の事業をとれる。そのためには、政官界の力を借りんと……」

許永中がそう話すのを聞いて驚いたものである。政官界工作の手はじめが、建設省の事務次官だった藤井治芳に対する工作だったという。のちに日本道路公団へ天下り、物議をかもした建設官僚の最高権力者のひとりだ。ちょうど藤井が建設省を退官したばかりだった。二年間は民間企業へ天下ることができないという規制がある。永中たちは、藤井を官界工作の突破口にすべく、その間隙を狙った。彼の銀行口座番号を聞きだし、毎月二〇〇万円を振り込んだ。事件後、それが発覚して金を返してきたという。それでお咎めなしだった。しかし、本人にとっては、それでよかったかどうか。石橋事件で逮捕されていたら、道路公団の総裁になることはなかっただろうし、公団の総裁として晩節を汚すことはなかったに違いない。その藤井は、水谷建設とも親しく付き合っていたが、福島県知事の贈賄側でもある。

一方、永中たちの計画では、政界工作の突破口として、建設大臣だった中尾栄一を据えた。旧中曾根派を引き継ぐと見られていた中尾は魅力的だったに違いない。永中は中尾を亀井静香のところへ連れて行き、安心させたうえで石橋産業から金を運んだ。結果、中尾は収賄罪で逮捕され、政治生命を失うのだが、実はその周辺ではまだまだ関係していた人物もいる。

「実は島根へも七〇〇〇万円もっていってまんねん。選挙の陣中見舞いいうことでね」

事件の被害者とされる石橋産業の社長である石橋浩の義兄、林雅三や永中は、そう話していた。

経済界では、住友信託銀行や全日空と石橋浩を引き合わせるための工作をおこない、関係者を引き連れてマレーシアへ何度も行っている。新井組と若築建設の合併が実現したあかつきには、マレーシアの工事を受注する。それが永中の構想であり、そのために亀井や中尾、さらに竹下登まで巻き込んだ。一時期、彼らが一体となって動いていたのは間違いない。

竹下に近づいたのは、もう一つ理由があった。旧国鉄の汐留貨物駅跡地の再開発事業である。「開発工事を若築建設に取らせるつもりでんねん。そのためには亀井先生だけやのうて、竹下先生の力も借りんと」

許はそうも言っていた。

この間、永中は大阪市のオリンピック招致を睨んで動いていた。このときは五輪競技に相撲を導入しようと働きかけている。大相撲の境川理事長を自宅に招いて接待していた。大阪駅の裏にあった全日空の土地に目を付け、そこに国技館を建設しよう、などと話していた。

大阪帝国ホテルの最上階にアメリカンクラブを創設し、そこの理事長に石橋浩を据えた。そこに韓国の金雲龍というＩＯＣ副会長を理事として迎えている。金は許と関係が深い。

かたや日本では横浜がオリンピック招致に名乗りをあげていた。バックは西武鉄道グループの堤義明だ。その堤は、許のアメリカンクラブに対し、危機感を抱いていたのだろう。

「アメリカンクラブを譲ってくれないか、と申し出がありましたんやけど、断りましたわ」

本当かどうかはわからないが、許永中はそんなことまで話していた。

かつて検察官として事件を捜査し、その後弁護士として被告人の側に立って事件と向き合ってきた。そんな経験からいえば、事件はどんな小さなものでも単純ではない。捜査や公判で公になっている事実はごく限られている。事件の裏には政官界や経済界の思惑が働き、それが意外な展開を見せることもめずらしくない。

だが、石橋産業事件にそんな背景があるとは知らなかった。逮捕という事態は私にとっては、まさしく予想外の展開だった。

そうして東京高裁の判決の日である二〇〇六年一月三一日を迎えた。私は法廷にいる。目の前の田尾健二郎裁判長が言った。

「被告人田中を、懲役三年とする」

このとき事実上、私の罪が確定した。

法にたずさわる弁護士として、越えてはならない一線があるといわれる。それを越えてしまい、事件に巻き込まれたのかもしれない。これまでも、ビジネスとして割り切れず、依頼人から頼まれて手形の裏書保証をすることもあった。

ひところ詐欺集団として世間を騒がせたＫＫＣから顧問弁護士を頼まれたこともある。実に月々一〇〇〇万円の顧問料を支払うという。「常識の常識」というわけのわからない理屈をこね、架空の商品をでっち上げて投資家から金を巻き上げていたところである。そこが警察に目をつけられ困っているというので、顧問弁護士を頼まれたのだ。だが、これはやはり自業自得だと感じ、断った。彼らにうまく立ち回らせて罪を逃れたら、被害が増えるだけである。そのくらいの良心は残っている。

法の抜け道。それを被告人が使う権利はある。弁護士としてやり方を教えることもできる。被告人の利益を優先することが弁護士としての役割でもあるからだ。その結果、被告人が執行猶予を得て社会に復帰する。そうなると、担当弁護士は有能と認められる。

被告人に黙秘権を行使させるのは常套手段だが、たとえば法の抜け道として、被告人に嘘の供述をさせるという手もある。収賄事件の被告が常に金のやり取りをしていたと供述し、それは単なる金銭の貸し借りだという話にすることもできる。

これは恒常的にある弁護活動である。反面、道徳的にはどうか。弁護士には真実を明らかにするという義務もある。むろん、弁護活動は社会正義に適う行為でなければならない。こんな私でも、弁護士をはじめた当時は、ある程度評価されていた。大阪府の教育委員会から顧問を頼まれたことまであった。大企業からの依頼もあった。

しかし、私はヤクザだから突き放すということができなかった。法律を熟知しているつもりではいるが、本当は司法の世界の仕事には向かないのかもしれない。石橋産業事件以来、そう考えるようになっていった。

反社会的な集団を更生させてやろう。そんな変な気持ちが起きてくる。そんな連中が好きなのかもしれない。特捜部時代も、アウトローを使って情報をとっていたから仕事ができた面もあるし、なんとなく彼らとの付き合いが身体に染み付いている。

石橋産業事件で逮捕・起訴されたときには、元の同僚検事や弁護士がえらく心配してくれた。

「おまえは利用されただけなのだから、許永中と分かれて公判に臨むべきだ。こっちで弁護団を組むからな」

検察時代の同期や先輩から、そんな温かい言葉ももらった。実際、事件で許永中とは共謀なんてしていないのは明らかだった。検察側が主張していた私と彼の密会・謀議は存在しないし、それを立証することはできない。だから、その一点に絞って公判に臨めば無罪を勝ち取れる。それはわかっていた。

だが、私は許永中に詐欺行為はない、という立証方針で公判を闘った。その結果、懲役三年の実刑判決を受けた。それは甘んじて受け入れなければならない。

なぜそうまでして彼をかばおうとしたのか。よくそう聞かれる。

その理由は私にもわからない。あえて言えば、

「田中森一はあれだけ親密にしていた永中を裏切った」

世間からそう言われるのが嫌だった。彼からもそう思われるのが我慢ならなかった。それは、私の弱さでもあり、限界なのだろう。そういう生き方を選択してしまった代償が、懲役三年の実刑である。

いまはそう自分を納得させている。

本書は書き下ろしです。
原稿枚数八二〇枚（四〇〇字詰め）

〈著者紹介〉
田中森一　1943年長崎県生まれ。岡山大学法文学部在学中に司法試験に合格。71年検事任官。大阪地検などを経て東京地検特捜部で撚糸工業組合連合会汚職、平和相互銀行不正融資事件、三菱重工CB事件などを担当。伝説の辣腕特捜検事として名をあげ、87年弁護士に転身。2000年石橋産業事件をめぐる詐欺容疑で東京地検に逮捕、起訴され、現在上告中。

GENTOSHA

反転　闇社会の守護神と呼ばれて
2007年6月25日　第1刷発行
2007年7月17日　第7刷発行

著　者　田中森一
発行者　見城 徹

発行所　株式会社 幻冬舎
〒151-0051 東京都渋谷区千駄ヶ谷4-9-7

電話:03(5411)6211(編集)
03(5411)6222(営業)
振替:00120-8-767643
印刷・製本所:中央精版印刷株式会社

検印廃止

ISBN978-4-344-01343-8 C0095
幻冬舎ホームページアドレス　http://www.gentosha.co.jp/

この本に関するご意見・ご感想をメールでお寄せいただく場合は、
comment@gentosha.co.jpまで。